安迪・沃荷

the Trip

Andy Warhol's Plastic Fantastic Cross-Country Adventure

Deborah Davis 黛博拉・戴維斯　　林育如 譯

普普推薦

「安迪沃荷是極為聰明的人，遊走在商業與藝術之間，市場並沒有扼殺反而激化他的創造力。有人批評他跩，其實他只是盡量活得像自己，畢竟自己是此生最重要的藝術品。」——**作家 御姊愛**

「節奏明快，絕對引人入勝。裡頭有許多關於安迪的迷人細節，是甚至連我也不知道的。」——**派特．哈克特（Pat Hackett），安迪．沃荷的日記記錄者與共同作者**

「黛博拉．戴維斯在安迪．沃荷一九六三年劃時代的橫越美國公路之旅當中佔得最佳座位，也感謝她一路帶著我們同行。透過她強烈的敘事手法和饒富趣味的散文，《The Trip》讓我們猶如置身在安迪的行動當中，陪著他一同闖過好萊塢、曼哈頓上流社會、和藝術世界的高峰。」——**凱文．關（Kevin Kwan），暢銷書《瘋狂的亞洲富豪》**（*Crazy Rich Asians*）**作者**

「託黛博拉．戴維斯的福，我剛才和安迪．沃荷進行了一趟橫越美國到好萊塢的公路之旅，時間是一九六三年，美國失去純真的那年。沒錯，那是個八卦流言盛行的年代，到處都是蜚短流長－少了這些閒話安迪也不會離家－但流行的絕對不是只有八卦而已。看待事情的觀點讓安迪．沃荷不僅僅成為當代人們競相追逐的藝術家，更是二十世紀偉大的哲學家之一。」——**威廉．諾威克（William Norwich），時尚設計師，《學習上路》**（*Learning to Drive*）**作者**

「黛博拉．戴維斯為安迪．沃荷一九六三年的橫越美國冒險之旅所做的精彩詳實記錄值得ＡＡＡ＋的評價。託安迪的『時間膠囊』、和戴維斯嚴謹研究的福，《The Trip》一書已經為你在這趟傳奇的公路之旅當中安排好『最佳座位』了。」——**提摩西．格林菲爾德－桑德斯（Timothy Greenfield-Sanders），攝影師與導演**

獻給我的家人

有時候，一些你在當下並不以為意的短暫時光，
後來卻會在你的人生歲月中留下痕跡。

——安迪．沃荷

〔目錄〕

開場白 二〇一二年九月二十四日 10

序曲 一九六三年九月二十四日 17

準備

第一章 22

重點不在於你是什麼樣的人，而是他們認為你是什麼樣的人。——安迪・沃荷 23

It's not what you are that counts, it's what they think you are.

1 他給自己的作品開出相當高的價格，假使對方出的價格不能令他滿意，他是不會輕易割愛的。 24

2 安迪七歲的時候，向家裡提出要求想要有一台電影放映機。 26

3 我應該要畫畫的。問題是，他應該要畫些什麼？ 36

第二章 50

人家都說時間會改變事情，但實際上你得自己去讓事情改變。——安迪・沃荷 51

They always say that time changes things, but you actually have to change them yourself.

4 他啟用了一個新名字——就叫做「沃荷」。那個標誌著關於匹茲堡的過往的「A」，已然消失無蹤。 52

5 安迪眼巴巴地看著這一切，內心對於他們從櫥窗設計師轉變為藝術評論家的新寵感到嫉妒無比。 69

第三章 76

藝術是不受拘束、任你揮灑之物。——安迪・沃荷 77

Art is what you can get away with.

6 寫你知道的就好。 78

7 一九五〇年代晚期，「邋遢安迪」已經進化為上高級餐館、進歌劇院的「潮男安迪」（Andy the dandy）。 90

第四章 102

普普藝術就是把原本該在裡面的拿出來放在外面，把原本該在外面的放到裡面。——安迪・沃荷 103
Pop Art took the inside and put it outside, took the outside and put it inside.

8 布魯姆在藝廊牆上訂了狹長的層架，將畫作擺放上去，巧妙地將安迪的作品當成產品展示。 104
9 沒有人知道該如何稱呼這個新藝術。恐怕只有一個全新的字才能代表了。這個字就是「普普」（Pop） 113

第五章 120

噢，我什麼時候才會出名，要等到什麼時候呢？——安迪・沃荷 121
Oh when will I be famous, when will it happen?

10 普普藝術不見得只能充滿陽光與歡笑，它也是可以——也應該——有它的黑暗面。 122
11 斯庫找上了安迪。「畫張我老婆的肖像吧，」他說。 131

出發

第六章 148

電影是純然的樂趣，藝術則是工作。——安迪・沃荷 149
Movies were pure fun, art was work.

12 她完全沒想到這個朋友打的主意竟然是要一路從紐約「開車」前往洛杉磯。 150
13 「你是怎麼對焦的？」他反覆不斷地問著他的電影圈朋友們這樣的問題。 160

第七章 176

駕車橫越美國是段美好的時光。——安迪・沃荷 177
It was a beautiful time to be driving across America.

14 「福特獵鷹」是汽車界普普精神的代表作——對最普通常見的物件做出革命性的新詮釋——而且它徹底改變了人們對於汽車的看法。 178
15 「我就是打這兒來的。我們快點經過這裡吧！」 185

第八章 192

當你在進行這麼長途的公路旅行時，你當然會把排行榜上前四十大的暢銷歌曲聽個滾瓜爛熟。——安迪．沃荷 193

You sure get to know the Top Forty when you make a long road trip like that.

16「我帶了大概有五十本雜誌在身上，」[1] 安迪說，而這個說法或許不算誇張。 194

17「壓抑」已經成為過去式，「性」才是眾所矚目的焦點。 200

第九章 206

我們坐在餐廳邊邊的一個包廂裡——事實上，我們這個包廂活像是餐廳提供的餘興節目一樣。——安迪．沃荷 207

We sat in a booth over on the side – and were, in fact, a sideshow.

18「假使我們不換到『我』想去吃的餐廳用餐，那我就立刻退出這趟旅行。」 208

19 假使他們有車速上的顧慮，最好的做法便是放棄六十六號公路。 219

第十章 222

我們開車經過的每一個地方都和紐約如此地不同。——安迪．沃荷 223

Everywhere we drove through was so different from New York.

20 其中安迪最喜歡看的便是路旁的七彩霓虹燈與告示板。 224

21「當你看著安迪的時候，你想的不會是『他戴的是假髮』，而是『老天，你看那個傢伙的頭髮！』」 233

第十一章 238

我們開得愈遠，在公路上所看到的一切就愈有「普普」味。——安迪．沃荷 239

The farther we drove, the more Pop everything looked on the highways.

22「一旦你了解什麼是『普普』，你就不可能再以同樣的眼光看待招牌；而一旦你有了『普普』的思維，你也不可能再以同樣的眼光看待美國了。」 240

23 他們坐進了「獵鷹」的前後座，打開收音機，往好萊塢出發。再過幾個小時派對就要開始了，他們可不想遲到。 248

第十二章 252
真希望能把我的生命灌注到空蕩蕩的好萊塢當中。——安迪 253
Vacant, vacuous Hollywood was everything I ever wanted to mold my life into.
24「噢，這就是美國～」 254
25 藥物、名流、音樂、和普普藝術的結合實在是太令人陶陶然了。 260

第十三章 270
老好萊塢已經終結，然而新好萊塢卻還沒有開始。——安迪・沃荷 271
The Old Hollywood was finished and the New Hollywood hadn't started yet.
26 先別管繪畫了。安迪現在一心想做的是——拍電影。 272
27「不、不、不，不是這樣的。那是繪畫。」 276
28《泰山回來了……算是啦》（Tarzan Returns...Sort Of） 279

第十四章 284
任何人都可以拍出一部好電影，但假使你是刻意試著去拍出一部爛片，那你就是在拍一部好的爛片。——安迪・沃荷 285
Anybody can make a good movie, but if you consciously try to do a bad movie, that's like making a good bad movie.
29 在海邊的「索多瑪」（Sodom）[2] 過著快樂又背德的生活 286
30 這部「地下電影」的劇組決定要以「地下工作」的方式暗地裡拍攝他們想要的畫面。 291
31 這已經不是過去那個「邋遢安迪」 297

第十五章 302
這是我最喜歡說的句子之一。「那又怎樣。」——安迪・沃荷 303
That's one of my favorite things to say. "So what."
32 妒火中燒的安迪——他對於傑拉德竟然帶了一個女孩回來「他們的」房間感到非常憤怒。 304
33 就這樣，一種導演技巧誕生了。 309

第十六章 320

我真的很怕感到快樂，因為快樂總是稍縱即逝。——安迪・沃荷 321

I'm really afraid to feel happy because it never lasts.

34「安迪和我就像兩個毛小孩，圍著馬塞爾・杜象蹦蹦跳跳的。」 322

35 安迪不論在這件藝術作品或是在生活中都像是一面鏡子，它是一個會反照的表面，但卻讓你無從得知在這個表面下方到底——如果有的話——藏了些什麼東西。 327

第十七章 332

我們循著《逍遙騎士》（Easy Rider）的路線往回開，經過拉斯維加斯，然後橫越南部各州。——安迪・沃荷 333

We took the Easy Rider route back, through Vegas, then down through the southern states.

36 是發動「獵鷹」，向好萊塢道別的時候了。 334

37 在安迪看來，拉斯維加斯就像是一座迷人的普普藝術博物館。 337

準備就緒

第十八章 346

好吧，你可以說我對銀色特別偏愛……——安迪・沃荷 347

Well, you might say I have a fondness for silver…

38 他說他會去那裡是因為他「喜歡聽人家以新方法說老東西，還有以老方法說新東西。」 348

39 安迪不是狂妄自負的人——他是個喜歡惡作劇、頑皮的傢伙。「他是在裝聾作啞，就跟他的畫一樣，」[3] 亨利・戈爾達扎勒說，「但我們都被騙倒了。」 352

40「工廠是你打造東西的地方。我就是在這裡製作或建造我的作品。在我的創作領域裡，手繪要花上太長的時間，這不是屬於我們這個時代的做法。今天機械方法才是王道，利用它們，我可以讓更多人接觸到更多藝術。藝術應該是屬於所有人的。」 360

第十九章 364

一天你恍然清醒，你便重獲新生。——安迪・沃荷 365

One day you just wake up and you're a new person again.

41 兩個「清點了熱狗、酒瓶的數量，甚至仔細到把紙杯從垃圾堆裡挑出來一個個細數——搞到最後兩個人都恨透對方了。」安迪就愛看好戲，他說這場活動是一個「非常棒的派對」。 366

42 「真的很奇怪，」[4]他觀察道，「你的生命已經走到這裡——你已經受邀參加一場所有派對裡最重要的派對……但這還是沒辦法保證你從此不再有自己一無是處的感覺。」安迪說 373

43 安迪的死訊反而讓世人對於他所留下的一切掀起長期論戰。這個曾經說過「別在意人家怎麼寫你；只管版面大小就好。」的男人恐怕又要樂不可支了。 376

第二十章 378

重點不是在求永生，而是去創造出不朽的作品。——安迪·沃荷 379

The idea is not to live forever. It is to create something that will.

44 諷刺的是，美國人很少造訪六十六號公路。 380

45 一九六三年九月，安迪真的「去了別處」，他展開了一趟連結古板、昏沉的五〇年代與搖擺的六〇年代——與其之後——的旅行，他是帶著整個美國一起上路的。 390

致謝 393

1 沃荷、哈克特，《普普主義》，第五十一頁。
2 《舊約聖經》中所記載的好色淫亂之都。
3 戈爾達札勒，《使之為新》，第三十九頁。
4 同註264，第一百九十六頁。

開場白

二〇一二年九月二十四日

我一直對安迪・沃荷深感著迷，他不但是藝術家、導演、格言家、媒體大亨、趨勢領導者，而且堪稱是二十世紀最具真知灼見的不朽天才，甚至到了二十一世紀猶然為當紅炸子雞。假使安迪知道這些事，雖然他不見得會有多驚訝，但他肯定會被逗得樂不可支：他在一九六三年被評論家們視為笑話的畫作——包括那些頗具爭議性的金寶濃湯（Campbell's Soup）罐——在今天已經價值上億美金；有一間博物館致力於收藏他個人的生活樣貌與作品；安迪・沃荷相關展覽經常在各地巡迴展出；他的反傳統文化電影為今日的主流電影奠下了基礎，獨立電影在今日已經發展為數十億美元的產業；**他被推為「自拍」（selfie）的始祖；還有眾多粉絲們，包括藝術家與作家，都視「聖安迪（Saint Andy）」為他們的繆斯。**

八〇年代早期的時候，我也是眾多崇拜安迪的粉絲之一。有一回我去參加了一場紐約現代美術館（Museum of Modern Art）所舉辦的電影活動，發現我的位子正巧就在安迪的前方。他的出現讓我興奮不已，但我當時實在是太害羞了，以至於我根本不敢轉頭和他說話。**後來那天稍晚，我先生跟我聊起了安迪的假髮，我問他，「什麼假髮？」年輕又天真的我一直以為他頭上誇張的銀髮是真髮。**後來，我開始慢慢了解關於安迪．沃荷的所有一切，而當我成為一名作家之後，我也思考著要以他做為著作的主題。我想我需要知道更多真實的故事。

《普普主義》（*POPism*）一書是安迪對於自己在一九六〇年代的生活體驗所做的記錄。在書中，我瞥見他提到一九六三年他做了一趟公路旅行，當時他和一群密友駕車一路從紐約橫越美國直到洛杉磯。我很快便認定，這趟冒險旅程——雖然在大部分沃荷的傳記裡只會出現在註腳——實際上是他一生當中重要的關鍵時刻，同時也猶如一扇觀景窗，讓人得以一窺當時美國正遭逢的巨大變遷。這趟六〇年代模式的公路之旅後來成為一次心靈探索的旅程。他興高采烈地一路行經美國心臟地帶的公路、加州海灘、舊好萊塢（Hollywood）、新好萊塢、拉斯維加斯（Las Vegas）、和其他典型的美國城鎮，同時以流行世俗的角度探索美國文化——藝術、文學、電影、電視、廣告、音樂、運動、藥物、和新的性意識，全都透過旅途中的體驗滲入安迪．沃荷的內心世界。

安迪第一次動身前往西岸時的年紀是三十五歲，但更廣義地來看，他的旅程其實打從出生的時候就開始了。他一九二八年出生於蕭條衰敝的匹茲堡

（Pittsburgh），到一九六三年展開這一場六十六號公路（Route 66）上的疾風之旅，這期間安迪・沃荷從一個貧窮又體弱多病的小男孩搖身而為新銳藝術家與導演，這樣的蛻變本身就是一場精彩萬分的旅程。就在我埋首研究他的生平與他所處的年代時，我愈發覺得，如果我真的想要了解那個關鍵時刻的安迪，我就應該要跳上車子，親自走一趟同樣的旅程。

於是我開始規劃我的公路之旅。**像這樣的旅行，通常人們不是在十八歲那種毫無懸念的年紀風風火火地上路，就是反過來，會等到退休後才開著休旅車閒散逍遙地展開旅程。**我打算從紐約出發，一路開車經過紐澤西州（New Jersey）、賓州（Pennsylvania）、俄亥俄州（Ohio）、印第安那州（Indiana），然後接上六十六號公路——屬於文藝青年的懷舊公路——直接穿越密蘇里州（Missouri）、堪薩斯州（Kansas）、奧克拉荷馬州（Oklahoma）、德州（Texas）、新墨西哥州（New Mexico）、亞利桑那州（Arizona），一路抵達加州的最西邊，聖他莫尼卡碼頭（Santa Monica Pier）。**我先生是個完全不會開車的道地紐約客，所以這趟旅行中他也只能扮演乘客的角色。在這種情況下，我估計我們大概得花上七天的時間才到得了洛杉磯**（Los Angeles）。**安迪只花了四天半的時間，但是他和他的旅伴們一路上總有一些六〇年代典型常見的藥物幫助他們維持亢奮的狀態。我會在九**

月二十四日出發，就和安迪出發的日子同一天。

原本重新還原安迪的旅程一直是個抽象的概念，直到有一天，我在一本關於沃荷的大事記書中看到一整頁翻拍的單據。安迪是個出了名的收集狂，他會把所有東西都收進被他稱為「時間膠囊」（time capsules）的硬紙盒裡。時間膠囊裡甚麼稀奇古怪的東西都有，包括派對邀請函、食物、指甲刀、還有處方藥。在第五十五號膠囊當中，安迪收藏了我心目中的至寶——他在橫越美國公路之旅途中所收集的所有單據。

一張單據就是一個故事。加蓋了紐約港務局（Port of New York Authority）戳印的卡片記錄了他離開紐約市的確切時間。比佛利山莊飯店的帳單列出了客房餐飲服務（room service）的費用與撥打長途電話的記錄。還有許多單據來自加油站、汽車旅館、餐廳、相機店、以及他沿途停留的據點。就像撒落的麵包屑所留下的軌跡一般，這些細瑣的資訊帶領我到安迪所佇足的每一處，同時也告訴我他到那些地方的時候從事了哪些活動。這珍貴的點點滴滴讓安迪彷彿重回世間，也讓我得以親歷他當時所看見的世界。至此，我對於展開這趟公路之旅已經充滿了興奮與期待。

面對這樣一段長途的旅行，每天都得花許多小時在車上，行李裡頭該帶些什麼才好呢？我的答案是音樂、有聲書、和雜誌。**為了要塑造適當的氛圍、醞釀真實復舊的心態，我決定我準備的所有娛樂素材都必須要來自於一九六三年。**當年最流行的歌曲都是一些令人琅琅上口的經典曲目——《楓糖屋》（*Sugar Shack*）、《壽喜燒》（*Sukiyaki*）、《莎莉繞著玫瑰走》（*Sally Go Round the Roses*）、《衝浪城市》（*Surf City*）等等。而最適合帶上路的有聲書是納博科夫（Nabokov）[5]的《蘿莉塔》（*Lolita*）——這部一九六三年上映的電影正好也以公路旅行為主要背景。至於懷舊雜誌，我選了我知道安迪一直都在閱讀的《電影劇》（*Photoplay*）、《內幕》（*Confidential*）、《時尚》（*Vogue*）、《婦女居家雜誌》（*Ladies' Home Journal*）等。

出發的日子到了。二〇一二年九月二十四日星期一，那是個充滿期待的早晨，但租車公司卻從電話那一頭捎來了壞消息。看起來，我兩個月前就訂好的車子現在因為一些莫名其妙的故障問題而無法出車。所幸，街尾那間小加油站裡有輛現成的出租車，而且油箱已經加滿，隨時可以準備上路。雖然略有波折，但無論如何我們終究是出發了。

一位貼心的朋友給我們送來一組「沃荷生存包」，裡頭裝滿了點心，還有安迪素材的T恤、和兩頂白金色的假髮。我們立刻把假髮戴上，拍了張紀念照，但

5 納博科夫（Vladimir Vladimirovich Nabokov, 1899-1977）是俄裔美籍作家與昆蟲學家，知名小說《蘿莉塔》於一九五五年出版。

同時我們也立刻發現戴著假髮是有多麼地不舒服。不知道安迪帶著他的假髮時會不會也有同樣的感覺；難道他不會覺得很悶熱又很癢嗎？我們和家人、朋友、還有小狗告別之後，就先往紐約市東邊開十三哩，這樣我們才能和安迪從同一個地點出發——那是他位於**萊辛頓大道**（Lexington Avenue）1342號的透天住家。

到了那裡，我奇蹟似地在那棟屋子的正門口發現了一個停車位。正當我一邊停車、一邊意識著別具意義的這一刻時，我突然發現掛著1342號門牌的那扇門竟然微微開著，建築工人們正拎著桶子進進出出。我難掩心中的好奇，於是便走到門前，大膽地把門推開了。我通常不會用「大膽」這樣的字眼來描述我自己，不過我想要一窺安迪住家的念頭太過急切而強烈了，它完全壓抑掉我對於擅闖民宅的恐懼。

進到屋子裡，我爬上了通往起居室的樓梯。室內到處都被罩上了粉刷油漆時覆蓋的罩布。這間房子正在進行翻新整修，它看起來已經和安迪在一九六三年稱之為「家」的那間陰暗、老舊的屋子大不相同了。很快地，工班的負責人就在成群的工人裡認出我來，我立刻向他解釋我正在撰寫一本關於安迪．沃荷的書。我問他，不知道是否可以讓我在屋子裡到處看看，他看了他的同事一眼，意思彷彿在說：「又來了。」顯然我不是第一個以研究之名擅闖私宅的沃荷迷。他走出房間，打電話給現任屋主詢問是否可以授權讓我「參觀」，當他離開的那一秒，我立刻躡手躡腳地從一個個門口往房間裡探看。

一想到我正站在安迪第一次畫下他的金寶濃湯罐和可口可樂瓶的房間裡，我就興奮到全身發抖。我想起自己曾經看過他在這間房子裡所拍的照片。一張照片是他坐在階梯上，正在篩選他手中的信件；另一張照片是他在樓下的廚房裡與他的母親共進早餐，他當時和他母親一起同住。我記得還有一張照片，照片裡屋內的所有空間都擺滿了他各式各樣的收藏品，其中包括了一雙卡門・米蘭達（Carmen Miranda）[6]的厚底鞋，和約翰・張伯倫（John Chamberlain）[7]以汽車廢零件製作的扭曲的雕塑品。

工班負責人回到房間裡，帶回了並不是太令人意外的消息——屋主拒絕讓外人進入工地裡四處探看。我向他致謝，走出了這間透天公寓。我知道雖然屋主不允許我在屋內進行我的研究之旅，但我已經得到一段奇妙的緣分。由於上天安排了這個停車位與屋子的裝修工程，我得以用與安迪四十九年前出發時的相同姿態展開我的旅行。我在階梯的平台上停住腳步，接著走下台階，推開前門，走向停在路邊的汽車，一如安迪當年。

6　卡門・米蘭達（Carmen Miranda, 1909-1955）出生於葡萄牙，幼年時移居巴西，後來成為著名歌星，並以優異的歌舞表現活躍於美國百老匯與好萊塢。

7　約翰・張伯倫（John Chamberlain, 1927-2011）為美國雕塑家。

序曲

一九六三年九月二十四日

安迪．沃荷在他萊辛頓大道的透天屋子窗邊往外看，一輛黑色福特（Ford）「獵鷹（Falcon）」旅行車駛近停在人行道邊。他一把抓起他所認為的「必需品」——幾十本雜誌、一台新買的寶萊（Bolex）攝影機（事實上他還不太確定要怎麼使用它）、和他的西裝晚禮服——並且和他的母親吻別之後，便匆匆跑下階梯、跳上汽車，展開他生平第一趟橫越美國的公路之旅。他的目的地是洛杉磯，在當地，爾文．布魯姆（Irving Blum）主持的「費若斯藝廊（Ferus Gallery）」將要展出安迪的畫作——艾維斯．普雷斯里（Elvis Presley）和伊莉莎白．泰勒（Elizabeth Taylor）的畫像。

在這九月豔陽天底下的安迪．沃荷是個什麼樣的人物呢？肯定不是日後那個頂著銀髮有如謎一般、到處縱情享樂的男人。他在一九五〇年代便已經是一位成功的插畫家，以奇幻古怪的鞋子、小天使、花卉等小品插畫聞名於世。但到了六〇年代，安迪儼然改頭換面成為一位新潮主義藝術家，他嚴肅看待他的繪畫作品，開始拍攝實驗性的電影。一九六二年，他頗具爭議性的作品——金寶濃湯罐

的「畫像」——將他推向了當時轟動社會的新藝術運動，也就是普普藝術（Pop）的浪頭。但身上的破卡其褲和髒球鞋讓他難以擺脫「邋遢安迪」（Raggedy Andy）[8]的綽號，這時候的安迪給人的印象仍然是「迷人又親切」、「慷慨」、「大方、外向、神采奕奕」**——即便他當時已經三十五歲了，但他活脫就是個不老的青少年，對生活總是充滿了奔放的熱情。**

安迪從小就對好萊塢懷抱著許多幻想，但他從來沒有親眼見過好萊塢。他熱愛為名人們作畫——莉茲（Liz）、艾維斯（Elvis）、瑪莉蓮（Marilyn）、馬龍（Marlon）、特洛伊（Troy）[9]——這些都是光說出單名，就可以在腦海裡浮現長相的明星臉孔。現在，他要一路向西展開他的朝聖之旅。還有另一件事比「費若斯藝廊」的展覽更令他興奮期待，那就是他的新朋友——演員與新進藝術收藏家丹尼斯・霍伯（Dennis Hopper）和他的妻子、好萊塢貴族之女布魯克・海華德（Brooke Hayward，她是製片李蘭・海華德〔Leland Hayward〕和演員瑪格麗特・蘇利文〔Margaret Sullavan〕的女兒）——答應他，要在他抵達洛杉磯之後為他舉辦一場「電影明星之夜」的派對。**霍伯家和他們那些名人朋友們的雞尾酒會已經決定安排在九月二十九日舉辦了，所以安迪只有四天半的時間可以橫越美國。**

既然時間如此緊迫，安迪又何苦在這個噴射機時代以公路旅行的方式前往

8　「邋遢安迪」（Raggedy Andy）原本是美國作家強尼・格魯埃爾（Johnny Gruelle，1880-1938）所創造的童話角色，和“Raggedy Ann”為一對布娃娃姊弟。

9　分別指：伊莉莎白・泰勒（Elizabeth Taylor）、艾維斯・普雷斯里（Elvis Presley）、瑪莉蓮・夢露（Marilyn Monroe）、馬龍・白蘭度（Marlon Brando）、特洛伊・唐納胡（Troy Donahue）。

洛杉磯呢？「**駕車穿越美國會是一段美好的時光。**」安迪解釋。「**我想要好好看看美國。**」[10]的確，他對於紐約到洛杉磯之間的地景風貌充滿了好奇，但同時他也對於搭機飛行感到相當緊張不安。自從伊莉莎白．泰勒的先生、好萊塢製片麥克．陶德（Mike Todd）葬身於一九六一年的一場空難之後，安迪的母親就經常警告他（用她濃重的東歐口音）：「有很多在天上飛來飛去的大人物都是這樣死的。」因此待在地面上似乎是一個相對安全的選擇——除了一個小小的問題之外。**雖然安迪．沃荷對汽車相當著迷，也喜歡畫車子，但他完全不懂怎麼開車。**

不過這難不倒他，他找來了三個朋友——其中兩個人擁有汽車駕照——陪著他一起踏上這趟橫越美國之旅：韋恩．張伯倫（Wynn Chamberlain），他是一名親切老實的藝術家，而最重要的，他是這輛福特旅行車的車主；泰勒．米德（Taylor Mead），一個立意於非主流電影的精彩世界中揚名的古靈精怪男演員；以及安迪工作室裡俊俏的助理新人，大學生傑拉德．馬蘭嘉（Gerard Malanga），他是個胸懷抱負的詩人。

帶著一張布蘭奇信用卡[11]（Carte Blanche credit card），安迪便和他的夥伴們上路前往好萊塢了。指定駕駛韋恩和泰勒坐前座，方便他們兩個人輪流駕駛；傑拉德則和安迪一起坐在後座。**「這趟旅行肯定會很好玩。」安迪一邊斜倚在寬敞**

10 安迪．沃荷和派特．哈克特（Pat Hackett），《普普主義》（New York:Harcourt,1980），第四十四頁。

11 由大來國際信用卡公司（Diners Club）所發行的一種信用卡。

的汽車後座聽著收音機傳來震耳欲聾的音樂聲，心裡頭一邊這麼想著。看著後照鏡映出的曼哈頓天際線和眼前無盡延伸的道路，他一派樂觀地踏上這趟即將穿越二十一個州的旅程——誰又知道他心裡走過的將是多遙遠的旅程。

安迪位於萊辛頓大道上的透天住宅（中間），地點在曼哈頓（Manhattan）的卡內基丘（Carnegie Hill）。

準備

第一章

重點不在於你是什麼樣的人，而是他們認為你是什麼樣的人。——安迪・沃荷

It's not what you are that counts, it's what they think you are.

1他給自己的作品開出相當高的價格，假使對方出的價格不能令他滿意，他是不會輕易割愛的。

一九六〇年的安迪・沃荷絕對不是個一窮二白的藝術家。事實上，他是個收入相當不錯的插畫家，住在萊辛頓大道和八十九街交叉口附近的透天私宅裡。這個街區是在一八八八年由紐約的地方望族萊恩蘭德家族（Rhinelander family）所開發，這群有錢的地主委託建築師亨利・哈登堡（Henry Hardenbergh）[12]在他們位於曼哈頓上城區的土地上興建六棟連棟的北方文藝復興（North Renaissance Revival）風格的住宅。哈登堡之前已經在上西區（Upper West Side）設計了眾所周知的達科他公寓（Dakota apartment），後來他還陸續設計了幾棟紐約最負盛名的旅館，其中包括了華爾道夫飯店（Waldorf）和廣場飯店（the Plaza）。哈登堡在他為萊恩蘭德家族興建的連棟住宅上以淺色石頭打造立面、拱門、和欄杆，將這排屋舍妝點得就像是童話故事裡的小鎮住家一樣。

可惜，這些童話般的房子隨著歲月而逐漸老舊頹圮了。一九三一年，萊辛頓大道展開拓寬工程，不但人行道窄縮，沿街的建築也被迫拆除掉原來通往起居間樓層入口的戶外階梯。這裡大部分的住宅後來紛紛改為出租公寓和辦公室，然

12 亨利・哈登堡（Henry Janeway Hardenbergh, 1847-1918）為美國建築師，以飯店與住宅建築聞名。

而安迪認為這些古意盎然的老建築未來仍然頗具潛力，於是他買下其中一間，做為自己的住家。他平日最喜歡做的消遣之一，就是逛逛骨董店和藝廊，看看有沒有什麼值得入手的新貨。**他的收藏品包括了各式各樣的遊樂場機台，有會噴香水的、有可以測試力氣的、還有會滾出口香糖球的；還有旋轉木馬、孔雀標本、人頭模型、一個看起來有點邪惡的大型小丑人偶、一個木頭印地安人像、蒂芬妮彩色玻璃燈、新古典主義風格的傢俱、和他剛開始接觸不久的藝術收藏品。**在他藝術類的藏品中有一幅特別的作品，是由藝術家費爾菲爾德．波特（Fairfield Porter）替安迪和他的朋友泰德．凱利（Ted Carey）所畫的雙人肖像畫。原本這一對朋友打算等畫作完成後將這幅畫一分為二，這樣就可以以一張畫的價格買到兩張肖像畫。但波特看穿了他們的計畫，於是在作畫時將他們兩個人畫得特別相近，讓他們沒辦法將畫作從中切割開來。

二樓的起居室是這棟房子的公共空間，裡頭有兩個房間——小間的面對萊辛頓大道；大間的在後面，是個鑲了木板牆的客廳。根據安迪自己的說法，這兩個房間「有點精神分裂」（kind of schizo），因為他會在小起居間裡進行他的商業作品、完成他接的插畫案，而大客廳則是他的藝術工作室兼沙龍，他會在這裡創作真正的藝術作品。**他的母親茱莉亞（Julia）和他們家為數愈來愈眾多、卻同樣都**

叫做「山姆」（Sam）的貓住在這棟淡藍色建築的一樓，這個緊鄰大街的樓層裡有一個舒適溫馨的廚房和一間臥房。安迪自己的房間位於這棟透天房屋的三樓，房間裡擺了張全新的四柱床；而三樓其他房間則被用來作為延伸的工作室空間和儲藏室。

上東區的房子、對購物的狂熱、還有不斷擴增的個人收藏，這些在在證明了當時的安迪已經事業有成，但他自己對此並不滿足。他認為自己還是個進化中的作品，正在往功成名就的目標邁進，但尚未到達。如果思及安迪的人生是從哪裡開始的，他從過去以來的轉變簡直可以說是一種奇蹟了。

2 安迪七歲的時候，向家裡提出要求想要有一台電影放映機。

安迪是茱莉亞和她的先生昂德烈・沃荷拉（Ondrej Warhola）的小兒子。他們夫妻倆都是來自東歐（說得具體一點，是羅塞尼亞〔Ruthenian〕）的移民，他們的家鄉在斯洛伐克（Slovakia）一個名叫密科瓦（Miková）的小山村。在十九、二十世紀之交那段時間，密科瓦的年輕人都認為向外出走才會有出息。一九〇六年，十九歲的昂德烈也像他的許多同鄉一樣，前往美國追求他的財富。

他在匹茲堡打拼了三年，終於帶著他辛苦掙來的第一桶金回到密科瓦。

回到家鄉的昂德烈，在村民的眼中是個強壯、金髮、俊俏、又有錢的小伙子，只要是家裡有待嫁女兒的媽媽們都巴不得把他收為女婿。然而，他卻對年方十七、個性火辣鮮明的金髮少女茱莉亞．薩瓦琪（**Julia Zavaky**）情有獨鍾。昂德烈向茱莉亞求婚，卻被茱莉亞斷然拒絕，這讓他受到很大的打擊。茱莉亞和她同年紀的女孩子們很不一樣，她崇尚自由，喜歡唱歌、說故事，而且她還沒準備好要做一個妻子。但她務實的爸媽很清楚，像昂德烈條件這麼好的對象在他們斯洛伐克鄉下地方打著燈籠也不容易找到，於是他們便逼著茱莉亞接受昂德烈的求婚了。

這對年輕夫妻很快展開他了們辛苦的農村生活——每天就是工作、工作、再工作。過了三年，昂德烈徹底地了解到待在密科瓦是不會有未來的。於是他在一九一二年回到美國討生活，他告訴他的妻子，只要他存夠了錢，就會立刻把她和他們襁褓中的女兒一起接到美國來。然而這一晃就是九年——這中間茱莉亞經歷了戰爭、失去自由，同時還要面對父母和女兒接連因病過世的打擊——到最後，她終於決定採取行動，借了錢到美國與她離鄉背井的丈夫會面。

沃荷拉一家人終於在一九二一年團聚，並且在匹茲堡定居下來。當時的匹茲堡是一個陰森灰暗的工業城，漫天的霧霾讓所有居民的生活都籠罩在無止盡的烏雲底下。他們搬進一間廉價公寓，公寓的設備簡陋而原始，所有管線系統都暴露在室外，但他們還是很努力地靠著昂德烈的薪水勉強過日子。他們的第一個兒子保羅（Paul）在一九二二年出世，接著老二約翰（John）在一九二五年報到。保羅和約翰都像他們的爸爸一樣結實健壯，然而沃荷拉家的老三安德烈（Andrej）卻好像是被偷換過的小孩一樣——在吉普賽的傳說裡，小妖精會趁母親們不注意的時候，拿被施過魔法的小嬰兒把人類的寶寶偷換掉。小安迪在一九二八年八月六日出生，他長得又白又纖弱，彷彿是從另外一個世界來的。茱莉亞對她這個有如天使般的寶寶深深著迷，打從一開始便對他寵愛有加。她的兩個大兒子[13]天生就知道要怎麼樣好好照顧自己，他們總是想方設法要掙錢，經常做些賣報紙或送冰淇淋的差事。而安迪就完全不一樣了，他是個纖細內向的小孩；他需要得到特別的關照，而茱莉亞也樂於對他傾注所有的愛。

雖然受到母親的溺愛，但安迪很早就學到「勤勞」和「節儉」是在經濟大蕭條時期的匹茲堡生存下去的不二法門。有幾度昂德烈丟了他的工作，逼得他非把已經勒緊的褲帶再拉得更緊一點，但這些困苦的日子只有讓他在好不容易爭取而來的工作機會上更加勤奮，甚至更努力存錢。一九三四年，他拿出所有積蓄，在

13 鮑伯・克拉塞羅（Bob Colacello），《頑童》（*Holy Terror*, New York: Cooper Square Press, 2000），第十五頁。

奧克蘭（Oakland）工人住宅區的道森街（Dawson Street）上買下了一間雙併住宅的半邊。沃荷拉家把他們的二樓出租以增加收入，但剩下的小房子和庭院——其中還包括了屬於茱莉亞的後花園——就像他們的豪華宮殿，這個移民家庭的美國夢終於實現了。

雖然安迪的個性開朗，但他同時也相當害羞膽小。他喜歡和鄰家的女孩們玩些靜態的遊戲，不像哥哥們，總是和其他男孩子們打來打去。孩子們就讀的霍姆斯小學（Holmes Elementary）就在和他們家同一條街上，所以沃荷拉家的兄弟們每天中午都會回家吃午餐。茱莉亞通常會給他們準備**金寶濃湯**，其中番茄口味是安迪的最愛。沒有上學的時間，安迪喜歡畫畫、著色、剪一些紙娃娃。**他的媽媽總是對他的作品大加讚賞，還會拿出「好時巧克力（Hershey bars）」作為獎勵，這也養成安迪一生嗜吃甜食的習慣**。其實茱莉亞也認為自己是個藝術家，她會拿紙紮出漂亮的花束，再搭配上馬口鐵罐一起賣給想要妝點居家環境的家庭主婦們。

沃荷拉家的人都承認安迪最受寵，但他們對於安迪的特殊地位卻絲毫不以為意。**安迪七歲的時候，向家裡提出要求想要有一台電影放映機**。他的兩個哥哥對於這項異想天開的要求感到相當不可思議，但當他們的媽媽想辦法籌錢把一台二手放映機買回家的時候，他們卻一點都不意外。安迪把卡通影片投影在牆上，這間道森街上的小客廳儼然成為他專屬的視聽娛樂室。

雖然家裡有卡通可以看，但從大銀幕上欣賞明星們的演出又是另一種享受了。每到星期六，他們就會到附近的電影院裡去看電影。銀幕上，閃著迷人酒窩的秀蘭・鄧波兒（Shirley Temple）又唱又跳的可愛模樣讓許多忠實影迷為之傾倒，安迪便是其中之一。這位家喻戶曉的童星在一九三六年那時候唱了不少歌舞片，她所演過的電影，像是：《亮眼睛》（*Bright Eyes*）、《小上校》（*The Little Colonel*）、《傑紐瑞里上校》（*Captain January*）、和最新上映的《可憐的小富家女》（*The Poor Little Rich Girl*）每一部都叫好又叫座，二十世紀福斯電影公司（Twentieth Century Fox）支付她的片酬每部高達五萬美金。

雖然安迪很喜歡看秀蘭・鄧波兒的電影，但他非常害怕看到這一類電影最後總是會出現的情節——劇中人物的爸爸、或者是某一個家長會跳出來聲稱那個捲髮小女孩是他或她的女兒。「整部電影就這樣毀了，」他抱怨道，「我一點都不想知道她的爸爸是誰。」[14]早在童年時期，安迪對於幻想的喜好便大於現實。

秀蘭・鄧波兒擁有自信、魅力、美貌、天資、名聲、財富，還有各式各樣快樂圓滿的結局，安迪當然也想向她看齊。於是他在自己的幻想世界裡給自己取名

14 肯尼斯・戈德史密斯（Kenneth Goldsmith）編，《我會做你的鏡子：安迪・沃荷訪談精選集》（*I'll Be Your Mirror: The Selected Andy Warhol Interviews*, New York: Carroll & Graf, 2004），第十三頁。

為「晨星」（Morningstar）、「安迪晨星」（Andy Morningstar），他覺得這樣的名字聽起來象徵了充滿希望的開始、光輝燦爛、與名望。只是，安迪似乎註定難以擺脫「沃荷拉」這個聽起來不是太稱頭的姓氏、與伴隨而來的平凡人生。**「被生下來就像是被綁架了一樣……然後再被賣身為奴。」**[15] **他長大之後曾經這樣感嘆。**

安迪大部分星期六都會進電影院看電影，但到了星期天，他一定會上教堂。他去的「聖金口若望拜占庭禮天主教教會（Saint John Chrysostom Byzantine Catholic Church）」位在羅斯卡鐸利納（Ruska Dolina）——或被稱之為羅塞尼亞谷（Rusyn Valley）——附近，是在一九一〇年由一群渴望恢復家鄉宗教傳統的歐洲喀爾巴阡山地區羅塞尼亞移民（Carpatho-Rusyn）所興建的。每到星期天，茱莉亞和安迪會起個大早，再走上很長一段路到教會望七點開始的第一台彌撒（Mass）。他們會在教會裡待上一整天，禱告、交際、再參加接下來的兩台彌撒。安迪總是會乖乖地坐在媽媽身邊，眼睛直盯著雄偉華麗的聖像畫屏（iconostasis）瞧——畫屏上有許多手工繪製的聖像。

這些栩栩如生的畫像使用了金色、藍色、紅色、和其他鮮豔的色彩，看起來十分賞心悅目，但它們的意義絕對不只是美麗的圖畫而已。早期的羅馬教皇聖格列哥里一世（Saint Gregory the Dialogist,ca. 540-604）曾經說過，聖像是「文盲的

15　安迪．沃荷，《安迪．沃荷的普普人生》（*The Philosophy of Andy Warhol*, New York: Harcourt, 1975），第九十六頁。本書繁體中文版由臉譜出版社於二〇一〇年出版。

聖經」。「那在經卷上所讀到的可以用畫像表達出來，好讓就算是不識字的人亦可一目了然。」[16]他解釋道。聖者的畫像與宗教故事的畫面本身就有它們自己的視覺語言——高額象徵著智慧、豐唇表示他們辯才無礙、大耳則意指他們是慈悲的傾聽者；他們頭部後方閃耀的金色光環代表著聖光、或天堂。聖像的每一個細節，包括用色和尺寸，都蘊藏了意義和故事在其中。

沃荷拉家規律的宗教活動在一九三六年中斷了，因為當時八歲的安迪得了風濕熱（rheumatic fever）。這在匹茲堡算是相當常見的疾病，尤其在一些比較貧窮的社區，這些地區的孩子們經常在開放的污水區附近玩耍。然而安迪復原的速度卻異常緩慢，而且還出現了併發症。他的雙手發抖、兩腳無力、說話口齒不清，而且注意力也無法集中。更糟的是，他沒辦法停止躁動，他的四肢和身體會不自主地任意扭曲。這時候，沃荷拉家才知道事情嚴重了。他們的醫生確認安迪的風濕熱引發了「舞蹈症（Sydenham's chorea）」[17]——或被稱為「聖維杜斯舞蹈症（Saint Vitus' Dance）」——這是一種神經性疾病，患者會不自覺地做出古怪的舞蹈動作。

十七世紀知名醫生湯瑪斯・希登漢姆（Thomas Sydenham,1624-1689）首先在一六八六年提出這項疾病，根據他的描述，這種疾病「會產生抽搐……四肢會

16 寫給馬賽主教塞勞諾（Bishop Serenus of Marseilles）的書信，《尼西亞與後尼西亞時期教父作品選集二，第十三卷》（*Nicene and Post-Nicene Fathers 2, Vol. XIII*），第五十三頁。

17 湯瑪斯・希登漢姆醫生：https://goo.gl/85tYvy（二〇一三年十一月十日）

有不自主、無意義的快速運動；肌肉無力；情緒躁動。」兩百五十年後，對於聖維杜斯舞蹈症的治療並沒有太大的進步：病人必須在安靜的環境中緩慢靜養，也就是所謂的「臥床休息」。

對大部分的八歲男孩子來說，在床上靜養十個禮拜肯定是個難熬的經驗，但對安迪可不是那麼一回事。對他而言，「臥床休息」這個詞聽起來相當奢華，應該是電影明星才有的待遇，沒想到竟然會發生在他這個平凡的小毛頭安迪・沃荷拉身上。茱莉亞把她兒子的床搬到她和昂德烈平常睡覺的一樓餐廳裡，全心照顧他，給他許多漫畫書（《大力水手》〔Popeye〕和《狄克崔西》〔Dick Tracy〕是他的最愛）、電影雜誌、糖果，任何他想要的東西。在他哥哥的幫助下，安迪寫了許多信給電影明星們——鮑勃・霍伯（Bob Hope）、艾柏特與卡斯特羅（Abbott and Costello）、愛麗絲・費伊（Alice Faye）、卡門・米蘭達——向他們索取電影宣傳劇照和親筆簽名照，等一收到回函，他就把這些照片小心翼翼地貼在一本特別的剪貼簿上。茱莉亞也鼓勵安迪多做一些藝術創作，希望這些活動能幫助他改善運動神經的問題。

好不容易，安迪痊癒了，但他也因為這場大病而變了一個人。他看起來比以前更蒼白[18]、更脆弱，舞蹈症引起的疹子也在他白皙的皮膚上留下痕跡，這些

18　沃荷，《安迪・沃荷的普普人生》，第六十三頁。

痕跡甚至會隨著他成長而變成不規則的形狀，以至於附近的孩子們都叫他「沃荷拉家的紅鼻子安迪」。還有其他地方也出現了轉變。**在他「臥床休息」這段期間，安迪完全沉浸在他的好萊塢夢當中了。**他嚮往著他在電影雜誌裡所讀到的那些名人故事，而他所收集的那些照片——其中還包括一張秀蘭・鄧波兒親筆簽名的手工上色大頭照（照片上還貼心地寫著：給「安德魯・窩荷拉〔Andrew Worhola〕」，只是名字寫錯了）——都是他最珍貴的寶貝。

大病初癒後，安迪比過去更熱衷於畫畫了。終於，有一位老師看出這個奇特的小男孩有其真正的天份，於是他安排安迪去參加卡內基博物館（Carnegie Museum）星期六早上舉辦的免費藝術課程。雖然博物館離安迪家只有一哩路，但它所在的位置卻是一個與安迪過去所居住的工人階級社區完全不一樣的世界。那裡被暱稱為奧克蘭的「美麗之城」（the city beautiful），是匹茲堡的觀光區與文化中心，同時也是名流權貴經常出入的活動場所。

每到星期六，安迪就會去博物館參加「桑特爾的譚姆（Tam O'Shanter）」[19]藝術課程，這門課的名稱是為了紀念博物館已過世的蘇格蘭裔美籍捐贈者——富豪慈善家安德魯・卡內基（Andrew Carnegie）——而取的。他對有帕卡德（Packard）或皮爾斯銀箭（Pierce-Arrow）等豪華大轎車接送上下課的富家子弟

19 蘇格蘭詩人羅伯特・伯恩斯（Robert Burns, 1759-1796）於一七九〇年所寫的詩歌，內容為帶有蘇格蘭地方色彩的奇幻故事。

感到羨慕不已，但等課程一開始之後[20]，「天份」立刻弭平了身分地位的差距，安迪很快便證明了他比其他同學更為出色。這門課程的講師喬瑟夫．費茲派翠克（Joseph Fitzpatrick）說安迪的作品「充滿個人色彩且獨特」，他也經常將安迪的作品展示給其他同學欣賞。就連昂德烈也發現他的小兒子是個前途無可限量的藝術家，他的世界不該只侷限在道森街上。於是他暗暗盤算，私底下留了筆錢要一圓另外一個移民夢：他要讓安迪成為沃荷拉家族裡的第一個大學生。

然而昂德烈最後沒能看到他的夢想實現。可能是肝臟受到感染的關係，他的身體狀況愈來愈差。當他知道自己來日無多時，他將自己預留了一筆錢要做為安迪的大學基金這件事告訴了保羅和約翰，於是照顧這位才華洋溢的弟弟便成為兩位哥哥的責任。一九四二年，昂德烈過世了；兩年後，這個家庭卻又面臨了另一個危機——茱莉亞被診斷出罹患有結腸癌。她接受了結腸造口術，痊癒之後便繼續照料著三個勤奮懂事的兒子。保羅和約翰開始工作幫助家計，而安迪則在三年內完成了高中學業。高中畢業之後，安迪宣布他將要利用父親留給他的存款去卡內基理工學院（Carnegie Institute of Technology）就讀商業藝術。

20　克拉塞羅，《頑童》，第十七頁

3我應該要畫畫的。問題是，他應該要畫些什麼？

商業藝術讓安迪擁有了一間位在紐約卡內基丘的透天房屋，這裡離匹茲堡大亨安德魯・卡內基之前在曼哈頓擁有的豪宅與地產不過幾個街區。安迪對於自己的成就相當自豪，他提出了自己的觀察：**「上城屬於已經小有成就的人。」**[21]但**他又幽幽地加了一句：「但下城才是他們大顯身手的地方。」**一九六〇年，紐約下城的藝術界因為許多大膽又有天份的新銳藝術家投入而開始蓬勃發展。在此之前，抽象表現主義派（Abstract Expressionists）揚棄傳統繪畫、而在畫布上憑藉著情感創作出抽象表現的作品，已經在畫壇掀起一陣波瀾了；但現在興起的創新藝術家們卻以擁抱「概念」的概念來宣告新一代藝術浪潮的開始。如同現代哥倫布（Columbus）一般，他們找出了一條新航線，證明藝術不必一定是無聊、或嚴肅、或甚至是有意義的。當安迪安居在他卡內基丘的私宅當中時，這些藝術界的新秀則在紐約下城周邊的一些社區，像是曼哈頓下城（Lower Manhattan）的考恩提斯小道（Coenties Slip）、下東城（Lower East Side）、東村（East Village）、和蘇活區（SoHo）等地方發光發熱。這裡的房子租金便宜、空間大，就算有些地方晚上不太安全，但對於能在這種充滿活力的環境裡創造出激動人心的作品，這點

21 安迪・沃荷經常被引用的名言之一，但出處已不可考。

代價其實算不了什麼。

當時，三十一歲的克雷斯・歐登伯格（Claes Oldenburg，1929-）就在下城東第四街（East Fourth Street）的住家兼工作室裡進行他的前衛藝術創作。歐登伯格出生於斯德哥爾摩（Stockholm）[22]，他在芝加哥（Chicago）長大，並就讀於耶魯大學（Yale）與芝加哥藝術學院（School of the Art Institute of Chicago）。他原本一直期待能成為一位畫家，但當他在一九五六年搬到紐約之後，他開始「對於老是畫四個邊和一張平面的臉感到有些厭煩了。」他想要在創作上跳脫出過去的框架。「我不想創造那種只能擺在博物館裡供人欣賞的藝術，」[23]他說。「我要用那些生來根本和藝術沾不上邊的素材來創造藝術。」於是歐登伯格開始在街上蒐集被人丟棄的木塊、麻布垃圾袋、報紙、和任何他所能找到的素材，創作了一個又一個展現這個城市精神與活力的實驗性作品。

但他承認「填飽肚子」這個非概念性的動機也同時影響著他。歐登伯格是個典型的窮光蛋藝術家；他在古柏聯合裝飾藝術博物館（Cooper Union Museum for the Arts of Decoration）兼職，可想而知，他有時候甚至連創作的素材工具都買不起。收入不錯的時候[24]，他和他的未婚妻——美麗又充滿活力的藝術家派蒂・穆辛斯基（Patty Muschinski）——會吃豬排、喝啤酒慶祝；但其他時間，他們往往

22 克雷斯・歐登堡等人，《閒來寫作》（*Writing on the Side 1956-1969*, New York: Museum of Modern Art, 2013），第一百二十七頁。
23 同上。
24 同上。

只能飢腸轆轆地早早上床睡覺。

一九六〇年一月，歐登伯格和另一個同樣在下城討生活的藝術家吉姆・戴恩（Jim Dine）在「賈德森藝廊（Judson Gallery）」展出了他們的聯合創作《死光槍秀》（*The Ray Gun Show*）。「賈德森藝廊」位在華盛頓廣場南（Washington Square South）的賈德森紀念教堂（Judson Memorial Church），這間古色古香的漂亮房子是由建築師史丹佛・懷特（Stanford White）於一八九三年設計的禮拜堂。然而隨著紐約的上流階層往上城遷移，這間神聖尊貴的教堂漸漸少了社交的色彩，開始扮演社會關懷的角色，對低收入的信眾、老兵、和遊民提供醫療和庇護方面的協助。一九五〇年代，在一片提倡人權與言論自由的風氣之中，「賈德森藝廊」邀請當地的藝術家——包括歐登堡與戴恩在內——前來展出他們的作品，而且不設任何審查機制。藝術家們被鼓勵進行任何形式的創作，而他們也通常會這麼做。

《死光槍秀》展示了兩個實驗性的場域：歐登堡的《街道》（*The Street*），由大型的麻布袋人偶和厚紙板結構所組成；還有戴恩搭配展出的《房舍》（*The House*），這是一個由上了色的布料、彈簧床的彈簧、寫著日常口語如「早餐準備好了」的招牌、和可任意移動的小零件所組成的裝置——這也是對「天倫之樂」的新詮釋。

如果參觀者覺得這些支離破碎的畫面還不夠驚世駭俗，那麼他們可以到賈德森來欣賞藝術家們的現場表演，也就是後來大家所說的「偶發藝術」（Happenings）。這些新銳藝術家們認為藝術與現實之間沒有明確的界線，他們希望觀眾也能走進藝術裡。甚至，他們認為藝術家不該只固守於一種特定媒材。**編排第一場「偶發藝術」的艾倫．卡普洛（Allan Kaprow）[25]便曾經說：「現今的青年藝術家不需要說『我是一個畫家』、或『我是詩人』、或『我是舞者』。他只須要說『我是個藝術家』。」**

「偶發藝術」的出現證明了新的藝術範疇是沒有邊界的；藝術家和觀眾都從他們過去既定的角色中解放了。某種程度來說，這些演出事件都是自然而然發生的，但實際上歐登堡為他的《死光槍秀》寫了腳本、招募了演員、排練過、也寫了燈光表（雖然所謂的「燈光」只是找個朋友來控制電燈的開和關），派蒂則負責服裝設計。所有的舞台指導都相當地隨意，例如「男人看著手上的鏡子」、或「女人舉手敬禮」，所有角色都在帶有默片電影風格的零碎布景中演出。**老掉牙的故事概念被「探索與實驗的精神」——意思是所有演出事件全部同時發生——所取代。雖然不見得能被察覺出來，但在這些演出行動背後有其真實具體的想法。從觀眾的角度來看，欣賞「偶發藝術」就有如置身在一幅詭異的「活人畫」**

25　傑森．蓋格（Jason Geiger）編，《現代藝術的架構》（*Framework for Modern Art*, New Haven: Y, 2003），第三十六頁。

（tableau vivant）**當中，任何畫面都可能出現。**

受到這些深具實驗精神的前衛份子激勵，同時眼見著正嶄露頭角的藝術家賈斯柏・強斯（Jasper Johns）和羅伯特・羅森伯格（Robert Rauschenberg）近來獲得相當大的成功，**安迪希望自己能夠重回精緻藝術的懷抱，多花點時間在繪畫上頭。這時候，他的朋友埃米爾・德・安東尼奧（Emile de Antonio）推了他一把。**安迪都叫他「德」（De），他是個大塊頭、個性海派又坦率的傢伙，藝術圈裡頭每個人他都認得。德經常在工作結束之後來到安迪家，一起喝上幾杯蘇格蘭威士忌之後就開始閒聊。他非常健談，對於各種藝術都相當精通——包括電影製作（實際上他後來成了一位備受讚譽的紀錄片工作者），是個情場老手（經歷多次結婚與離婚），而且極為聰明。他也很喜歡聊八卦。有一回[26]，德又再度滔滔不絕地聊起他的朋友「賈柏」（Jap）和「鮑伯」（Bob）——安迪就愛聽他聊這些關於強斯和羅森柏格的內幕消息——**他突然停了下來，對安迪說：「我就不懂你為什麼不去當個畫家，安迪——你比其他任何人都要來得更有才氣。」這正中安迪下懷：我應該要畫畫的。問題是，他應該要畫些什麼？**

安迪在好些年前就面對過同樣的難題了，當時他剛成為卡內基理工學院的學生。因為有「國際美術展」（International）的關係，匹茲堡被認為是一個藝術重

26 沃荷、哈克特，《普普主義》，第四頁。

鎮。這項展覽是由鋼鐵大亨安德魯・卡內基所成立並出資贊助的，和他同時期的其他工業鉅子們對於建立個人的精緻藝術收藏大多興趣缺缺，但卡內基卻不同。他以他個人基金會的名義捐贈了一百萬美金，創辦了一個每年舉辦一次的畫展，展出全球各地仍在世的當代藝術家的作品。因為卡內基貼心地為這場年度賽事的得獎者準備了非常豐厚的獎金，所以從過去以來，許多傑出的畫家如亨利・馬諦斯（Henri Matisse,1869-1954）等人都非常樂於參與這個畫展。

一九〇年，二次世界大戰的戰火蔓延，導致國外的畫作難以送件參展，於是這項展覽改名為「美國國內畫展」（Painting in the United States），改而展出美國本土畫家如班・尚恩（Ben Shahn）、保羅・卡德摩斯（Paul Cadmus）、和愛德華・霍普（Edward Hopper）等人的作品。卡內基理工學院的學生們占盡地利之便，這個集結當代藝術名人的年度盛事讓他們有機會一次與許多天才及他們的作品直接面對面，而這也是為什麼最頂尖的藝術教師們，如巴爾柯姆・格林（Balcomb Greene）、羅伯特・雷普爾（Robert Lepper）、山姆・羅森伯格（Sam Rosenberg）等人會被吸引前來這裡任教。

這些男士們的名字或許不見得家喻戶曉，但他們都是非常優秀的藝術工作者，同時也是嚴格的美學、藝術史、與哲學教授。卡內基理工學院的藝術系對學業的要求標準相當高。當時十七歲的安迪固然非常有創造力，但由於他並非一直是在學學生，進入藝術學院後，他便面臨了一個又一個的挑戰。**他的同學班納德・皮爾曼（Bennard Pearlman）回想起安迪第一次看見女性裸體模特兒的表情：「可憐的安迪，」他說，「他臉色發白，畫架在他旁邊的那個女生還以為他要暈過去了。」**課堂上的作業有一定難度，課本內容也相當艱深，安迪發現自己在需要更多讀和寫的課程上——像是「思考與表達」（Thought and Expression）——幾乎要跟不上進度了。**他的另一位同學格雷琴・舒馬茲（Gretchen Schmertz）**[27]**說安迪「連個完整的句子都寫不出來。」**更別提要他在公開場合對大家說話了——皮爾曼說，看安迪試著回答問題其實是一件相當痛苦的事，因為他說的每個字都是結結巴巴、被硬擠出來的。

接下來還有為個人風格定調的問題。藝術系的學生應該要用一種獨特、個人的方式來表現他們自己，但安迪對此感到相當困惑。**什麼方式才是屬於「他的」方式？他要走現實主義的路線嗎？他應該要從傳統中找尋靈感，還是要全新創作？**藝術的世界是如此自由，就算是知名藝術家——舉例來說，如巴爾柯姆・格林，他原本是以抽象畫起家，後來又改畫風景與人物——也可能會在生涯途中轉換創作風格。

27 湯尼・薛爾曼（Tony Scherman）與大衛・達爾頓（David Dalton），《普普藝術：安迪・沃荷的天才》（*Pop: The Genius of Andy Warhol*, New York; Harper Collins, 2009），第九頁。

在安迪的大一新鮮人日子即將結束時，他的好幾位教授們完全不認為他有足夠的天份——或者說決心——完成他的藝術系學業。**「假使當時有任何人問我這些學生裡誰最不可能成功，我一定會說『安迪．沃荷拉』。」**[28]**他的老師羅伯特．雷普爾回憶當時的觀察說**。但實際上雷普爾相當喜歡安迪的作品。人稱「海德爸爸」的羅素．海德（Russell "Papa" Hyde）同情安迪的處境，他覺得安迪只是需要時間讓作品更成熟，所以他決定要再給安迪一次機會。**山繆．羅森柏格教授也同意，他建議安迪參加暑修，好把成績單上拿到C和D而當掉的課補回來**。安迪曾經淚眼汪汪地向他的哥哥們哭訴——除非有奇蹟發生，否則他在卡內基的未來恐怕凶多吉少。他立刻接受羅森柏格的建議，在暑假期間重新選修了之前被當掉的那些課程。

安迪在那個暑假也另有工作。他做著老闆夢的哥哥保羅經營了一點小本生意，他在貨車車斗上賣蔬菜。雖然不是太甘願，但安迪還是跟在哥哥身邊擔任他的助手。在炎熱的高溫下，他們開著貨車行經匹茲堡各地，服務那一群挑剔農產品絕不手軟、就愛討價還價的婆婆媽媽們。安迪恨透這份工作了，他把跟車的時間都拿來畫素描。**海德爸爸後來成為他暑修時候的指導教授，是他要安迪隨身帶著素描本，也是他叫安迪不要再努力試著取悅他的老師們。「你就按照你所看到**

28　維克特．巴克里斯（Victor Bockris），《沃荷：傳記》（*Warhol: The Biography*, New Work; Da Capo, 2003），第五十九頁。

的畫就好了……你怎麼開心就怎麼畫。」[29]他堅持說道。「假使不這麼做的話，你將來絕對不可能有出息的。」

安迪下定決心要把握住機會，他開始仔細地觀察保羅的客人，以快速畫就的「直接畫法」（premier coup）將他眼睛所見的畫成一系列超現實風格的作品。他敏銳的觀察力可以直視作品主角的靈魂內心，只消草草幾筆，他便畫出一個個憔悴、面容黯淡的人物，如同他們身上毫無造型可言的衣服。安迪畫得非常開心，在暑假結束的時候，他將這些作品送去參加當地的一項美術比賽。結果揭曉，他贏得了夢寐以求的四十美元現金獎，也讓之前曾經懷疑過他的能力的老師們刮目相看。

「小販藝術家素描客人獲獎」[30]——《匹茲堡新聞》（*Pittsburgh Press*）採訪了這位年輕藝術家，並以此作為報導標題，讚揚他「一系列筆墨素描畫出了從無所事事的富人到為窮而忙的貧民各種眾生相。」安迪巧妙地將群聚在他卡車邊那些總是忙個不停的媽媽們與童謠裡那個住在鞋子屋的老太太相對照，說她們「小孩這麼多，日子不知道該怎麼過（so many children they didn't know what to do）。」另一方面，曾經有一群貴婦人刻意在朋友面前將他當成下人使喚，此舉讓他對於「新富階級」相當鄙夷，但他仍然一再向記者表示他對於真正的富人們所表現出

29 派翠克・史密斯（Patrick Smith），《關於這位藝術家的對話集》（*Conversations About the Artist*, Ann Arbor, MI: UMI Research Press, 1988），第十四頁。

30 克拉塞羅，《頑童》，第十八頁。

來的慷慨和藹印象非常深刻。「有錢人家對於服務的要求其實甚至會比窮人家來得少，」他刻意這麼說，彷彿他與匹茲堡的上流社會有許多互動的經驗。這篇文章——和一旁安迪神情自豪的照片——讓他初嘗名聲的滋味。

當學校再度開學後，「安迪．沃荷拉究竟有沒有天份」已經不再是個問題了。不需要有人提醒他把握機會；現在的安迪已經自然而然地表現出急躁、和一點「怪異」的氣質。實際上，他對於自己走偏鋒、非常「安迪」的行徑有一種說法，他稱之為「完全錯誤」（exactly wrong）。**「我喜歡把對的自己擺在錯的地方，或者把錯的自己擺在對的地方。」**[31]他這麼說。教授和同學們都對他處理作業的獨到手法印象深刻。**「他的作品在風格上有其一致性……他的畫法讓人一看就知道是他畫的。」**[32]他的同學喬治．克勞柏（George Klauber）如此稱讚他。安迪不斷地在一種後來人們熟知的**「塗印技法」**（blotted line）上追求精進，他會先以彩墨作畫並且在繪畫的過程中產生墨印，接著再利用墨印複製出來的圖像進行創作。

一九四六年，卡內基校園有了不同的面貌。由於《軍人復員法案》（*Servicemen's Readjustment Act*）——也就是一般所熟知的《美國軍人權利法案》（*GI Bill*）——通過實施，受惠於這項法案的退伍軍人大量湧入了卡內基校園。這

31 安迪．沃荷，《安迪．沃荷的普普人生》（*The Philosophy of Andy Warhol*〔*From A to B and Back Again*〕, New York; Harcourt，1975），第一百五十八頁。
32 史密斯，《關於這位藝術家的對話集》，第二十二頁。

一年秋天，安迪和一位非常有才情、同時也是匹茲堡土生土長的退伍軍人菲力普・佩爾斯坦（Philip Pearlstein）成為好友。早在一九三〇年代，他們兩個人的藝術生涯就已經在卡內基博物館每星期六早上的「桑特爾的譚姆」藝術課程交會了。菲力普於一九四二年進入卡內基理工學院就讀，在收到入伍令之後便暫時離開了校園，然而他當時在地方上便已經小有名氣，因為他的作品被刊登在《生活》雜誌（*Life magazine*）上。

此時安迪仍然住在家裡，但他們道森街上的房子因為他的哥哥嫂嫂們、和他們兩家日益茁壯的人口而顯得愈來愈擁擠，這讓他寧可多花點時間留在學校。卡內基理工學院不但是他暫時的棲身之所，同時也是一個充滿文化內涵的地方。除了在博物館裡研究偉大的藝術作品外，安迪也有機會欣賞到紐約現代美術館提供放映的前衛電影、或者是一些當代藝術家——如瑪莎・葛蘭姆（Martha Graham）、約翰・凱吉（John Cage）、馬塞爾・杜象（Marcel Duchamp）、喬瑟夫・柯內爾（Joseph Cornell）等——的表演和演講。

這時候的安迪看起來仍然蒼白得不太尋常、有那麼點笨拙，但他也表現得相當活潑、有趣、不落俗套，因此大家並不覺得他怪異，反而認為他很「有趣」。他和朋友之間建立了相當深厚的情誼，於是在一個無憂無慮的夏天，他們集資在卡內基校園附近租了一間房子，作為他們共同的工作室。他們在那裡畫畫、做藝術論戰、也為自己打造了一個充滿活力的創意社群。那是安迪初嚐「波希米亞式生活」（la vie de bohème）令人心醉神馳的滋味，而他也確實愛上了那種滋味。

學校生活很有趣、也讓安迪長了不少知識，但他發現，在所有地方中啟發他最多的是——匹茲堡最頂尖的百貨公司。這時戰後的美國重新掀起消費購物風潮，在匹茲堡市中心最知名的喬瑟夫霍恩百貨公司（Joseph Horne）裡擔任展示主管的賴瑞·佛爾瑪（Larry Vollmer）正是鼓吹當地時尚仕女們盡情購物消費的一大推手。為了吸引顧客上門，佛爾瑪聰明地雇用了卡內基理工學院藝術系的學生——也就是安迪——來幫他一同設計吸睛的展示櫥窗。**「仔細想想，百貨公司和博物館還真有那麼點相像，」**[33]**安迪曾經這麼說。**

除了大都市的冒險闖蕩（其中還包括了與偉大的超現實藝術家薩爾瓦多·達利〔Salvador Dali，1904-1989〕共同設計出一件具有爭議色彩的櫥窗展示）讓安迪目眩神迷之外，佛爾瑪還讓安迪開始接觸時尚雜誌。安迪的工作內容之一就是閱讀《時尚》（*Vogue*）和《哈潑時尚》（*Haper's Bazzar*）與其他國際流行期刊，並且從中找尋設計霍恩百貨公司展示櫥窗的靈感。**在他埋首於成堆華麗、高檔的流行報導當中時，安迪發現每一期雜誌裡都有滿滿的寶藏，蘊藏了各式各樣**

33 另一句出處不可考的安迪·沃荷名言。

關於時尚、名人、上流社會、藝術、文學、和大眾文化的迷人資訊。不論是閱讀關於保羅．克利（Paul Klee）、胡安．米羅（Joan Miró）、和亞歷山大．卡爾德（Alexander Calder）近期的展覽資訊，或者是學習如何為盛夏周末在紐波特（Newport）、南安普敦（Southampton）、或緬因（Maine）度過的小旅行打包行李，這些都讓安迪愈來愈懂品味——他甚至還特地找了個周末和菲力普．佩爾斯坦到紐約市裡遊覽、參觀博物館。

隨著安迪的自信心逐漸增加，他也更看重自己的作品。每當學年結束，藝術系的學生們會整理他們的工作桌與作品集，通常他們也會將一些作品分送給有興趣的其他學生。但安迪不這麼做。**他給自己的作品開出相當高的價格，假使對方出的價格不能令他滿意，他是不會輕易割愛的。「那時候的他確實是某種天才，」**[34]佩爾斯坦說。**「在他剛進大學的那段時間，他就像是天上的天使一樣。」**[35]另一位因為《美國軍人權利法案》而進入卡內基就讀的退伍軍人傑克．史密斯（Jack Smith）[36]形容安迪就像是「完美結合了六歲小孩」和「一個訓練有素的藝術家所**具備的所有技巧。」他還說：「他就是把這兩者擺在一起，百無禁忌。」**

說到安迪新生的自信，他在大四時進行的創作《老娘給了我這張臉，但挖鼻孔是我的事》（*The Broad Gave Me My Face, But I Can Pick My Own Nose*）可以

34 薛爾曼、達頓，《普普藝術：安迪．沃荷的天才》，第十二頁。
35 巴克里斯，《沃荷：傳記》，第六十五頁。
36 史密斯，《關於這位藝術家的對話集》，第八頁。

說是一個最好的例證。在這幅畫裡，一個小男孩毫不難為情地將手指頭深深插入鼻孔當中。喜歡這幅畫的人或許會說它狂放大膽、洋溢著表現派的風格，但**一九四九年「匹茲堡藝術家聯展（Pittsburgh Associated Artists exhibition）」的大多數評審認為「挖鼻孔的人」是一種羞辱，他們拒絕在展覽中展出這件作品。**他們認為安迪太過傲慢，竟然大剌剌地畫出這麼粗野的動作，甚至還稱它為藝術。

話是這麼說，但從另一方面來看，這幅畫作為畢業作品卻是恰如其分，它以搞笑的手法表達出這樣的概念——任何男孩都可以隨他高興挖鼻孔，或主宰他自己的人生。正因為這樣的精神，安迪了解他當然可以繼續留在匹茲堡，在公立學校的美術老師鐵飯碗中安身立命，但他也可以走出一條不一樣的路。他腦子裡轉的盡是紐約五光十色的世界，而菲力普·佩爾斯坦也認為他們應該打包自己的作品集，到紐約這座大城市裡找尋出頭天的機會。他建議等他們一畢業就一起去。

對於要離開他的媽媽、哥哥、和所有他熟悉的一切，安迪感到相當不安；茱莉亞也不願意讓他離開身邊。但道森街的世界變得又小又狹隘，機會顯然很有限。於是安迪決定跟隨他父親的腳步，他也相信向外出走才會有出息。該是離開匹茲堡——安迪的密柯瓦——的時候了，他將要前往新世界找尋屬於他的寶藏。

1344

準備

第二章

人家都說時間會改變事情，但實際上你得自己去讓事情改變。——安迪．沃荷

They always say that time changes things, but you actually have to change them yourself.

4 他啟用了一個新名字——就叫做「沃荷」。那個標誌著關於匹茲堡的過往的「A」，已然消失無蹤。

熱浪襲人的六月底，安迪和佩爾斯坦在東村（East Village）一間無電梯的公寓裡共同分租了六樓的一個小單位——就像典型藝術家住的閣樓，浴缸是擺在廚房裏頭的。他們很清楚自己的手頭拮据，所以立刻就開始找工作。安迪靠著一本電話簿的指引，把各家雜誌社的辦公室走過一遍，希望能說服某位親切友善的藝術總監看看他帶上門的作品集。在一個走運的日子，他拜訪了《魅力》（*Glamour*）雜誌的辦公室。安迪對於一九三〇年代和四〇年代的《魅力》瞭若指掌，當時的《魅力》還是一本提倡「好萊塢式的時尚、美感、與魅力」的名流雜誌。然而新的《魅力》定調在吸引戰後的上班粉領族，它的美術編輯蒂娜・弗烈德里克斯（Tina Fredericks）非常了解它們的讀者群，因為她自己就是那種年輕、有企圖心、也小有成就的粉領新貴。

安迪到訪的那天，弗烈德里克斯同意見他一面。他們不但見了面，而且弗烈德里克斯對安迪的作品印象非常深刻，她甚至買下他一幅以交響樂團為主題的塗印畫（上頭的簽名是安德烈・沃荷拉）作為個人收藏。**「他的塗印畫讓人有觸電**

的感覺，」[37]**弗烈德里克斯說。「你會被它們渾然天成的張力一把攫住。」**弗烈德里克斯也立刻雇請他替一篇即將刊登的文章畫幾張鞋子的插畫。當安迪迅速、有創意、又專業地完成這項任務之後，弗烈德里克斯便將他排進定期合作的名單當中。

《魅力》雜誌交付的下一個案子對安迪來說特別具有意義。弗烈德里克斯給他一個大標題《什麼是成功？》（*What Is Success?*），要求他據此發想出一個概念，為幾個小標題畫一些插畫，這些小標題包括了〈成功就是擁有美滿的婚姻〉、〈成功就是擁有在家的事業〉、〈成功就是擁有一份在紐約的工作〉等。其中在〈成功就是擁有一份在紐約的工作〉的部分，一個來自印第安那州特雷霍特（Terre Haute,Indiana）的鄉下女孩寫下了她拋棄穩當——或者說寧靜——的生活、隻身離家追求她在紐約市工作的夢想。她在文章中提到了家人「妳不再愛我們」的失落眼神、「令人興奮的紐約求職記」、還有知道「我已經來到這座大城市，而且找到了一份工作——完全靠我自己的力量」的志得意滿。

就本質上來說，這根本就是安迪自己的故事，他當然知道該怎麼下筆。他**畫了一名時髦、沉著自持的女性坐在一把梯子的最高階，整個紐約市都在她的腳下。這也正是他對於自己現在這個大有可為的新局面的感覺；他只是少了那件裙**

37　傑西．柯恩布魯斯（Jesse Kornbluth），《普普主義之前的沃荷》（*Pre-Pop Warhol*, New York: Panache, 1988），第十一頁。

子，他分明就是站在世界頂端的那個人物。為了紀念他的雜誌作品新登場，他啟用了一個新名字——就叫做「沃荷」。那個標誌著關於匹茲堡的過往的「A」，已然消失無蹤。

到了八月，安迪和佩爾斯坦遷出他們又小又熱的分租公寓，搬到了西二十一街（West Twenty-First）上的一處閣樓。他們跟親友們說，他們**「已經從一間到處都是蟑螂的公寓搬到另一間同樣蟑螂滿為患的公寓。」**他們的新房東是一名具有開創性的現代舞老師法蘭西絲卡・包亞斯（Franziska Boas），她是知名學者、人稱現代人類學之父的法蘭茲・包亞斯（Franz Boas）的女兒。她和她的室友會利用這間閣樓的部分空間開課或進行表演，而她的房客，也就是安迪和佩爾斯坦，則租用了另一部分的空間。

佩爾斯坦白天從事製圖師的工作，如此一來他可以賺錢付房租，晚上也可以專心進行「真正」的繪畫創作。但安迪和他不一樣，安迪的藝術創作與他在商業界謀得的工作之間沒什麼區分。所有一切對他來說都是藝術，而且他也發自內心熱切地進行他被交辦的任務。**在當時的波希米亞風潮之下，安迪與室友們經常一邊聆聽巴爾托克（Bartók）、馬勒（Mahler）、和史特拉汶斯基（Stravinsky）的音樂與伊迪絲・史特威爾（Edith Sitwell）朗誦的詩集錄音，一邊工作到三更半夜。**

即便安迪說他初到紐約的第一個月過得相當寂寞，還聲稱他常常只能與無所不在的蟑螂為伴，但實際上他和佩爾斯坦的社交生活相當地活躍。他們會去逛博物館和藝廊，也會到時代廣場（Times Square）看二輪電影。偶爾，他們甚至會花錢買站票進場觀賞當紅的百老匯歌舞劇，例如《推銷員之死》（*Death of a Salesman*）和《婚禮的成員》（*Member of the Wedding*）。

安迪也經常和法蘭西絲卡在一起。法蘭西絲卡的身家背景、以及在舞蹈世界裡扮演革新力量的名聲，讓她或多或少具備了名流的色彩。她的專長領域在舞蹈治療，也就是教導人如何利用運動來療癒身心狀況的一種方法。**當她特別注意到安迪、並且要他在情感上「敞開心胸」時，安迪有種受寵若驚的感覺。根據佩爾斯坦的說法**[38]**，「安迪‧沃荷拉」在法蘭西絲卡的引導之下開始慢慢地轉化為「安迪‧沃荷」了。**

對安迪來說，這項轉化中很重要的一個部分與他形象上的戲劇性改變有關。他剛到紐約的時候，身上穿著一套白色厚燈芯絨的西裝。安迪將每顆釦子釦得好好地、給自己打了個領結，看起來就和一九四九年時任何一個男人沒什麼兩樣：平淡無奇、循規蹈矩，加上剪裁過於寬鬆的衣服與笨重的鞋子，看起來毫無品味可言。但商人自有商人的手段，一九五〇年即將成為男性衣著風格汰舊換新的一

38　菲力普‧佩爾斯坦，〈安迪‧沃荷1928-87〉（Andy Warhol 1928-87），《美國的藝術》（*Art in America*），一九八七年五月，第一百三十八頁。

年。他們展開一系列昂貴——但絕對有效——的廣告行銷活動，說服紳士們換掉衣櫥裡過時的衣物，花錢重新打理自己從頭到腳的行頭——新男人就要有新風貌。

安迪意識到隨順風潮是不會有什麼出息的，他心裡對於自己的新風貌有截然不同的想法，他決定要在大部分的男人競相追逐光鮮打扮的這個時刻讓自己看起來盡可能地隨便。他把西裝收起來，找出皺巴巴的棉褲，穿上又破又舊的鞋子，就以這一身獨特、邋遢的模樣在商業界闖蕩。他不拿一般大家慣用的公事包來裝最後的工作完稿，而是拿一個超級市場的咖啡色包裝袋攜帶他的作品。安迪營造出一個凌亂、脆弱、幾乎要無家可歸的形象，看起來好像他非得找到下一個工作才活得下去似的。這個形象保證為他吸引許多注目的眼光，也為他帶來了工作。

同時，安迪也刻意讓他的行為表現得就如同他的外表一樣怪裡怪氣。他看起來天真爛漫，像個流浪漢，又像個傻瓜……他嘴裡叨叨絮絮說著的常常是一些沒頭沒腦的話。**「嗨，」他會對著剛好接起電話的總機人員或美術編輯說，「我剛剛在公園裡撒了些鳥飼料。你想訂隻鳥嗎？」**[39] 他會帶束鮮花，以卓別林（Chaplin-like）的姿態獻花給祕書小姐，討她們歡心。他的幽默有些古怪，但總能讓人停下手邊的事、對他回報以微笑。

39 史密斯，《關於這位藝術家的對話集》，第六十八頁。

安迪在爭取工作機會的時候，曾經隨手寫了一張充滿童稚之氣的便條給《哈潑時尚》的美術編輯羅素．萊恩斯（Russell Lynes）。「嗨，萊恩斯先生，」[40]他在畫著一張臉孔—他自己的臉孔—的古怪塗印畫上草草附加了一個對話框，裡頭寫了這段話：「我現在過的生活連張一分錢的明信片都負擔不起……我畢業自卡內基理工學院，現在我在紐約市，剛從一間被蟑螂入侵的公寓搬到另一間。」並且署名——安迪．沃荷。這張畫表現出安迪的技巧、個性、機智、和他的「需求」，在成堆因襲傳統的求職者送來的老套履歷當中顯得特別突出。安迪的客戶們對他的行為舉止感到相當不解，他們會在背後叫他「邋遢安迪」和「安迪紙袋」（Andy Paper Bag），但至少他們會找他來談工作，他也開始有了穩定的案源。

安迪的紐約冒險之旅展開沒幾個月，法蘭西絲卡．包亞斯便丟了她的房屋租約，安迪只得往上城搬，住進了位在哈林區（Harlem）曼哈頓大道（Manhattan Avenue）的一處公寓地下室。和他共享這個空間的室友人數多得驚人——有幾個月甚至達到十七個人——大部分都是年輕、有理想抱負的舞者。他們和安迪一樣隻身一人來到這座大城市，每天拚命打著零工，並且輪流在像宿舍一樣男女區隔開來的房間裡睡覺。這裡的生活的確是一團亂，但也充滿了樂趣。室友們會集資支應共同的生活開銷，為了誰吃最後一片義大利香腸而大打出手，也會結伴一起

40　安迪．沃荷寫給羅素．萊恩斯的信件，一九四九年。《哈潑時尚》相關記錄由編輯主任羅素．萊恩斯所留存，美國藝術檔案館（Archives of American Art），史密森機構（Smithsonian Institute）。

去看他們最喜愛的女演員茱蒂・嘉蘭（Judy Garland）最新上映的電影《萬花錦繡》（*Summer Stock*）。**女孩們都相當擔心安迪，因為他看起來沒什麼照顧自己的能力，而且總是全神貫注在他的工作上。她們知道安迪只要有糖果和其他甜食就能快樂地活下去，所以她們會確認他有固定在進食。**

後來這個團體解散了，只留下一大筆電話費帳單讓安迪支付。他暫時先借住在幾個朋友家裡，接著他在東七十五街租下一間非常破爛的公寓，反正只要有張製圖桌和放在地板上的床墊，他對於這樣破敗的環境是絲毫不以為意的。他一點都不會感到寂寞，因為他剛剛入手了人生第一台電視機——RCA十九吋黑白電視機——這便是他的居家良伴。安迪的母親非常了解他，她十分掛念這個小兒子成天衣服穿得邋邋遢遢的，飲食習慣也糟得一蹋糊塗——她認為，安迪的生活明顯就是少了個女人來照顧。茱莉亞三不五時就會到紐約看看安迪，幫他刷刷洗洗、煮些好東西給他吃。但大部分的時間，她只能坐在匹茲堡老家替安迪窮擔心。

「真是夠了！」一九五二年，茱莉亞做了決定。在安迪的真命天女出現之前，「她」要扮演安迪生活中那個女人的角色。她當機立斷賣掉了道森街的房子，和老家的親友們告別，然後便現身在安迪的公寓門前，捲起袖子準備上工了。不消多久，茱莉亞便恢復她熟悉的作息。她大清早起床，換上居家工作服、戴上頭巾，接著打掃、買菜、準備餐點，然後上教堂望彌撒。她既是一家之主，同時身兼管家與安迪創作的靈感泉源——茱莉亞一如過往地全心照顧著她的「兒子」。

現在茱莉亞是個道地的紐約人了，安迪的哥哥們——保羅和約翰——還有他們的家人也經常來拜訪紐約。就在一次家人的拜訪行程中，安迪認為現在該是他取得汽車駕照的時候了。**保羅讓安迪坐上他的汽車駕駛座，自己則坐在一旁的副駕駛座上，教安迪如何將汽車駛離馬路邊、加入車陣當中。就在公園大道（Park Avenue）的某處，安迪一陣慌張之下撞上了一輛計程車的側邊。**他隨即抱怨保羅應該想辦法在撞車之前就先將車子停下來的，卻壓根不知道整輛車只有他那一側的座位下有才全車唯一的煞車裝置。保羅處理這種事情的經驗老到，他趕緊付了一筆現金做為計程車司機的修車費用，而安迪也暫時打消了考駕照的念頭。

安迪會拿他媽媽經常出現在他的單身公寓這件事開玩笑[41]**，他說她可以「一直待到他買了防盜鈴為止」**，但實際上茱莉亞不但帶給他許多安慰，也為他打理了各種生活中的大小事。茱莉亞是很棒的夥伴，她是個天生的說故事好手，工作勤奮，更開開心心地一手包辦了安迪寧可跳過的日常雜務。安迪就像個聘請了家事管理員的紳士，他可以自由自在地專注在他的創作與社交生活上——雖然他不

41　沃荷、哈克特，《普普主義》，第四頁。

見得想與他的媽媽分享後者。當時還沒有所謂「出櫃」的概念，所以茱莉亞對於她的「兒子」發覺自己比較喜歡和其他男孩交往這件事絲毫不以為意。

就算他們母子倆住在一起，安迪也沒什麼事好對他媽媽隱瞞的。在一九五〇年代早期，像安迪這樣的紐約年輕人，不論是異性戀或同性戀，都沒有在性方面得到解放。**「紐約的生活多的是浪漫純愛，而不太重『性』。」**[42] 五〇年代的傳記作家丹・威克菲爾德（Dan Wakefield）觀察道。聚集到這座城市裡來的大多是二十來歲的小伙子，以這樣的年紀來說他們都還年輕，甚至仍然保有天真，直到三十歲以前他們或許都還會覺得自己算是「男孩」、「女孩」、或「小孩」。在威克菲爾德的圈子裡，這些年輕人很享受純真無邪的聚會，像是男女生的睡衣派對。對他們來說，成人的性仍然是神祕難解的事物，「到處瀰漫著浪漫無邪的氛圍」，這或許是因為他們收到錯誤的資訊，缺乏經驗與知識，同時也害怕「在沒有婚姻的保障下就『什麼都做了』」所可能遭遇的後果（懷孕、生病，也或許會更糟也說不定）。

二十四歲的安迪同樣一派純真，陶醉在迷戀心儀對象的情懷之中，但也就如此而已。暢銷書《其他聲音，其他房間》（*Other Voices, Other Rooms*）的作者楚門・卡波提（Truman Capote）是一個讓人充滿浪漫幻想的迷戀對象，安迪對於能

42　丹・威克菲爾德（Dan Wakefield），《五〇年代的紐約》（*New York in the Fifties*, Boston: Houghton Mifflin, 1992），第一百九十六頁。

和他的偶像住在同一座城市裡感到興奮不已。他常常寫信給卡波堤，有時候還會在信中夾帶一些小畫作，然而卡波堤從來沒回過信。接著安迪開始在卡波堤位於公園大道上的住家公寓附近閒晃，期待能有機會與他巧遇。有一天，安迪在路上認出了卡波堤的媽媽妮娜・卡波堤（Nina Capote），他便上前與她攀談了起來。她邀請安迪上樓來家裡坐坐，等卡波堤回到家，一開門卻見一個看起來怪裡怪氣的男孩子正坐在他的沙發上和妮娜開心地聊著天，彷彿他們倆是認識已久的老朋友似的。**「他就和那些窮途末路的人一樣，你一看就覺得不會有什麼好事降臨在他身上……他大概是我這輩子所見過最孤單、最寂寞的人了。」**[43]**卡波堤後來回憶道。**

這次的見面無疑給了安迪相當大的鼓勵，他想像著自己和卡波堤建立起友誼，並且開始每天打電話去他家裡……直到有一天，有酗酒和嚴重情緒失控問題的妮娜接起電話，她在暴怒之下要求安迪「停止騷擾楚門」。從此安迪不再打電話，但他仍然自顧自地持續為卡波堤的小說畫插畫，後來他將這些作品集結起來於「雨果藝廊（Hugo Gallery）」展出。**《安迪・渥荷：為楚門・卡波堤的作品所畫的十五幅畫作》**（*Andy Warhol:Fifteen Drawings Based on the Writings of Truman Capote*）**是安迪的第一個個展，但各界對於這次展覽的評論反應並不是太熱烈。**

43　琴・斯坦（Jean Stein）與喬治・普林姆頓（George Plimpton），《伊迪：一個美式傳記》（*Edie: An American Biography*, New York: Knopf, 1982），第一百九十六頁。

「這些作品流於做作矯情，有種刻意揣摩的乖僻。」[44]其中一則評論是這麼寫的，而展覽期間也沒有任何人買走任何一幅畫。但最叫安迪失望的，莫過於他的藝術創作沒能為他與卡波堤之間激起任何火花，建立友好的關係。

然而安迪沒有太多的時間為他的單戀傷懷，因為他手邊的工作正不斷地湧進來。所有頂尖的雜誌，像是《時尚》、《哈潑時尚》等，他們都想要安迪。同時，他在出版社、百貨公司、和廣告公司的美術編輯圈裡也相當搶手。他替書本、唱片封套、廣告傳單、時尚廣告與評論畫插畫，他甚至還替紐約最熱門的午餐用餐地點——「羅德與泰勒百貨公司」（Lord & Taylor）裡的「鳥籠」（Bird Cage）餐廳——畫餐墊。

這是第一次安迪開始有固定、而且為數頗豐的收入，這讓他有能力可以搬到萊辛頓大道與三十三街口那間更舒適、更寬闊的整層公寓。安迪和他媽媽兩人共用一間幾乎沒擺什麼傢俱的臥房。剩下的空間則放滿了繪畫工具，成堆的鞋子、手提包、和其他被委託繪畫的物品，他的個人收藏，以及數量不斷增加的暹羅貓——牠們幾乎每一隻都叫「山姆」（Sam）。這個家亂七八糟卻又多采多姿，電視機總是在背景裡發出吵雜的聲音，貓咪時不時有脫序的行為，茱莉亞一如以往精力充沛又愛閒聊，而安迪就在這個家的中心工作著——面對著一個又一個的截

44 蓋文・巴特（Gavin Butt），《你我之間的秘密：紐約藝術世界的怪發現》（*Between You and Me: Queer Disclosures in the New York Art World,* Durham, NC: Duke University Press, 2005），第一百一十一頁。

稿日。後來安迪不得不聘請一個助理來確保他的工作進度不致於延遲，這時他和茱莉亞的公寓已經跟工廠沒甚麼兩樣了。他甚至讓他的媽媽幫他一起畫畫，因為她獨特、狂放的字體正好可以和安迪古怪的創作風格形成絕妙的搭配。

在工作上，安迪仍然持續以邋遢的面貌示人，但由於他愈來愈渴望擁有社交生活，他開始在意起自己的外表。他的皮膚蒼白帶斑；他的視力極差，需要戴上一付讓他看起來像個書呆子的特製眼鏡；他有個蒜頭鼻；而且他的頭髮已經稀疏到他必須大部分時間都將帽子戴在頭上，以掩飾嚴重的禿頭問題。**從安迪動手修改了一張他注視著鏡中自己的照片這件事來看，他對自己的外表相當缺乏安全感**。他以鉛筆重新雕塑了臉部的輪廓，修出精巧的鼻子與緊緻優雅的下巴，創造出猶如好萊塢明星般迷人的外型。然而鏡子裡的人像卻顯現出真正安迪的模樣，一付眼鏡就架在他的大鼻子上。

紐約的藝術圈裡多的是俊俏的年輕男孩，安迪自己算不上他口中所謂的「美男子」（pretties），但他很開心地發現儘管自己的外貌有許多缺點，卻仍然吸引了一位年輕聰明的「美男子」——卡爾登．威勒斯（Carlton Willers）——來到他的身邊。他們在紐約公共圖書館（New York Public Library）的相片檔案部門相遇，當時這位英俊的藝術史學生正在為館內的研究員工作。安迪經常到這裡為他的塗印畫進行影像研究，所以他們兩個人有很多交談的機會。慢慢地，兩個人便開始建立起友誼關係。

威勒斯很快就發現[45]安迪**「天生具有對風格與品味的判斷力」**，他只是把自己偽裝在邋遢的外表之下。他希望自己「就像是一個買得起昂貴的鞋子、卻也能視之為無物並棄之如敝屣的王子」。為了達到這個目的，安迪會去買很好的鞋子，然後用各種方法——包括上顏料、塗貓尿等——仔細地折磨這些鞋子，試著製造出漂亮的古舊效果。然後，等到這些鞋子看起來破舊得差不多了，他才開始穿它們。

威勒斯了解「邋遢安迪」策略的用意，但他對安迪的帽子很有意見，他建議安迪應該要考慮換戴假髮。二十五歲的安迪接受了這項建議，他找了頂灰褐色的假髮來蓋住自己稀疏的頭頂，但就像許多男性假髮一樣，它原本看起來應該要很像真髮，但實際上並非如此。**當他戴著這頂假髮時，他的外表看起來似乎有點怪（但又怪得不夠徹底），於是安迪決定改戴一頂銀白色的假髮，讓自己「不對勁到底」。這下就不會有人把這頂假髮誤認為是真髮了。**

全新改頭換面的安迪在個人專業與社交生活上前景一片看好，而且就如同灰姑娘一樣，他的轉捩點也是從鞋子開始的。一九五五年，知名鞋商「艾米勒（I.

45 大衛·鮑爾登（David Bourdon），《沃荷》（*Warhol*，New York：Abrams，1989），第三十八頁。

Miller）」聘僱安迪為它們每周刊登於《紐約時報》（*New York Times*）上的廣告繪製插畫。當時正是成為一個商業藝術家的絕佳時機。許多滿懷理想的畫家找不到願意展出他們作品的藝廊，平日還必須做些卑微的粗活來餬口飯吃；在此同時，想法更為開放的創意族群——包括文字工作者與藝術家——則紛紛往更有包容力（也更有利可圖）的廣告世界聚集。自從一九四九年安迪搬到紐約之後，廣告經費由每年五十億美金躍升為九十億美金。比起以往任何時期，美國提供了更多的產品與服務，而且在現代交通運輸系統的加持下，這些產品能夠更快速便捷地運送到全國各地。廣告主可以善用廣播與快速發展的各種新媒體——包括電視——的優勢；而廣告商也可以根據市場研究將他們的決策具體化，以確保他們的廣告會被放在對的地方、對的市場。「和平時期的美國人」（Peacetime Americans）錢多到只怕沒地方燒，而他們就靠麥迪遜大道（Madison Avenue）上的「廣告狂人」（Mad Men）來告訴他們這些錢該怎麼燒。

二十世紀中期的廣告新趨勢開始強調不隨俗、幽默、個性、甚至諷刺的特色。「艾米勒」正是為了這些原因找上安迪：這間公司希望它們的鞋子能與大眾化的服裝配件有所區隔，而安迪細緻又古怪的作品絕對不從眾隨俗。在他筆下的鞋子彷彿都有各自的個性：有些安靜而謹慎，有些招搖又愛炫耀。有些時候，安迪甚至捨棄整隻鞋子的全貌，只畫出鞋跟或鞋尖的特寫——這在商品銷售上是個相當不尋常的手法。他吸睛的畫作與簽名「沃荷」每周都會登上《紐約時報》的重要版面，不但成功地為「艾米勒」吸引了更多的消費者上門，也為他自己帶來許多粉絲。

隨著他的收入與名聲水漲船高，天真無邪的「邋遢安迪」也愈來愈展現出他的品味，這其中有部分要歸因於他與一位英俊優雅的布景設計師查爾斯・利桑比（Charles Lisanby）所建立的友誼。他們結識於一九五五年，當時安迪十分著迷於利桑比翩翩的南方紳士風度，也對他與戲劇圈的關係感到印象深刻。利桑比確實認識不少名流，例如在安迪的心目中足與楚門・卡波堤相提並論的傑出人士——英國攝影師與設計師塞西爾・比頓（Cecil Beaton）。

安迪希望自己也能向比頓這樣的時尚先驅看齊，所以他花了不少錢為自己投資了訂製服，打造時髦的外型。如果說利桑比是比馬龍（Pygmalion），安迪則熱切地扮演著他的加拉蒂（Galatea）[46]。安迪開始上健身房鍛鍊自己的身材，並且試著透過一些極端的皮膚科新進技術——例如在皮膚上噴灑冷凍劑、或以鋼刷高速滑過他的皮膚——縮小他的蒜頭鼻與粗大毛孔。這些療法都相當疼痛，復原期也很長，更不幸的是，得到的結果往往令人大失所望。安迪看起來仍舊是安迪，

46 源自希臘神話故事。比馬龍善於雕刻，他愛上了自己所的作品——女神像加拉蒂。在比馬龍的虔心祈求下，加拉蒂最後成為真人，並與比馬龍結為夫妻。

不同只在於換上了華服而已。

安迪的自我提升方案還包括了再次嘗試學習開車。一九五六年，安迪從美國汽車協會（Automobile Association of America）取得了新的駕駛手冊，他仔細研讀，還為他自己和利桑比報名了道路駕駛課程。但紐約市的交通對安迪來說仍然是個難以克服的障礙，於是他放棄了取得駕照的念頭，從此安安份份地做個乘客。

「艾米勒」的鞋子廣告讓安迪聲名大噪，但他仍然持續在不同的媒體上進行創作，例如為高級雜誌畫插畫，或者替負責「邦威泰勒百貨公司（Bonwit Teller）」與「蒂芬妮珠寶（Tiffany）」櫥窗展示的傳奇設計師吉恩．摩爾（Gene Moore）設計櫥窗。摩爾將店面櫥窗視為一種劇場形式，他特別注意其中的故事、比例、燈光、與戲劇性。不論商品是高級女性時裝、或者是耀眼奪目的昂貴鑽石，摩爾認為他們都應該被擺在一種幻想的氛圍中展示，而要創造充滿藝術性的櫥窗，最好的方法就是直接聘請一位藝術家。紐約市多的是滿懷理想的失業藝術家，於是摩爾便從中挖掘，試圖找出最具有創造力的櫥窗設計師。

賈斯柏．強斯和羅伯特．羅森伯格就是經常與摩爾配合的兩位藝術家。他們和安迪一樣，都是離鄉背井來到紐約市（他們分別來自南卡羅來納州〔South Carolina〕和北卡羅萊納州〔North Carolina〕），並投身藝術世界的年輕人。當時，他們都沒沒無名，一心一意想當個「真正」的畫家；然而成功之神從未眷顧他們（他們連個有浴缸的公寓租金都負擔不起），他們只得幹一些奇奇怪怪的活來維持生計。強斯在書店裡工作，羅森伯格則在一間藝廊裡擔任管理員。一樣是餬口的工作，櫥窗設計顯然來得有藝術氣息多了。在從事這份商業化、混飯吃的工作時，他們兩個人還特別共用了一個「麥特森・瓊斯（Matson Jones）」的藝名。

「我跟他們說我想要什麼，接著他們就會想些有的沒的，然後按照自己的意思做出來，」[47]摩爾語帶佩服地說。他想起他們曾經替蒂芬妮珠寶做過一個知名的櫥窗設計——一條鑽石項鍊被擺放在氣氛詭異的沙漠布景中，彷彿正等著被一輛疾駛而來的汽車輾過[48]。實際上，戴比爾斯（De Beers）不願意將他們珍貴的鑽石展示在塵土之間，但麥特森・瓊斯極具吸引力的櫥窗設計卻贏得了消費者與專欄作家們的一致讚賞。弔詭的是，即便藝術家本人認為這些設計沒什麼意義可言，但強斯與羅森伯格替蒂芬妮所創作的形式主義「靜物」櫥窗與陰森的布景確實都是不折不扣的藝術作品。

47 寇克・瓦內多（Kirk Varnedo）與蘿貝塔・伯恩斯坦（Roberta Bernstein），《賈斯柏・強斯：回顧展》（*Jasper Johns: A Retrospective,* New York: Museum of Modern Art, 1996），第一百二十六頁。

48 原文為dessert，但於網路上求證原始設計圖片後，確認應為desert。（https://goo.gl/2BH9VP）

5安迪眼巴巴地看著這一切，內心對於他們從櫥窗設計師轉變為藝術評論家的新寵感到嫉妒無比。

安迪和麥特森．瓊斯不同，他對於櫥窗展示藝術——和任何他所接到的商業委託案——充滿了熱情。他在兩個「邦威泰勒百貨公司」的櫥窗裡布置了花朵、人物、和首飾配件的蝕刻畫，以表現出一款高級香水熱情奔放的基調。另外有一次，他在櫥窗裡打造了一個柵欄，並且在上面畫滿了極具時尚感的塗鴉。

即使安迪樂在他的工作與豐厚的收入，但他還是渴望能獲得藝廊的青睞——尤其是當他的老朋友菲力普．佩爾斯坦於一九五五年在紐約相當知名的「山雀藝廊」（Tanager）展出他的風景畫之後。**可憐的安迪沒能說服重量級的藝廊為他的小天使與鞋子作品策劃一場正經的畫展，就算他好不容易想辦法在一些非主流的藝廊—如「寶德利」（Bodley）、或「閣樓」（Loft，由一群插畫家所共同經營）——舉辦個展[49]，藝術評論界也多半貶低他的成就，認為這些作品充滿「自以為是的輕浮」、「詭異的優雅」、或「惡作劇」。**

當時主宰紐約藝術圈的是一群「抽象行為主義」（Abstract Expressionists）的「行動派」畫家，在他們徘徊不去的巨大陰影下，任何有理想抱負的藝術家——

49　薛爾曼、達頓，《普普藝術：安迪．沃荷的天才》，第三十四頁。

不只是安迪——都難以在這個圈子裡出頭天。這個男性主導的族群裡——從大到沒有畫架擺得下的超大尺寸畫布，到藝術家的個性，尤其是他們膨脹的自我意識——一切都以「大」為尊。穿著T恤、皮衣，騎著摩托車的傑克森・波洛克（Jackson Pollock）便是這一夥人當中的代表人物，他因為發展出在畫布上滴灑顏料的革命性技巧而被媒體稱為「滴灑傑克（Jack the Dripper）」。一九四九年，《生活》雜誌（*Life*）特別為他做了好幾頁的報導，並且提出這樣的問題：「他是當今美國最偉大的在世藝術家嗎？」

安迪完全在波洛克的另外一邊。有點古怪，但還不至於瘋癲；害羞，不與人爭鋒；不會酒醉、鬧事、或和女人調情，而這些都是想要打進明星藝術家圈子裡的任何人所具備的先決條件。**安迪是玩小動作的高手——新奇的塗印技法、華麗的花邊裝飾、在細節上刻意安排的雙關意涵——而身為一名廣告藝術家，他是被歸類在另一個——或有人會說是較次等的——類別裡。**

但有個地方熱烈歡迎安迪的作品，並且以顯眼的方式展示它們——位於曼哈頓上東區的「奇緣3」（Serendipity 3），一間精巧別緻的咖啡館。這間咖啡館由三位極有設計天份的前櫥窗設計師所共同經營。即便「奇緣3」位於狹小的地下室裡，但他們透過運用重新刷白的牆面、與舊物再利用的蒂芬妮彩色玻璃燈罩巧妙地提升了室內空間的明亮度，並且在這裡提供了一整本菜單的誘人甜點。他們也把這裡經營成一間時尚小店，陳列銷售他們所精心挑選的各色風格首飾配件，如此一來便可以同時滿足客人們享受甜食與購物衝動的需求了。

安迪對於甜食的熱情從來沒有因為長大成人而稍減，他非常喜歡在一天工作結束之後到這間咖啡館裡坐坐，吃點聖代或來片蛋糕。有一回，他對著「奇緣3」的老闆之一史蒂芬．布魯斯（Stephen Bruce）唉聲嘆氣，說「艾米勒」在為他們每週《紐約時報》的廣告版面挑選鞋子畫作時，竟然對他幾張最出色的作品不屑一顧。**於是布魯斯便建議他將那些「被打回票」的畫作裱框，放在「奇緣」的精品店裡銷售。安迪同意了，從此他繽紛多彩的鞋子畫便成為坊間的搶手貨。**

商業性質的工作為安迪創造了穩定且豐厚的收入，也為他帶來了時髦享樂的生活方式。他賺進相當多的錢——大約一年七萬美金（超過今天的四十五萬美金以上）。這些收入要讓他購買華服、上最好的館子——包括人稱「上流社會與上流藝文界樂於在此交會」的「尼柯森餐館」（Café Nicholson）——已經綽綽有餘。這間餐廳就和「奇緣」一樣，由一位前櫥窗設計師所經營並負責室內設計。這是一間時髦的無菜單餐廳：完全隨主廚艾德娜．路易斯（Edna Lewis）的意思出菜。安迪經常在這間餐廳請朋友吃晚餐，因為他很喜歡讓自己置身在一群傑出人士之中的感覺，而且他知道或許某天晚上他會在這裡遇見導演尚・雷諾瓦（Jean Renoir）、作家田納西・威廉斯（Tennessee Williams）、社交名媛葛羅莉亞・凡德比爾特（Gloria Vanderbilt）、演員馬龍・白蘭度（Marlon Brando），和他一直放在心上的楚門・卡波堤。

安迪現在花錢不手軟，看百老匯音樂劇要坐樂團區（orchestra seat），進大都會歌劇院（Metropolitan Opera）要買二樓前排(Grand Tier)的票，一時興起就叫輛出租大禮車到康尼島（Coney Island）逛逛。一九五六年，他跟著旅遊經驗豐富的查爾斯・利桑比安排了一趟世界之旅。他們去了一些充滿異國風情的景點，像是羅馬（Rome）、阿姆斯特丹（Amsterdam）、東京（Tokyo）、和曼谷（Bangkok）等。一路上他寄了一些明信片給他的媽媽，但從這些明信片裡卻完全看不出來好戲正隨著安迪的腳步在這些遙遠的國度裡上演。安迪原本希望這趟旅行可以讓他和利桑比之間有更進一步浪漫的發展，然而他的主動示愛卻被潑了冷水，安迪只得悶悶不樂地度過剩下大半個假期。安迪「和一個男孩子玩遍了整個世界，卻連個吻都沒得到。」[50]安迪旅行回來後哀傷地向朋友抱怨著。

安迪對於自己的同性戀性向愈來愈坦然。負面的影響是，他一直渴望能擦出浪漫火花的男性朋友——像是利桑比——便斷然拒絕了他；但就好的一面來說，

50 巴克里斯，《沃荷：傳記》，第一百二十二頁。

他在紐約的男同志社交圈裡相當吃得開。這個時尚圈子裡有許多插畫家、布景設計師、服裝設計師、和其他類型的藝術家。這是個祕密的社群——在一九五〇年代同性戀是違法的，因此當時並沒有所謂「出櫃」這一回事。但這個祕密社群裡卻充滿精英分子，所以安迪有時候會發現自己身邊不乏真正的名流人士，像是葛麗泰・嘉寶（Greta Garbo）。他曾經害羞地送給葛麗泰・嘉寶一隻紙蝴蝶，但她卻在無意間弄皺了這隻蝴蝶，並且隨意丟棄。安迪後來在地上發現這隻蝴蝶，如獲至寶。

安迪的一張直接取名為《鞋》（*Shoe*）的鞋子畫作品被挑選進紐約現代美術館的《美國新近作品展》（*Recent Drawings U.S.A.*）中展出，這為安迪的生涯帶來了另一個高峰。這項展覽從全國各地超過五千件的送審作品中挑選了一百五十件作品展出。安迪對於這份榮譽感到興奮不已，**他甚至向美術館提出將畫作捐贈給館方做為永久館藏的意願。然而他卻收到現代美術館的回音**——它們認為若收受這份禮物、卻沒辦法經常將它展出，這對安迪來說是不公平的。館方有禮貌地回絕了安迪，他們甚至還加了一句：**「您方便的時候可以來美術館將您的畫作領回。」**

現代美術館或許是對安迪的天份看走了眼，但一九五七年一月，安迪成了全國注目的焦點——《生活》雜誌刊登了他充滿天馬行空色彩的鞋子畫。兩頁滿版的報導，上面寫著標題：「瘋狂的金色便鞋」（Crazy Golden Slippers），展示了他燦爛奪目的金色鞋子，並且說明每一隻鞋子都象徵了一位大家耳熟能詳的知名人士。一隻大型的海盜靴是以艾維斯・普萊斯里為對象所設計，有著細高跟的雅緻宴會鞋是以莎莎・嘉寶（Zsa Zsa Gabor）為原型，而弧形外觀、上頭裝飾著植物與花卉的鞋子毫無疑問是屬於楚門・卡波提，因為他最近為百老匯所寫的作品就叫做《花屋》（*House of Flowers*）。

一年後，藍燈書屋（Random House）出版了一本挖苦當代名流的小冊子《一千位名人以及如何與之攀親帶故》（*1000 Names and Where to Drop Them*），書中將安迪放在「大生意」（Big Business）的類別下。和他同一類別的都大有來頭，像是華特・迪士尼（Walt Disney）、艾維斯・普萊斯里的經紀人湯姆・派克上校（Col. Tom Parker）、女演員金・露華（Kim Novak）、編舞家傑羅姆・羅賓斯（Jerome Robins）、紐約現代美術館、和他童年時期的偶像秀蘭・鄧波兒等人。安迪說，看到自己的名字和這些名人擺在一起，讓他興奮又激動。

他或許對於自己以插畫家之姿名利雙收的狀態感到相當滿意，但一九五八年，一位振奮人心的藝術新星崛起，讓整個藝術世界改觀。櫥窗設計團隊「麥特森・瓊斯」的其中一位成員賈斯柏・強斯被承認為繼抽象表現派之後第一個新畫派的創始者之一。由於找不到比較適合的名稱，強斯和他的搭檔羅伯特．羅森伯格便被稱為「新達達主義派」（Neo-Dadists）。就如同充滿革命性的藝術家馬塞爾．杜象於一九一七年的展覽當中展出了一具小便斗，並且半幽默、半任性地將這項展出命名為《噴泉》（*Fountain*），這群年輕藝術家也以嬉戲、挑釁的手法將日常素材與各種媒材結合在創作中。強斯說他有天晚上夢見自己正在畫一面國旗，於是第二天醒來之後，他便真的動手畫了國旗。他那些辨識度極高、輪廓極為鮮明的畫作，例如國旗和標靶，都在「里歐．卡斯特里藝廊（Leo Castelli Gallery）」中展出，這些作品不但一夜成名，甚至還被一些重量級的博物館如紐約現代美術館、以及私人收藏家收購。幾個月之後，「麥特森．瓊斯」的另一位成員羅伯特．羅森伯格也在「卡斯特里藝廊」舉辦了第一次個展，同樣相當地成功。

安迪眼巴巴地看著這一切，內心對於他們從櫥窗設計師轉變為藝術評論家的新寵感到嫉妒無比。然而，他知道事實是殘酷的：假使你想要被人視為一個正經的藝術家，你就不該與商業藝術有任何牽扯。強斯與羅森伯格將自己隱身在藝名之後，他們也不像安迪那樣讓自己的商業作品在大眾媒體間招搖。安迪以自己的成就為傲，但眼看他已經打響了自己插畫家的名聲，現在他得確定他那些迷人的鞋子不會將他帶向一條錯誤的道路。

1344

第三章

準備

藝術是不受拘束、任你揮灑之物。——安迪・沃荷

Art is what you can get away with.

6 寫你知道的就好

一九六一年一月底，安迪參觀了賈斯柏・強斯在「里歐・卡斯特里藝廊」舉辦的新個展，並且在展覽現場買下一幅標題為《電燈泡》（*Light Bulb*）的炭筆素描，畫家在作品中直白地畫下了最普遍常見的日用品——電燈泡。安迪覺得這位藝術家相當了不起，他的職業生涯竟然可以在這麼短的時間內就一飛衝天。雖然嫉妒於這樣的成就，但安迪基於自己同時也是個精明的新進收藏家，他認為強斯應該會是個不錯的投資標的。他的投資很快就有了回報，因為安迪發現自己似乎受到了啟發。「利用尋常物件作為藝術創作主題」這樣的概念就像「電燈泡」一樣，在安迪的腦海中靈光一現。

長久以來，他一直在為別人交付的任務工作著，他不確定自己還知道要怎麼樣生出原創的概念，一些既新穎又與眾不同、足以吸引他人注意力的點子。有一天，他將一大塊畫布鋪在家門口的人行道上，等著行人從上頭踩過，希望能從這些隨意踩踏的足跡上得到一點創作靈感。這顯然是個糟糕的點子。「到頭來，我只得到一塊又一塊髒兮兮的畫布，」[51]他承認。「後來我覺得那些畫布看起來都很病態，所以我就把它們全都捲起來，收到某個地方去了。」

51　喬治・弗雷（George Frei）和尼爾・普林茲（Neil Prinz）合編，《沃荷的畫與雕塑，一九六一至一九六三》（*Warhol Painting and Sculptures, 1961-1963*, London: Phaidon, 2002），第四百六十九頁。

不論他想到、或丟棄了什麼樣的瘋狂點子，安迪總是沒辦法對那個電燈泡忘情。到最後——加上憑他的直覺——安迪想起馬克・吐溫（Mark Twain）曾經提供有類似創意問題的作家一個忠告，他決定聽從這項建議。**「寫你所知道的就好，」**吐溫的建議相當務實。安迪對廣告與大眾媒體非常了解。他家裡擺滿了報紙和雜誌，有些刊登了他的商業插畫作品，有些則是安迪覺得有趣或具娛樂性的素材。**一定有藝術家會認為這些出版品裡頭的照片、廣告、和連環漫畫太普通或太粗俗，根本稱不上是「藝術」。但安迪可不這麼想。**他將這些圖片視為日常生活的重要符號，也決定要以它們作為創作的主題。

安迪的新家有寬敞的工作空間，他善用了這項優勢，一九六一年冬天他開始拿起筆刷在畫布上作畫。他的靈感主要來自在紐約市發行的七份日報，特別是其中的《紐約郵報》（*New York Post*）、《美國紐約日報》（*New York Journal-American*）、和《每日新聞》（*Daily News*），**而他所創作的第一個主題就是他童年時期的超級英雄：大力水手卜派、狄克崔西、和超人**（Superman）。**這些畫作尺寸大、輪廓鮮明，與安迪過去精美的鞋子、香水瓶、和小天使等作品非常不同。**他運用鮮豔的紅色、白色、和藍色，再點綴以看似畫家作畫時不經意流下的墨滴，完成了《星期六的卜派》（*Saturday's Popeye*，42½×39吋）——沒有任何特徵、輪廓卻清楚可辨的大力水手卜派正在給畫面上看不見的壞蛋「砰」的一記重拳。《狄克崔西和山姆凱查姆》（*Dick Tracy and Sam Ketchum*，79×52½吋）更大張——高度超過了六呎[52]。其他像是《超人》、《南西》（*Nancy*）、《小國王》（*Little King*）、《蝙蝠俠》（*Batman*）都被安迪畫成了俏皮又有威力的連環漫畫人物肖像。

受到啟發的安迪，腦中不斷湧現出一個個創意。他畫了廣告裡的電視機、冰桶、吸塵器、鑽頭、鼠蹊部護帶、熱水器，以及爽健牌（Dr. Scholl）雞眼貼布、老式電話機、皇家牌（Royal）打字機，甚至還有隆鼻手術前後對照圖。**安迪發展出一套生產線流程，他先在一間閒置的臥房裡擺放一架實物投影機，並且將影像放大到他想要的尺寸。接著他在投影出來的影像輔助下，直接在畫布上作畫。畫完之後，他通常都會拿起仍在滴墨的筆刷和蠟筆再多加一些表現主義風格的裝飾。**

安迪非常勤於創作，那個冬天他讓家裡擺滿了大張的畫布。他的目標是要在藝廊裡展出他的作品，但唯一能夠提供他展出場地的只有「邦威泰勒百貨公司」。他在那一年稍早的時候失去了「艾米勒」這個客戶，因為它們改以攝影作品設計廣告文宣。如此一來，「邦威泰勒」就成了他在插畫與櫥窗設計工作上最

52 約一百八十三公分。

主要的客戶。

有些時候，「邦威泰勒」的藝術總監吉恩·摩爾會向與他合作的眾多藝術家中最具天才之姿者（像是強斯和羅斯伯格）致上敬意，將他們的畫作與櫥窗設計結合展示。四月的時候，安迪的一些新作品——《小國王》、《星期六的卜派》、《隆鼻前隆鼻後》（*Before and After*）、《超人》、和《廣告》（*Advertisement*）——被挑選作為百貨公司櫥窗背景，搭配一群穿著繽紛春裝與帽飾的人體模特兒展出。過去安迪曾經將百貨公司與博物館相比擬，但這一回第五大道（Fifth Avenue）上的即興「展覽」卻沒辦法稍減他對於「真實」的渴望——他要的是一場在「里歐·卡斯特里藝廊」、或其他紐約市重量級藝廊裡的職業生涯首展。

安迪非常清楚挑選正確藝廊的重要性（他說迪奧〔Dior〕絕對不會在伍爾沃斯〔Woolworth's〕[53]的櫃台銷售他的「本初」香水〔Original〕），因為他自己也算得上是個收藏家了。他經常到藝廊裡走動，也買了一些藝術家——像是法蘭克·史代拉（Frank Stella）、艾斯沃斯·凱利（Ellsworth Kelly）、和吉姆·戴恩——的作品。**然而，安迪所買進的每一張作品都讓他飽嘗苦樂參半的滋味，他總是會因而想起自己已經一再與主流藝術圈失之交臂。**一天，當安迪到「卡斯特里藝廊」看看最近新進的物件時，卻有了一個令他大為震驚的發現。藝廊經理、

53　美國連鎖廉價商店，成立於一八七八年，最後一間店於一九九七年關閉。

同時也是卡斯特里的左右手伊凡・卡普（Ivan Karp）拿出了一張標題為**《玩球的女孩》（*Girl with Ball*）的畫作，畫家是出身紐澤西的藝術學者羅伊・李奇登斯坦**（Roy Lichtenstein）。這張不太尋常的作品畫的是一個簡單的卡通圖樣，而這個圖樣正是從一則卡茲基爾山（Catskills）渡假勝地的報紙廣告上擷取下來的。李奇登斯坦的卡通畫作和安迪的作品看起來極為相似。

「噢，我自己也是這樣創作的，」[54]**儘管安迪感到相當震驚，他還是試著擠出這樣一句話來。**他的確也是這樣創作的……除了「班戴點（Ben-Day ink dots）」[55]之外——李奇登斯坦將連環漫畫印刷中出現的「班戴點」也複製使用在他的作品當中。卡普並不認識安迪——這是他們第一次見面——但他對安迪那句話相當感興趣。李奇登斯坦是這間藝廊的新人，卡普認為他的作品與自己過去所見的完全不同。卡普想，既然安迪這麼說，他確實有必要立刻去競爭對手那裏一探究竟，於是他答應到安迪家裡看看安迪的作品。

卡普很少拒絕參觀藝術家工作室的邀請。他覺得自己像是一個探險家、拾荒者、藝術圈子裡的偵探，他充分享受著追逐搜獵的快感。**雖然人們經常用一些俗氣的說法形容他——說他是「掌握時代脈動的男人」**；說他總是**「緊盯獵物、耳聽八方」——但他有絕對的獨創性，是個自學有成的鑑賞行家。**他在布魯克林區

54　鮑爾登，《沃荷》，第八十頁。

55　班戴點印刷術（Ben-Day dots printing process）是由十九世紀的插畫家與印刷家小班傑明・亨利・戴（Benjamin Henry Day, Jr.）所發明，於印刷時以藍綠、洋紅、黃、黑四色小彩點搭配組合出各種顏色。由於成本低廉，一九五〇與六〇年代的連環漫畫書經常以此方式印刷出版。

（Brooklyn）長大，在那裡接受了平凡的教育。後來他在二次大戰期間被派往歐洲服役，戰爭結束後他在歐洲多待了十個月左右，期間他經常上博物館、吸收涵養歐洲文化，並且自學關於藝術與建築的知識。

回到紐約之後，卡普受惠於《美國軍人權利法案》開始學習攝影。出社會後，他成為廣告片剪接師，開始寫作，並且為《村聲》週報（*Village Voice*）撰寫藝術專欄。他發現自己對藝術充滿熱情，於是他接下了在藝廊的工作，一九五九年他加入「卡斯特里藝廊」，投入了藝術圈子最白熱化的戰區。這是「面對新事物有如大軍壓境的前哨站」，他這麼相信著，而他就渴望在這麼刺激的環境裡工作。里歐．卡斯特里已經代理了羅森伯格和強斯，他正積極地想要找尋新的藝術天才，於是他雇用了卡普來擔任他的藝廊經理與藝術偵探。

卡普來到安迪的公寓門口時，看到門鈴上只有一個名字，著實嚇了一跳。他所拜訪過的藝術家大部分都一窮二白，住在現代建築的閣樓裡。但這一回他拜訪的對象似乎相當有錢，竟然能夠在紐約市裡擁有一間私人住宅。卡普並不知道安迪是個成功的插畫家，而安迪也想讓自己盡量保持低調（**沒必要讓卡普留下『他不是個正經的藝術家』這樣的印象**）。他把自己的插畫作品全都收了起來，同時還讓他媽媽待在她地下室的房間裡。

卡普形容這間房子的氣氛充滿「稠密的維多利亞風格」，因為放眼所及到處都是雜亂的東西——安迪的旋轉木馬和其他怪裡怪氣的工藝品占據了大部分的空間。安迪用窗簾將光線擋在窗外，所以室內顯得有些昏暗。但說到安迪的家裡最奇怪的一件事，莫過於噪音了。這兩個男人非得要扯開喉嚨、提高聲量，才能在唱片機反覆強力放送的流行音樂聲中聽見彼此的對話。**安迪坦承他會一整天持續不停地播放同一首曲子，這樣他才能徹底瞭解這首歌在唱什麼。他還會在同一時間把電視機打開、將收音機轉到歌劇演唱節目，然後讀他的雜誌。**他喜歡讓自己被不同的媒體轟炸，因為他認為這些聲響就像白噪音一樣，能夠保持他的頭腦清醒。所幸，卡普也熱愛音樂，於是他一邊彈著手指頭、隨著節拍搖擺，一邊在安迪的畫布之間來回瀏覽著。

卡普注意到安迪的卡通畫也相當具有潛力。他的作品與李奇登斯坦的作品十分相似，同樣都受到連環漫畫與廣告的啟發，但不同之處在於李奇登斯坦的手法更顯得自信大膽、且具有實驗性。他們獨樹一幟的創作主題已經具有輪廓鮮明的特色，但安迪的卡通畫仍然使用了滴墨，**「在筆法上仍然對抽象表現主義有所呼應」**。卡普對藝術家們向來有話直說，他也同樣給了安迪坦白的建議。**「只有這些率真、直截了當的作品才有意義，」**[56]他邊說邊指著安迪一張舞步圖解線條

56 沃荷、哈克特，《普普主義》，第九頁。

畫、和一張老式電話的畫作。**「其他都有抽象表現主義的影子。」「沒有滴墨怎麼畫畫，」**[57]**安迪漫不經心地回應著，但他其實對於卡普的建議感到相當高興**，因為他自己也比較喜歡直白、非抽象主義風格的創作。

卡普接著向他解釋，他懷疑里歐・卡斯特里能夠代理安迪，因為他們藝廊已經排定近期內要為李奇登斯頓舉辦另一個個展，他們兩個藝術家顯然是會彼此衝突的。但他也答應安迪要將他介紹給一些收藏家與交易商。卡普認識藝術圈裡每一個有頭有臉的人物，透過他非正式的引薦，安迪的作品就有機會被賞識他的伯樂相中。

安迪感到相當失望，但他知道卡普的評估是對的，而他也並非第一次聽到這樣的說法了。一天下午，他的朋友埃米爾・德・安東尼奧過來他家裡喝酒，便指著靠在牆邊不同的兩張可口可樂瓶畫作說：**「其中一張根本是個屁，不過就是這裡、那裡、什麼都來一點把它兜出來的。」**[58]他說的是有抽象表現主義特色的那個瓶子。**「另外一張，」——乾淨、冷清、具象的瓶子——「就非常出色。」**他大加稱讚。**「這就是我們的社會，這就是我們，它真是漂亮，如此地赤裸裸。你實在應該把前一張丟掉，把這張擺出來就好。」**安迪信任德的眼光，也把他的忠告放在心裡。現在再加上卡普的評估，安迪因而有了重大的決定。以卡通漫畫為

57 史密斯，《關於這位藝術家的對話集》，第兩百一十二頁。
58 沃荷、哈克特，《普普主義》，第六頁。

創作主題的話，連安迪自己都承認李奇登斯頓做得比他好。該是改變主題的時候了，問題是，他該上哪裡去找尋下一個精彩的創意呢？

安迪經常會問他的朋友們「我該畫什麼？」有時候他是真心誠意地發問，但有時候，這只是一個好聽的招呼語——安迪拿這句話來當成是「你好嗎」的另一種說法，同時也藉此表現他重視對方的觀點。大部分時候，安迪對於別人有意無意的回答也會假裝表現出有興趣的樣子，所以當他聽見茉瑞爾．拉圖（Muriel Latow）——一位在東六十三街擁有一間小藝廊的藝術交易商——的回應時，反而感到相當驚訝。

拉圖是個聰明、但性情急躁的人，當時的她手頭資金吃緊，也正因為藝廊的營運出現問題而陷入極度低潮。在十一月一個寒冷的夜裡，朋友們為了要讓她有所振奮，便邀她晚餐後到安迪家裡坐坐，一起喝杯咖啡。她知道安迪，有好幾個星期六她都看見安迪在城裡一間又一間的骨董店和二手店逛著，瘋狂地購物。但是當安迪打開他家大門的那一刻，拉圖便後悔自己答應要過來坐坐了。

這天晚上，拉圖發現安迪陰暗又擁擠的家裡充滿憂鬱和壓迫的氣氛，她對於安迪一再反覆詢問關於他的未來的問題——「我要怎麼樣才能賺更多錢？」「我要怎麼樣才能成名？」——也感到厭煩透頂，因為她還正在為自己的困境發愁呢。當安迪纏著她不斷地問他該畫些什麼的時候，拉圖對安迪說，只要安迪先付她五十元，她就告訴他答案——感覺上她似乎真有什麼絕妙的點子似的。安迪聽她說得誠懇，便掏出他的支票本，寫下了當天的日期——一九六一年十一月二十三日——把她要的金額付給了她。

「你最喜歡什麼東西？」拉圖問，她猜自己已經知道答案了。安迪三句話不離錢。而正如她所料，「錢！」安迪立刻脫口而出。於是他們有了「畫鈔票」這個點子。他們興奮地討論著各種可能的畫法——安迪可以畫全新的鈔票、摺起來的鈔票、被撕破的鈔票。還有，要人們掏真正的錢出來買鈔票畫，這不是挺有趣的嗎？

茱瑞爾覺得自己的精神好多了，同時也為了讓安迪這五十美元花的值得，她給了安迪另外一個點子。他應該要畫一些普通常見的、一看就知道的東西[59]……或許像是一個濃湯罐頭。金寶湯，是安迪打從童年時期就最喜歡的午餐（一直到現在還會吃），現在一下子似乎成了相當有趣的創作題材。就讓李奇登斯頓繼續畫他的連環漫畫吧。**安迪要對那些最底層、最沒有文化的圖像下手，要讓那些從來不可能與藝術沾上邊的物件層次提升。**這個實用的濃湯罐和它的標籤紙正吻合了歐登堡在他的宣言中所說：「我要用那些生來根本和藝術沾不上邊的素材來創

59 蓋瑞．印第安納（Gary Indiana），《安迪．沃荷和賣給全世界的湯罐》（*Andy Warhol and the Can That Sold the World*, New York: Basic, 2010），第八十三頁。

造藝術。」這個不起眼的罐頭從來不會認為自己是件藝術品，這正好讓它成為表現真正當代繪畫的完美主題。

這個外表簡單、卻吸引了安迪的目光的濃湯罐誕生於一八九七年，當年金寶湯革命性的濃縮湯品正式問世。這個罐頭最具革命性之處在於消費者要自行加水，這代表金寶湯可以將它們的產品包裝在更小的罐頭內，它們也因而可以省下更多的運費，並降低產品的價格。原來的罐頭標籤紙是沉悶的藍色和橘色，但是當一位公司高層觀賞了一場康乃爾大學（Cornell）的美式足球賽、看到選手們身上穿著漂亮嶄新的紅白制服後，便回頭更改了標籤紙的設計。明亮、對比的色彩讓標籤背景看起來充滿活力，襯托著金寶湯的識別標誌——企業創辦人喬瑟夫・金寶（Joseph Campbell）別具特色的手寫簽名。

每一張標籤都標示了罐內湯品的種類。在早期，金寶湯的湯品種類並不多。最受歡迎的番茄湯對這個品牌的重要性不言而喻，金寶湯甚至提供特別的番茄種子給農家，好讓他們種出完美的金寶湯番茄。一九〇〇年，聞名全球的金寶湯番茄湯獲得巴黎萬國博覽會（the Paris International Exposition）頒發金牌獎，同年獲得金牌獎的還有艾菲爾鐵塔（the Eiffel Tower）、有聲電影、和柴油引擎。在這塊神氣的金牌上，勝利女神正背著金牌獎得主飛過博覽會上空。

光榮返鄉之後，金寶湯自豪地將這塊金獎複製在它們的濃湯罐上，一塊畫有萬國博覽會設計圖樣的金牌大獎章被擺在「濃縮」（condensed）的字樣底下。除此之外，金寶湯還使用了其他法式裝飾，它們在標籤底部放了一圈法蘭西王室的鳶尾花紋樣（fleurs-de-lis），象徵了優勝者的冠冕。除了各方讚譽的推波助瀾之外，金寶湯在仕女雜誌內刊登廣告的策略奏效，最後還獲得熱門廣播節目如《阿莫斯與安迪秀》（*Amos 'n' Andy*）的贊助，於是金寶湯開始有了驚人的成長。早在一九一一年，金寶湯就了解到它們在市場上的主要優勢在於濃縮湯品的普羅大眾化。研究顯示，這項產品廣受各種經濟階層人士的喜愛。**「絕大多數的人，不論收入多寡，都在這二十一種湯品當中吃過至少一種以上，」一項研究調查顯示。安迪就是一個活生生的例子。**他打從自己還是個匹茲堡的窮小孩就開始吃金寶湯，到現在，他住在紐約市區公寓裡、成了有錢的專業人士，仍然照吃不誤。

安迪快步跑到對街，在曼哈頓數一數二的超級市場「格里斯特蒂斯超市」（Gristedes）裡採購各種不同口味的金寶湯，包括番茄湯、蔬菜湯、雞肉麵、到辣味濃湯（Pepper Pot）和蘇格蘭濃湯（Scotch Broth）。那一個禮拜，他努力地畫著他的第一張湯罐畫——金寶湯的茄汁飯（Tomato Rice）。這是一個創新大膽的點子，但安迪的手法卻顯得保守退縮。**在他畫完了大家所熟悉的紅、白、金三色相**

間的罐頭之後，安迪忍不住還是加上了一些墨滴和蠟筆線條，顯然他對於放棄原先已經讓他嘗過甜頭的抽象表現主義技巧仍然有些遲疑。這些記號似乎在說——這個畫家依舊停留在他自己的記憶中（還帶著一點點感傷）。

7 一九五〇年代晚期，「邋遢安迪」已經進化為上高級餐館、進歌劇院的「潮男安迪」（Andy the dandy）。

但是隨著安迪開始實驗新主題，他也漸漸地找到拋棄滴墨的自信了。他參考了雜誌上的廣告——「嗯！嗯！好吃！」的文字搭配一份三明治和一杯金寶湯的熱濃湯，以及從金寶湯公司信紙上擷取下來的圖樣，一連創作了好幾種不同版本的濃湯罐頭畫。他決定要將一系列三十二種口味的濃湯罐一次畫齊，**每一張畫的尺寸都是二十吋乘以十六吋，而且都會使用金和銀等金屬光澤的顏料**。他要讓他的罐頭看起來就像真的，每一個外觀都一模一樣，彷彿它們是從同一條生產線裡滾出來的，一個個準備在超級市場上架。

安迪迷上了這種系列式的畫法，他畫了《一百個濃湯罐》（*100 Soup Cans*）、《兩百個濃湯罐》（*200 Soup Cans*）、許多張美元鈔票、可口可樂瓶、S&H綠色酬賓點券（S&H Green Stamps）、和航空郵票。反覆出現的影像是現代廣告的基本原則之一。弗烈德里克・魏克曼（Fredric Wakeman）曾經撰寫一部揭露麥迪遜大道上廣告產業醜陋面的小說《廣告販子》（*The Hucksters*），根據其中一名角色的說法[60]，好的廣告要具備兩個條件：「一，一個簡潔的好點子。二，不停地反覆再反覆。我所謂的『反覆再反覆』確確實實就是指反覆到社會大眾都已經被這個廣告給惹毛，搞到他們想忘都忘不了，自然就會買你的品牌了。」**反覆出現也是讓圖像明白易懂的一種方法。當安迪一再重覆畫著同樣的東西時，這就像是將反覆聽著同一首曲子這件事情視覺化一樣。在某些時間點，安迪會有所「頓悟」，他也期待其他人能透過他的作品有所「頓悟」。**

許多相同的圖像[61]，或者說「**倍數化**」這件事，也讓安迪與重新定義戰後美國的一項大型運動產生連結。從汽車到漢堡、從汽車旅館到住宅，「大量生產」儼然成為新消費者經濟的基礎。在芝加哥，一位勤奮的商人雷・克拉克（Ray Kroc）取得成功的加州漢堡店「麥當勞」（McDonald's）的經營權，並且藉由在類似條件的地點接連開店，將這間漢堡店擴大成雄霸全國的連鎖企業。在紐約，土地開發商比爾・萊維特（Bill Levitt）有一個極具野心的想法，他將大量生產的原則運用在建築業上，創造出名為「萊維特鎮」（Levittown）的廉價、標準化住

60 弗烈德里克・魏克曼（Frederic Wakeman），《廣告販子》（*The Hucksters*, New York: Rinehart & Company, 1946），第二十四頁。

61 大衛・哈伯斯坦（David Halberstam），《五〇年代》（*The Fifties*, New York: Villard, 1993）。哈伯斯坦對於戰後美國的經濟榮景提出了生動、全面性的分析。

宅社區，美國第一個近郊住宅區（suburb）因而誕生。在田納西州，建築商凱蒙斯・威爾森（Kemmons Wilson）遍尋不著適合家庭旅行住宿的汽車旅館，於是他沿著公路開了一間又一間品質控制標準化的旅店——明確來說，就是「假日飯店」（*Holiday Inns*）——服務一輛輛從底特律的生產線裡製造出來的汽車。

這些創業家們都確信現代消費者重視一致性、同一性、以及品質控管，他們認為——「德州的麥當勞漢堡與緬因州的麥當勞漢堡一模一樣」、「從這間假日飯店到另一間假日飯店你根本不覺得自己換過房間」、「廉價的萊維特鎮組合屋保證你的房子就像鄰居的房子一樣好」——會受到消費者的喜愛。**從哲學的角度來看，這項運動代表了原有特權的普羅大眾化——舉例來說，旅行、外食、擁有私宅——這些在過去只能由權貴人士獨享。在新經濟的推波助瀾下，昨日的奢侈品成了今天的品牌。**

廣告界每年有將近一百二十億美金的資金挹注，當品牌透過大量廣告深植人心時，它們也同時建立了令人安心信賴的形象。**安迪看見消費者與產品之間開始產生這種連結，於是他在自己的藝術創作中放大了這種連結感。**他挑選作為繪畫主題的圖像（或品牌）——不論是金寶湯或是可口可樂——都具有極高的辨識度，感覺上他似乎是在利用某種視覺標誌傳達他的想法。

那一年冬天，安迪的靈感大量地湧現，他必須不斷地工作才能消化這些靈感。他畫了許多罐頭、舞步圖解、和奇特的數字對號風景畫（paint-by-number landscapes），**他發現，假使他結合繪畫與絹印的製程，他的生產力甚至還可以更進一步提高。安迪利用這種手法製作了一些美元鈔票的作品，對於成果相當滿意。大量生產這些「大批圖像」讓他覺得非常開心。**

正當安迪實驗著他的新技法與新製程的同時，他也在為人生重要的新頁摸索著個人的角色定位。**一九五〇年代晚期，「邋遢安迪」已經進化為上高級餐館、進歌劇院的「潮男安迪」**（Andy the dandy）。現在，在他的諍友埃米爾・德・安東尼奧忠告之下，安迪知道該是再一次徹底自我改造的時候了。

事情起源於這兩位男士有一回同在某間餐廳用餐。**「為什麼鮑伯（Bob，指羅森伯格）和傑普（Jap，指強斯）他們不喜歡我？」**[62]**安迪問，他說的是當他和這兩位藝壇新星相處時所感受到的冷淡以對。**照道理說，他們有許多相同之處，比方說他們都是櫥窗設計出身的藝術家；他們認識同樣一群人、會出席同樣的活動；還有，雖然鮑伯和傑普對自己的性向很隱諱，但他們和安迪一樣是男同性戀。實際上，他們兩個人是一對同性伴侶。

安迪還存著點希望他的朋友會告訴他是他多心了，他們的不友善只是他的幻

62　沃荷、哈克特，《普普主義》，第十四頁。

想。但是德卻毫不留情地證實了安迪內心最糟的假設。「好吧，安迪，假使你這**麼想聽真話，我就直接攤開來說了。」**他告訴安迪。**「你太像個同性戀了，這讓他們很不舒服……這兩個傢伙是穿三顆扣西裝的正經人。大部分的畫家都試著讓自己看起來像異性戀；但是你擺明了就是個同性戀的樣子。」**德還告訴他，「真正的」藝術家對於安迪在商業藝術家角色上獲得的成功相當看不順眼。滿懷熱忱的藝術家得另外靠一些奇奇怪怪的工作來養活他們自己，而安迪，卻以頂尖插畫家之姿賺進大把鈔票，他的成功讓許多人眼紅。

德直白的分析讓安迪覺得很受傷。他堅稱身為同性戀、言行舉止像同性戀帶給他刺激的快感，因為看到他怪裡怪氣的行為對別人造成的影響還挺有趣的；再說，他根本沒什麼需要改變的。**但安迪心裡知道他的朋友是對的。假使他希望藝術圈裡他所景仰的對象也認真看待他，他就需要建立一個新的形象。**他得加快腳步了，因為伊凡・卡普答應過要帶真正具有影響力的人與潛在買家到安迪家裡來看他的作品。

安迪把他的商業作品和助理都藏了起來，假使他的助理在場，那麼安迪是個拿錢畫畫的商業藝術家這件事可就露出馬腳來了。接下來，安迪做了一個錯誤的嘗試，他為了表現出異國情調，特別戴上一張威尼斯面具（Venetian mask），同時也為卡普和他的同伴——特別有一回來的是里歐・卡斯特里本人——一人準備了一張面具好遮住他們的臉。卡普猜想[63]安迪戴面具是為了要遮掩自己難看的氣色，但他不確定這會不會是安迪對訪客安排的惡作劇。屋子裡很暗，就像遊樂場的趣味屋（funhouse）裡的房間一樣；至少有一台唱片機，有時候是兩台，會在安迪漸漸退回黑影之中的時候放送時下最流行的歌曲。安迪或許認為他正在展現「藝術性」，但他的舉止就是會讓人覺得陰陽怪氣。

卡斯特里在歐洲工作的時候曾經代理一些抽象風格的超現實派畫家，他對於安迪刻意表現出來的怪異行徑完全沒有心理準備。安迪的工作室裡到處一團亂，他的畫作在國際性的藝術交易商看來十分怪異。卡普注意到，安迪在場的時候，卡斯特里就會顯得不太自在而且焦慮。「里歐對整個狀況感到不太舒服，對這些畫作恐怕也是。」卡普回憶道。卡斯特里禮貌性地解釋了他目前已經代理李奇登斯坦，所以「你們兩位在同一間藝廊裡會互相衝突。」但他心裡真正的想法是——他完全搞不懂沃荷。「我就是覺得這些畫沒什麼意思，」[64]後來卡斯特里這麼說。「你真的會搞不清楚他到底想做什麼。」

然而卡普倒是成功地將安迪介紹給了大都會博物館（Metropolitan Museum）一名傑出的新進研究助理。亨利・戈爾達札勒（Henry Geldzahler），其人如其

63　鮑爾登，《沃荷》，第八十四頁。
64　巴克里斯，《沃荷：傳記》，第一百四十一頁。

名，一樣獨特非凡。戈爾達札勒一九三五年出生於安特衛普（Antwerp），後來搬到紐約市，在一個舒適安逸的家庭中長大。他從小就是個聰明的孩子——之後也是個聰明的青年——靈活的頭腦總是讓大家讚嘆不已。雖然他的外表並不是太完美——實際上他個頭矮、身材微胖、還有張大圓臉——但這些缺點在他開口說話之後似乎都消失了。戈爾達札勒什麼都能聊……特別是對於充滿新鮮刺激的當代藝術新世界。他畢業於耶魯與哈佛，一九六〇年受聘加入大都會博物館的研究團隊。在戈爾達札勒看來，唯一的問題是——大都會博物館並不是太看重當代藝術。博物館的董事會非常保守，其中有些人在看過非常出色的抽象表現派作品之後竟然放聲大笑。

但是戈爾達札勒並沒有因此打了退堂鼓。他對於熟悉當代藝術的重要性提出相當具有說服力的說法——他說，假使不重視當代藝術，就好像整部百科全書裡少了一冊一樣——於是他的長官便鼓勵他去找出紐約最具發展潛力的新藝術家，並且深入了解他們的作品。他找上了伊凡・卡普，請卡普給他一些建議，他們倆是夏天在普羅威斯頓（Provincetown）度假時認識的。戈爾達札勒喜歡在藝術圈裡交遊，也很快地發現自己已經成為這個圈子的中心。他年輕、思想開放，在沉穩古板的機構當中宛如一股清流。大都會博物館的總機小姐曾經向他抱怨他的電話總是比其他研究員來得多，他提醒她——他可是博物館裡唯一一位研究「在世」藝術家的研究員呢。

戈爾達札勒和卡普經常一起到處探訪，他們看過一個又一個的社區、閣樓、和工作室。令人興奮的是，他們開始將一些非常重要的點串連起來了。羅伊・李奇登斯頓畫漫畫；詹姆士・羅森奎斯特（James Rosenquist）平常以畫招牌和廣告看板維生，他在自己的藝術創作中加進了大型廣告圖像的元素；此外，一直帶有強烈實驗色彩的克雷斯・歐登伯格剛舉辦了一個名為《商店》（*The Store*）的展覽，在展覽中他販售各種自己手作的日常用品模型，包括襯衫、帽子、鞋子、香菸、柳橙等（這些全部都是販賣品，就像是在真實的商店裡一樣），模糊了藝術與商業之間的界線。卡普和戈爾達札勒不斷受到各種媒材形式的繽紛圖像轟炸，他們意識到此刻他們正在見證一個振奮人心的新藝術運動誕生。

「我覺得我快瘋了，」卡普解釋，「我每天都在顫抖中過日子。我記得我在日記裡寫著：『這裡起了連鎖反應！……這些藝術家甚至根本不認識彼此！這肯定是一種氛圍，一種全國性的氛圍！』」戈爾達札勒以科幻電影來打比方，「來自城市裡不同的角落、彼此完全不認識的藝術家們，紛紛從泥沼中爬了出來，搖搖晃晃地走向擺在你前方的畫作。」[65]

65　沃荷、哈克特，《普普主義》，第三頁。

這個世代的藝術家[66]是首批在媒體時代長大的藝術家，「電視、每日發行的報紙、週刊雜誌、廣告看板、和電影銀幕，」戈爾達札勒說，他稱這些藝術家的作品為「對我們的環境一種心領神會的反應，」也代表了「美國的新風貌」——由大眾文化主導的新風貌。他們畫的是他們所認為日常生活中的基本符號……一個連環漫畫裡的人物、一件衣物、一塊看板或廣告的一部分、甚至是一個金寶湯濃湯罐頭。

說到濃湯罐頭：卡普在他們的一次藝術考察當中將戈爾達札勒介紹給安迪。戈爾達札勒的反應和卡斯特里大不相同，他對這一回到安迪家的拜訪深感著迷。他一向自豪於他擁有一踏進一間藝廊或工作室之後、立刻知道自己是不是想要仔細瀏覽的能力。**在安迪家裡，他完全不想放過任何一個角落。**即便像是卡門・米蘭達的鞋子這樣娘娘腔的收藏也讓戈爾達札勒充滿興趣。這兩個男人之間立刻建立起親密的友誼[67]。戈爾達札勒認為安迪「與時代精神相通」（後來他還說安迪是「六〇年代無意識的良知」）。相對地，安迪把戈爾達札勒當成是一人精修學校。**「噢，只要你每天教我一件事，我的知識就會變得很淵博。」**安迪稱他們兩個人之間快速發展、焦孟不離的關係為「一天講五小時電話、午餐見、快開電視看『今夜秀』（*Tonight Show*）」的友誼。雖然這兩位男士都是同性戀，但他們之間擦出

66 亨利・戈爾達札勒，《使之為新：論文、訪談、與談話》（*Making It New: Essays, Interviews, and Talks*, New York; Turtle Point, 1994），第兩百六十三頁。

67 卡文・湯姆金斯（Calvin Tomkins），《瘋狂：羅伯特・羅森伯格與當代的藝術圈》（*Off the Wall: Robert Rauschenberg and the Art World of Our Time*, Garden City, NY: Doubleday, 1980），第八十七頁。

的倒不是浪漫的愛情火花，而是心靈與抱負的真實交會。

在戈爾達札勒和卡普的幫助下，安迪見到所有該見的人了。前來的收藏家對於他的作品都有相當大的迴響——即便偶爾還是有人略帶躊躇。安迪回憶起一回一位潛在買家認出他過去是個知名的插畫家，提出要求想看看他之前的作品。**安迪照做了，卻發現這個人對買畫的興趣頓時消失無蹤。「我可以看出他對於我的作品的看法改變了，」**[68]**安迪感到非常驚訝。有了這次的經驗之後，他對於過往的商業藝術作品便採取「堅決不公開政策」**（firm no-show policy）。

在安迪心裡面，最重要的還是為自己找尋一個藝術交易商與藝廊。他仍舊把希望寄託在卡斯特里身上。同時，他還需要有人——任何人——來幫他舉辦第一場個人展。所有其他新銳藝術家都已經被藝廊相中，在眾人的注目下享受著個人獨秀的美好時刻。一九六二年年初，戴恩、羅森奎斯特、李奇登斯頓、和歐登伯格都已經舉辦了他們的個展，並廣受評論。安迪盡本分地參觀了他們的展覽，還成為歐登伯格在「格林藝廊」（Green Gallery）的《偶發藝術》現場觀眾。安迪像大部分的觀眾一樣穿著夾克、打著領帶，但歐登伯格與其他演員都穿著戲服、在地上扭動著身體，安迪一身正式的打扮在他們身旁顯得相當格格不入。

安迪對歐登伯格十分推崇，他在歐登伯格的《商店》裡買下一件紙製的襯衫

68　沃荷、哈克特，《普普主義》，第二十一頁。

作品。他同時也邀請歐登伯格與他的太太派蒂來家裡看看他的畫作。藝術家之間購買彼此的作品是常有的事，所以安迪也假設歐登伯格最後也會在安迪家挑選出他想收藏的作品。然而他們全都發現自己陷入了尷尬的狀態——在看過安迪的作品之後，歐登伯格決定他一件作品都不想帶；他和派蒂兩手空空地離開了。**安迪想，他的作品到底是有什麼問題，為什麼連送都送不出去呢？**

1344

準備

第四章

普普藝術就是把原本該在裡面的拿出來放在外面，把原本該在外面的放到裡面。——安迪・沃荷

Pop Art took the inside and put it outside, took the outside and put it inside.

8布魯姆在藝廊牆上訂了狹長的層架，將畫作擺放上去，巧妙地將安迪的作品當成產品展示。

一九六二年五月對安迪來說是一個轉捩點，一位年輕充滿活力的加州藝術交易商爾文・布魯姆找上門來，讓好萊塢與安迪搭上線。帥勁的外表、翩翩的風采、和上流社會的腔調讓他有「藝術圈的卡萊・葛倫（Cary Grant）」之稱。布魯姆聰明、極度迷人、勇於冒險、也具有創業家的精神。一九五〇年代他在海外服空軍役，退伍之後他搬到紐約，希望能在劇場界裡發展。然而他的抱負沒能順利實現，只得憑著一口舌粲蓮花進入銷售高級現代主義傢俱的「諾爾公司（Knoll Associates）」擔任業務員。布魯姆的客戶們對他信任有加，經常請他替他們所購買的商品找尋適合搭配的畫作。他的確有獨到的眼光，後來他便離開「諾爾」，前往洛杉磯加入了正逐漸嶄露頭角的「費若斯藝廊」。

布魯姆每隔一段時間就會去趟紐約，拜訪一些藝廊與工作室，好讓自己跟上藝術家們的腳步與他們所創造的潮流。他之前曾經拜訪過安迪一次，對安迪的《皇家牌打字機》和一些漫畫人物作品相當有興趣，但這些興趣卻又還沒大到能夠讓他們之間有真正的往來。這一回，布魯姆會順道拜訪安迪的公寓，看看他的作品。

在跨過一疊疊堆了大約有一呎高的雜誌與五顏六色的雜物之後[69]，布魯姆見到了安迪，**他發現安迪「一臉豐腴、天真無邪」，而且善於交際**。他原本期待能多看到一些卡通人物的作品，但映入他眼簾的卻是安迪一張金寶湯濃湯罐的作品，那鮮明的紅色、白色、與粗黑的輪廓立刻讓布魯姆留下深刻的印象，尤其在安迪告訴他他打算要把三十二種口味全部畫齊之後，他馬上提出要為安迪在「費若斯藝廊」舉辦一場展覽。安迪一直夢想著能舉辦一場個人展，但一想到這麼具有意義的活動要在遙遠的洛杉磯舉辦，重要的藝術評論家和他紐約的朋友們恐怕都看不到，安迪不由得躊躇了起來。

一九六〇年代早期，洛杉磯對藝術圈來說就像是個偏僻的邊陲之地，對現代藝術來說更是如此。假使電影明星和製片場老闆們真要說對藝術有點興趣的話，他們的喜好大約還是停留在古典藝術大師和印象畫派的作品上。然而「費若斯」身為這座城市裡最新、最有趣的藝廊之一，其風格卻極為現代。「費若斯藝廊」由兩個人共同成立——瓦爾特·霍普斯（Walter Hopps）是個具有反骨精神的年輕藝術研究員，艾德·肯霍茲（Ed Kienholz）則是一位反傳統的藝術家。也因此，**「費若斯」被視為是當代美國西岸藝術家的合作重鎮**。實際上，它更像是

69　喬安娜·溫伯格（Joanna Weinberg），〈藝術：一夜發生〉（Art: It Happened One Night, *Vogue*, September 1, 2002），第四百九十二頁至第四百九十九頁。

藝術家或藝術工作者聚集的俱樂部會所——是他們可以舉辦展覽、欣賞電影與時裝秀、或聆聽詩歌朗誦的地方。霍普斯和肯霍茲都是熱情的藝術擁護者與領導先驅，然而他們對於事業的盈利與虧損卻毫無概念。大家在這裡都玩得非常開心，但沒有人賺到一毛錢。

六個月過去了，肯霍茲決定他要專心做好他的大型裝置藝術與雕塑，不再花時間搞藝術交易了。在此同時，霍普斯無意間聽到一位藝廊的訪客——也就是布魯姆——成功地將一幅展示中的作品強勢推銷給另一位訪客。於是很快地，布魯姆以美金五百元買下了肯霍茲在「費若斯藝廊」的股權，成為霍普茲熱情有勁的新夥伴。布魯姆有一套盤算[70]。**他打算讓「費若斯」蛻變為國家級的藝廊，「展示國內正在流行的佳作，也就是包括東西兩岸。」**安迪的濃湯罐正是他想要的。

布魯姆感覺到安迪對於在加州舉辦個展有些舉棋不定，他想起之前拜訪安迪的時候，這個藝術家最喜歡的主題就是電影明星、電影公司……所有和電影有關的事物。在這個關鍵的時刻[71]，布魯姆打出了手上的王牌。**「安迪，很多電影明星會來我們藝廊裡看展，」他告訴安迪。實際上，根本沒有電影明星去過，除了丹尼斯．霍伯之外**——他比較像是朋友和藝術贊助者，而不能單純算是一個電影明星。然而，一聽到他的作品有可能被好萊塢的名流看到，這就足以讓追星一族

70 對爾文．布魯姆進行的口述歷史訪問，一九七七年五月三十一日至六月二十三日，美國藝術檔案館（Archives of American Art），史密森機構，華盛頓DC。

71 杭特．卓赫喬絲卡－菲力普（Hunter Drohojowska-Philip），〈藝術交易商爾文．布魯姆談安迪．渥荷與一九六〇年代的洛杉磯藝術圈風貌（Q&A）〉（Art Dealer Irving Blum on Andy Warhol and the 1960s L.A. Art Scene〔Q&A〕），《好萊塢報導》（*Hollywood Reporter*，二〇一三年十一月四日）。

的安迪認定「費若斯藝廊」的個展正是他窮畢生之力所追求的。他同意提供他的作品，讓費若斯在當年的夏天展出。

安迪對照著金寶湯的產品目錄，趕忙完成三十二張濃湯罐作品，並且在七月九日開展前幾個星期將作品寄送給布魯姆。他自己沒有時間走一趟加州，但他相信布魯姆會找到適當的方法展示這些畫作。布魯姆認為將這些亮眼的紅白色畫布沿水平線陳列在「費若斯」單調的白牆上應該會有戲劇性的效果，但在他打算這麼做的最後一刻，他卻遇到了麻煩。不論他怎麼調整這些畫作，它們看起來就是有點歪。接著他突然有了靈感——這些畫應該被陳列在架上，就像在超市裡、或在廚房的櫃子裡一樣。**布魯姆在藝廊牆上訂了狹長的層架，將畫作擺放上去，巧妙地將安迪的作品當成產品展示**。他還以安迪畫的《辣味濃湯》製作了精美的邀請卡，寄送給藝廊的客戶、藝術家、和朋友們，希望能夠有個熱熱鬧鬧的「星期一之夜」（Monday-night），順利開展。

拉希耶尼加大道（La Cienega Boulevard）聚集了包括「費若斯」在內的數十間藝廊，每週舉辦的「藝術漫步」（Art Walks）活動讓這裡成為星期一夜晚的最佳去處。這一天藝廊會開放至夜間，成群的行人會穿梭在一個又一個的展覽之間，悠閒地喝著手中的飲料，享受派對般的氛圍。**《時代》**（*Time*）**雜誌稱它為**

「城裡最棒的免費展覽」，並且對於社交名媛與邋遢的藝術科系學生同逛一條大街表示相當驚奇。經常來逛的熟客會把一具蹲姿裸體雕像的手臂當成留言板，在上頭留話給朋友們（例如「我八點會在某某藝廊」）。洛杉磯的藝術圈比紐約小得多[72]，所以每個人——包括收藏家、藝術家、評論家、和一般觀眾——都認識在星期一之夜閒逛的其他人。

安迪在當地沒什麼名氣，又不是洛杉磯藝術圈內人，所以他的展覽開幕當天並沒有吸引太多人潮。**「不是太多人來捧場，」雪莉・尼爾森・布魯姆（Shirley Neilsen Blum）回憶道，她是一位藝術教授，當時也是瓦爾特・霍普斯的太太。當天晚上或許沒有很多人來看安迪的金寶湯罐頭，但去看過的人很快就將口碑傳開來了。**把濃湯罐頭當成是藝術的概念激起了相當激烈的爭論。

在「費若斯」一個街區外的「普利茅斯——史都華（Primus-Stuart）藝廊」則是把握住這個機會，給它的競爭對手開了一個溫和的玩笑。它們在門口的櫥窗裡展示了堆成金字塔的金寶濃湯罐頭，塔頂擺的罐頭口味是「火雞肉蔬菜湯」（Turkey Vegetable）。一旁的小牌子上寫著：**「不要被誤導了。要買就買正版貨。我們超低價——兩罐三十三分錢。」**《洛杉磯時報》（*Los Angeles Times*）刊登了一則漫畫嘲諷這個濃湯罐頭，裡頭畫了兩名留長髮的知識分子（打著赤腳），一邊

72 〈拉希耶尼加的星期一之夜〉（Monday Night on La Cienega），《時代》雜誌，一九六三年七月二十六日。

盯著這些罐頭畫、一邊爭論著這些畫作的優點。**「坦白說奶油蘆筍湯對我沒什麼用，但是雞湯麵驚人的強烈風味讓我真正嘗到了『禪』的滋味。」**其中一名知識分子這麼說。

《洛杉磯時報》的記者傑克·史密斯（Jack Smith）在描述安迪展出的作品時，也和他報社的漫畫家一樣異想天開。史密斯在標題為〈濃湯罐畫家用了他的腦袋〉（Soup Can Painter Uses His Noodle）[73]的專欄文章裡敘述了他對這些罐頭的第一印象，以及他與爾文·布魯姆之間的對話。史密斯說他猜想**「沃荷先生應該沒有認真看待這些作品，」**但布魯姆不這麼認為。**「這個年輕小夥子絕對是正經的，而且想法又新，」**這位藝廊老闆為安迪辯解，他對安迪所表現出的**「驚人、卡夫卡式（Kafkaesque）的強度」**讚譽有加。史密斯對所謂的強度沒什麼把握，尤其是在他回頭再看了一次沃荷畫的清燉高湯罐頭之後。然而即使他不確定該如何看待這些罐頭，可以肯定的是他的評論文章仍然寫得很開心。

從外界吹毛求疵的反應和稀落的參觀人數來看，銷售緩慢是可以預期的結果。然而有幾位布魯姆的老顧客願意以一張一百美元的價格購買安迪的罐頭畫，其中一位正是叛逆的年輕演員丹尼斯·霍伯。霍伯和他的太太布魯克·海華德是好萊塢的金童玉女。布魯克是李蘭·海華德與瑪格麗特·蘇利文的女兒，曾經有

73　Noodle一字在英文裡除了指「麵條」之外，也有「腦袋瓜」、或「笨蛋」的意思。

多次婚姻紀錄的李蘭・海華德原本是一名超級經紀人，後來轉而成為戲劇製作人；瑪格麗特・蘇利文是一名傳奇女演員，一九六〇年因為意外藥物過量而過世。丹尼斯與布魯克兩人因為在紐約共同參與一齣上演時間短暫的舞台劇《曼丁果》（*Mandingo*）而相識、進而相戀，接著他們便帶著布魯克與前夫所生的兩個兒子一起搬到洛杉磯。年輕（丹尼斯二十五歲，布魯克二十四歲）、又極富魅力的霍伯夫婦努力與所有人建立友好的關係——從保守老派的好萊塢，像是文森與瑪莉・普萊斯（Vincent and Mary Price），到新世代的好萊塢，如布魯克無緣的繼妹珍・方達（Jane Fonda）與繼弟彼德・方達（Peter Fonda）（瑪格麗特・蘇利文曾經在一九三〇年早期與亨利・方達〔Henry Fonda〕有過兩個月的短暫婚姻）等等。

「收藏」是他們倆共同的嗜好。他們喜愛繪畫、雕塑、和古董，但是一九六一年發生的一場火災燒掉了他們在貝萊爾（Bel Air）的小房子，也毀掉他們大部分的藝術收藏，對他們來說這是一場嚴重的挫折。為了重建他們的收藏，這對年輕的新婚夫婦決定——就算得拿出布魯克的失業救濟金來添購新物件也在所不惜。

一如所料，霍伯的電影事業沒有著落，他有許多時間可以在藝術圈子裡消磨了。在參與了詹姆士・狄恩（James Dean）兩部相當成功的電影——《養子不教誰之過》（*Rebel without a Cause*）和《巨人》（*Giant*）——之後，眼看這位有演技、又有魅力的新演員即將在電影界發光，但他卻在拍攝西部電影《萬里追蹤》（*From Hell to Texas*）的時候與老牌導演亨利・哈瑟威（Henry Hathaway）起了爭執。他們兩人對於某個鏡頭的呈現方式看法不同，霍伯堅持一而再、再而三地重拍，這個鏡頭總共拍攝了八十次，這是一個相當誇張的數字。哈瑟威被惹毛了，到處告訴人家霍伯很難相處，這等於是斷了霍伯在片廠的生路。於是他改拍電視影集，開始自學攝影，並且與他所收藏的藝術品原創者往來交好。

霍伯夫婦很少錯過拉辛耶尼加大道的「星期一之夜」，但布魯克最近才剛生下他們的女兒瑪琳（Marin），所以沒辦法參加安迪展覽的開幕活動。霍伯在「費若斯」看到沃荷的畫作之後，立刻告訴布魯姆他想買下其中一張。當他回到家裡，他便對他太太宣布：「我剛剛買了一張非常棒的畫……一個濃湯罐頭，番茄濃湯罐頭！」布魯克非常肯定她的先生瘋了。「你是想要拿它怎麼樣？」她問，她以為這張畫非得掛在廚房裡頭不可了。

然而他們的爭執卻在意外中落幕——不久布魯姆便打電話告訴他的買家們，這三十二張畫不拆賣了，他決定要把它們同時保留下來做為一部大作品，而他自己就是這件大作品的買主。在安迪的同意下，布魯姆以每月支付一百美元、為期一年的方式付款給安迪。展覽結束之後，布魯姆成為這些罐頭畫的主人，他把這些畫作——八張一列、總共四列——掛在自己家裡面。

在紐約這邊，仍舊充滿好萊塢情懷的安迪正埋首於他成堆的追星雜誌和電影劇照（有些上頭還有親筆簽名）當中，搜尋著他喜愛的電影明星的圖像，包括娜妲麗・華（Natalie Wood）、華倫・比提（Warren Beatty）、泰柏・杭特（Tab Hunter）、特洛伊・唐納修（Troy Donahue）等人。到了八月，他開始製作出第一張以照片為基礎的絹印畫。

首先他先替畫布塗色，接著再以絹印的方式將圖案加上去。安迪的說法是[74]，「你拿張照片，把照片放大，利用感光膠把圖像轉印到絲布上，接著再將油墨滾刷在絲布上，這樣油墨就會透過絲布卻透不過上膠的地方。利用這種方法可以印製出同樣的圖樣，但每次印出來的結果卻又都會有些微的不同。一切就是這麼簡單——快、又有許多變化的可能。」最後，他會將完稿需要的色彩放在絹網上頭。

新的創作手法效果相當不錯[75]，所以當安迪一聽到瑪莉蓮・夢露（Marilyn Monroe）在八月五日自殺身亡的消息，他立刻決定要以「她美麗臉龐的絹印畫」來紀念這位悲劇性的巨星。在《金色的瑪莉蓮》（*Gold Marilyn*）當中，他為這位

74　沃荷、哈克特，《普普主義》，第二十八頁。
75　同上。

性感尤物的雙眼與嘴唇畫上了濃重的色彩，金髮猶如頭上的光環，整個圖像漂浮在深金色的背景上。這張畫作兼具性感、魅力、與宗教氛圍，它就像是一幅現代的聖像，如同安迪小時候在教堂裡花上好幾個小時凝望的聖像一般。這是一張漂亮的人物肖像畫，但其中又帶有一些花樣——事實上，那是一種「安迪式」的花樣。這個圖樣是從一張電影宣傳劇照上擷取下來的，**上頭的色彩已經完全偏離，甚至有點過分誇張，但同時它們的搭配卻又如此討喜。**從濃湯罐頭到電影明星，安迪這段時期的作品顯示出他已經帶著自信向前邁進了，而更重要的是，他已經開創出屬於自己的風格。

9沒有人知道該如何稱呼這個新藝術。恐怕只有一個全新的字才能代表了。這個字就是「普普」（Pop）

一九六二年秋天肯定是他到目前為止最有斬獲的一季了。他獲邀參加好幾個頗具聲望的聯展，其中一個展覽是由瓦爾特・霍普斯在「帕沙迪那藝術博物館（Pasadena Art Museum）」策劃舉辦，還有一個名為《新現實主義派》（*The New Realists*）的展覽，在紐約相當受推崇的「席德尼傑尼斯藝廊（Sidney Janis

Gallery）」展出。接著，紐約「斯戴柏藝廊（Stable Gallery）」華麗霸氣的女老闆艾琳娜・瓦爾德和她原本安排要在十一月舉辦個展的藝術家吵了一架，於是空下來的檔期正好提供給安迪一圓他的個展夢。安迪興奮得不得了，因為他知道這間藝廊曾經是過去一些重要畫家——如威廉・德・庫寧（Willem de Kooning）和波洛克——的根據地。

十一月六日，安迪個展的開幕之夜，現場湧進了一批年輕觀眾。**一進門，首先映入觀眾眼簾的便是安迪的大型作品《金色瑪莉蓮》（7×5呎），這同時也為展場內風格奇特的畫作組合揭開了序幕。成群的觀眾圍繞在安迪的《舞步圖解》旁，欣賞這張被巧妙地展示在地板上的「林迪舞」（Lindy）逐步圖解；還有《兩百一十個可口可樂瓶》（*210 Coca Cola Bottles*）、名為《自己動手做》（*Do It Yourself*）的帆船數字對號畫、和好幾張糖果色的瑪莉蓮畫像（伊凡・卡普有個奇妙的說法說是不同「口味」）。**

隨著這個展覽的舉辦，安迪在這個熱門、新潮、卻又還沒有被命名的藝術運動裡站上了浪頭的位置。敏銳的觀察家們[76]，包括戈爾達札勒和卡普，都注意到藝術正在改變，據建築師菲力普・強森（Philip Johnson）所說，**藝術似乎開始與「漂亮的女郎」和「汽水瓶」這些充滿活力又鮮豔明亮的圖像結合了。**

76 〈普普藝術〉（Pop Art），《時代》雜誌，一九六三年五月三日。

但是沒有人知道該如何稱呼這個新藝術。「新達達主義派」（Neo-Dadist）唸起來詰屈聱牙；「新現實主義派」沒有搔到癢處；而最糟糕的是「公共主義派」（Commonist），讓人直想到蘇聯（Soviet Union）鐵幕裡那些陰鬱枯燥的藝術品。

恐怕只有一個全新的字才能代表了，而且是一個時髦、活潑、像這些藝術本身那樣現代感的字。這個字就是「普普」（Pop），這是從蛻變後的「搖擺」（Swinging）新英國輸入的首批文化舶來品之一，由評論家羅倫斯・艾洛威（Lawrence Alloway）和藝術家理查・漢彌頓（Richard Hamilton）引介至美國。一九五七年，倫敦的藝術圈開始以戲謔卻認真的態度讚揚消費主義，他們即以「普普」一詞描述當時在倫敦這種方興未艾的藝術氛圍。漢彌頓在向朋友定義何謂「普普」時，他寫道：「普普藝術就是：**普遍**（Popular，為廣大群眾設計）；**短暫**（Transient，短期解決方案）；**具消耗性**（Expendable，容易被遺忘）；**低成本**（Low cost）；**大量生產**（Mass produced）；**年輕**（Young，以年輕族群為目標）；**詼諧**（Witty）；**性感**（Sexy）；**花樣百出**（Gimmicky）；**富有魅力**（Glamorous）。」**但他最具先見之明的觀察是——普普藝術是門「大生意」**（Big Business）。

十二月，紐約現代美術館舉辦了一場媲美市民大會的「座談會」，在會中針對新藝術的爭議性進行辯論。**部分僵化老派的與會者就像《四眼天雞》裡的「雞丁」(Chicken Little)一樣疾呼著天就要塌下來了(還有繪畫已死),因為隨著新貴們湧進媒體的藝術沒有形式、沒有真義、也沒有觀點可言。**但其中一位與談人亨利・戈爾達札勒針對這項議題提出一個更年輕、也絕對更新潮的看法。據他所言,景致——不論是實際上或象徵上——正在不斷地改變中。「我們再也不能光靠畫樹就畫遍現代所有風景,」**他主張,「所以我們畫告示板。」**他也指出,不論在哪個領域,這個世界都以較過去更快的速度進步著。藝術運動已經不是以數十年、或幾年的速度在演進了。**「藝術史即刻發展在當下。」**[77]**他說。**

不論在場的專家們接受或不接受這個說法,他們一致決定採用艾洛威的用詞,將新型態的藝術稱為**「普普藝術」**。一如預期,「普普藝術」立刻風靡大街小巷。人們喜歡把「普普」掛在嘴邊,因為這個詞的發音聽起來就讓人覺得開心。媒體也愛極了從「普普」衍生出來的各種文字遊戲。「『普普』配新藝術」是《紐約時報》下的標題,而《時代》雜誌裡寫著:**「普普藝術——或許會惹惱爸爸(Pop),更別提爺爺(Grandpop)了——是自達達主義(Dada)主導藝壇以來最大的風潮。」**記者們或許一開始的時候並不是太嚴肅看待這個議題,但他們的確對這些爭議著墨不少。

77 亨利・戈爾達札勒,《紐約繪畫與雕塑:一九四〇年至一九七〇年》(*New York Painting and Sculpture: 1940-1970,* New York; E. P. Dutton, 1969),第三十五頁。

戈爾達札勒說[78]**：「美國藝術史上從來沒有哪一個運動這麼快被命名與被大眾接受。」**他舉了一個生動的小故事來說明他的論點。有一天，一名技工到他家裡幫他安裝冷氣，同時注意到一幅安迪的瑪莉蓮畫像靠在牆邊。「那是什麼？普普藝術嗎？」技工問。即便是一般尋常工人也都能一眼分辨出普普藝術。但承認普普藝術是一回事，喜歡不喜歡普普藝術又是另外一回事了。有人問克雷斯．歐登堡的軟雕塑電話機的擁有者，那只電話機究竟能不能使用。「當然，」旁邊一名看普普藝術不順眼的人立刻插嘴道，「你把電話拿起來，就會聽見有個聲音說：『哈囉，笨蛋！』」[79]

安迪自己倒是給這項新運動下了個簡潔的定義。**「普普藝術家，」**[80]他說，**「他們創造的圖像是任何人都可以一眼認出來的——連環漫畫、野餐桌、男用長褲、名人、浴簾、電冰箱、可口可樂瓶——所有偉大的現代事物，而這些都是抽象表現主義者盡力避免提及的。」**對於要將好不容易贏得的權杖交給思想現代的**繼承人，抽象表現主義者又有什麼感覺呢？他們憤怒極了。**威廉．德．庫寧在某一場普普藝術的展覽外頭大吵大鬧，接著又試圖闖進展覽結束後的派對會場。「今晚不行，比爾（Bill）[81]，」主辦展覽的藝廊老闆一邊說，一邊將這名暴走的藝術家請離現場，深怕他會對現場貴賓做出不友善的舉動。

78　同77。

79　愛麗絲．戈爾德法爾柏．馬奎斯（Alice Goldgarb Marquis），《藝術界的沙皇：克雷門．葛林柏格（Clement Greenberg）的崛起與衰落》（*Art Czar: The Rise and Fall of Clement Greenberg*, Boston; MFA Publications），第一百八十頁。

80　亞瑟．C．丹托（Arthur C. Danto），《安迪．沃荷》（*Andy Warhol*, Boston: MFA Publications, 2009），第五十八頁。

81　威廉．德．庫寧的別名。

在贊助者和博物館的熱烈歡迎下，安迪和他普普主義的夥伴們根本不需要看這群暴躁藝術家的臉色。菲力普・強森在「斯戴柏藝廊」的展覽中買下了《金色的瑪莉蓮》，並將這幅畫捐給「紐約現代美術館」。「紐約現代美術館」這回受贈時並沒有說：「若收受這份禮物、卻沒辦法經常將它展出，這是不公平的」，當然也沒有請藝術家方便的時候到美術館將畫作領回。這一次，他們對沃荷肯定有加，也更確定了安迪前途一片大好。

1344

準備

第五章

噢，我什麼時候才會出名，要等到什麼時候呢？——安迪．沃荷

Oh when will I be famous, when will it happen?

10普普藝術不見得只能充滿陽光與歡笑，它也是可以——也應該——有它的黑暗面。

安迪總是有許多工作同時進行著，從社會名流到災難浩劫，他什麼都畫，他發現幾乎已經沒辦法繼續拿他的房子當工作室用了。**「我家裡的工作區簡直是一團亂。客廳的地板上鋪滿了一張張的畫布，絹網上的彩墨也沾得到處都是，」安迪哀號著。**即便像茱莉亞這麼幹練的家庭主婦，也很難在這麼混亂的環境中維持整潔秩序。安迪唯一的解決辦法就是另覓一間適當的工作室。

他在僅僅兩個街區外找到一處理想地點，那是一間座落在東八十七街159號的廢棄消防站。雖然原有的消防站已經搬到東八十五街一處更大的據點，但這棟雅緻的兩層樓建築上仍然掛著「13雲梯消防隊13」（13 Hook and Ladder Company 13）的招牌。安迪每個月支付紐約市一百五十美元的房租，雖然房子裡頭沒什麼設施可言，但至少他換得一處寬闊迷人的空間。

這棟老舊的房子裡沒有暖氣、也沒有熱水，而且年久失修，原本為消防爬竿開的洞只是地板上諸多危險的開口之一，安迪要從房間的這一頭到另一頭還得像玩跳房子般一路跳過去。天氣惡劣的時候，安迪很難在這裡工作（或收納他的畫布），因為天花板會漏水。然而儘管有許多問題，和安迪在萊辛頓大道上的客廳比起來，消防站這裡的確是個寬敞的好選擇。

一天在吃午餐的時候，亨利．戈爾達札勒拿了《紐約鏡報》（*New York Mirror*）的頭版報紙給安迪看。報紙的標題寫著「一百二十九人死於空難！」，另外刊登了一張飛機在法國失事的驚悚照片。**「大家談『生』已經談得夠多；該是談談『死』的時候了。」**[82]**戈爾達札勒指著照片說。他建議安迪，普普藝術不見得只能充滿陽光與歡笑，它也是可以——也應該——有它的黑暗面。**安迪懂戈爾達札勒的意思，他也因此受到啟發，開始創作安迪版本的《一百二十九人死於空難》（*129 Die in Jet*）。安迪首先從這張照片開始，接著便創作了一系列「死亡」與「災難」的畫像，他從報章雜誌上收集各種自殺、車禍、坐電椅、原子彈爆炸、甚至是肉毒桿菌中毒的圖片，來表達他自己——與整個國家——對於死亡議題愈來愈濃厚的興趣。

安迪手邊的工作這麼多，他需要找人來幫忙。他必須加快工作的速度，要再更快一點才行。然而，他發現要憑他自己一個人完成這些大型的絹印畫相當困難。不論是準備超大尺寸的畫布、在絹版上塗刮顏料、還是清潔這些工具設備，都是相當費時費力的挑戰。他跟幾個人提起自己想要找個適任的工作室助理，他

82　約翰．威爾考克（John Wilcock），《安迪．沃荷自傳及其性生活》（*The Autobiography and Sex Life of Andy Warhol*, New York; Trela Media. Inc.），第六十七頁。

的朋友——詩人查爾斯・亨利・福特（Charles Henri Ford）——想到了一名最佳人選，就是這麼剛好，有位大學生曾經有製作絹印版畫的經驗。

傑拉德・馬蘭嘉年方二十，從許多方面看來，他和安迪的背景頗為相似。他的父母親，傑拉多・馬蘭嘉（Gerardo Malanga）和艾瑪・馬蘭嘉（Emma Malanga）是從舊世界來到布朗克斯（Bronx）的義大利移民。和沃荷拉夫婦一樣，他們的年紀比其他帶著幼子的夫妻來得稍長一些。艾瑪十分寵愛她的兒子，除了買漂亮衣服給他穿之外，有時候還會應他的要求買些少見的奢侈品，像是手提式打字機、和訂閱《國家地理雜誌》（*National Geography*）等。而傑拉德就像安迪，他學畫，被認為「很有天分」（實際上是「非常有天分」），同時他也是家族當中第一個上大學的孩子。但假使安迪從傑拉德的自傳當中看到自己過去的影子，那麼當他看見這位年輕人的臉龐時，他就會知道一切相似之處僅僅到此為止。

傑拉德和安迪的不同之處在於——傑拉德十分俊美[83]。他有深邃的雙眼、分明的輪廓、性感的嘴唇、和完美的體格，他是典型的白馬王子——「集浪子與電影明星的特質於一身，」傑拉德的一位大學朋友如此形容他。傑拉德還帶有些許布朗克斯的粗獷氣息：他看起來英俊而不過於秀氣，身材精壯但心靈敏感脆

83 保羅・凱茲（Paul Katz），〈傑拉德・馬蘭嘉早年即小有名氣〉（Gerard Malanga Famous Before His Time），《馬蘭嘉選集一》（*Archives Malanga I*, Dagon James: Key Press），第二十二頁。

弱。撇開他這些迷人之處不談，傑拉德還是一位不折不扣的詩人——沒錯，是詩人——他打從十六歲起就開始在文學雜誌上發表他的得獎作品了。

所有事物都令傑拉德為之著迷，像是第三大道上的高架鐵路、郵輪、老照片、經典電影、好萊塢的娛樂報導等等。他聲稱自己在十二歲那年看了奧森·威爾斯（Orson Welles）的電影《大國民》（*Citizen Kane*），內心的藝術魂因而被喚醒，也促使他立志成為一名詩人。這樣的願望在一九五五年的布朗克斯是難以企及的，但幾年後當他成為高中生時，傑拉德發現自己的班導師是一位極為傑出的女性，而她能夠幫助他實現願望。他的老師黛西·艾爾登（Daisy Aldan）同時身兼詩人、翻譯家、與編輯，她不僅出版了一些優美的詩集，也經常邀請一些知名的詩人朋友到她的班上來。

艾爾登成了傑拉德的繆斯女神與良師益友，為他開啟了寫作之路。她把傑拉德帶進紐約的文學圈。她先將傑拉德介紹給詩人肯沃爾德·艾爾姆斯里（Kenward Elmslie），而傑拉德透過這層關係隨即又認識了更多的詩人與藝術家，包括威勒德·馬斯（Willard Maas）和他的太太瑪麗·曼肯（Marie Menken）。

馬斯在年輕的時候是一位非常有潛力的詩人，後來他在史泰頓島（Staten Island）的華格納學院（Wagner College）教授文學，並且拍攝一些實驗性的電影；而曼肯則在「古根漢美術館（Solomon Guggenheim Museum）」工作，她也是一位知名的電影導演。他們經常在布魯克林高地（Brooklyn Heights）的自家頂樓豪宅裡舉辦別具特色的藝文沙龍，因而在藝術圈內擁有相當高的知名度。有時候，這些派對活動——以及伴隨而來的酒宴——會一連舉辦上好幾天。安迪和他的朋友們後來把這群人稱為「最後偉大的放浪文藝青年」（the last of the great bohemians）和「有學問的醉鬼」（scholarly drunks）。馬斯和曼肯[84]是一對關係極不穩定的夫妻，他們的行為舉止甚至帶給愛德華・阿爾比（Edward Albee）靈感，讓他創作出一九六三年東尼獎（Tony Award）得獎作品《靈慾春宵》（*Who's Afraid of Virginia Woolf*）裡兩位充滿矛盾衝突的男女主角，喬治（George）和瑪莎（Martha）。

當傑拉德出現在他們某一次的沙龍活動時，馬斯和曼肯立刻被他深深吸引住，而將他視為另一位俊美的少年詩人——亞瑟・蘭波（Arthur Rimbaud）——的化身。他們也和艾爾登一樣成為傑拉德的贊助人與保護人，在傑拉德因為經濟因素而沒辦法回到辛辛那提大學（University of Cincinnati）二年級就讀時，馬斯便安排他轉學至附近的華格納學院，並幫他申請了全額獎學金。

傑拉德在華格納學院的表現優異，而且還擔任學校文學雜誌的編輯。他在校

84 沃荷、哈克特，《普普主義》，第三十二頁。

園裡的名氣十分響亮，因為青春少女們——尤其是出身保守背景的好女孩們——對於他散發的前衛浪漫氣質難以抗拒。大家都公認傑拉德的長相實在是太俊美了[85]，有一回一名學生開了個玩笑，將他的名字登記在「返校日女王」（homecoming queen）的候選人名單上——結果傑拉德竟然獲勝了！

傑拉德的詩之所以能獲得文學圈裡這些年長前輩的青睞，部分是因為這些作品確實相當出色，另一部分則是因為在四〇與五〇年代這群業已日漸凋零的偉大詩人之中，傑拉德展現出他年輕、強而有力的風采。他是一顆迷人的新星，讓他們想起了過去充滿性、熱情、與企圖心，曾經光輝燦爛的日子。傑拉德的詩得了一些獎，他從美國桂冠詩人羅伯特·洛威爾（Robert Lowell）的手中接下了獎項，還有一個則是由受到極度推崇的詩人瑪麗安·摩爾（Marianne Moore）所頒發。但他並沒有被成功沖昏了頭；他知道自己不能光靠這些人脈維生。於是他在黛西·艾爾登之前的學生里昂·海克特（Leon Hecht）所開設的工廠找了份負責絹印的差事半工半讀，而正是這項看似不搭調的經歷讓他成為與安迪·沃荷共事的最佳人選。

他們第一次正式見面是在一九六三年六月一場於新學院（New School）舉辦的詩歌朗誦會上，但在此之前，他們曾經在馬斯——曼肯夫婦的派對上打過照

85　凱茲，〈傑拉德·馬蘭嘉早年即小有名氣〉，第二十二頁。

面，傑拉德甚至還記得那次瑪麗為了要給安迪一個慈母之吻，繞著桌子把安迪追得團團轉。安迪當場就聘用了這名年輕人，談好支付他時薪一點二五美元，並且要他幾天後就開始來上班。

剛開始在「消防站」工作的前些日子，傑拉德相當緊張，因為他的老闆似乎有點怪異，他不知道接下來究竟會發生什麼事。安迪曾經聽到傑拉德以公共電話偷偷地跟朋友說：「老實講，我覺得他打算要『上』我，」但實際上什麼事都沒發生。在安迪眼中[86]，傑拉德就是個「乖孩子」，他「總是活在某種永恆的美夢當中」。

安迪和傑拉德開始有一些固定的作息，他們經常走回安迪的公寓吃午餐。茱莉亞對於有人陪伴她感到非常開心，她會替兩個「男孩子」準備塞了洋蔥的漢堡和冰冰涼涼的七喜汽水。她很喜歡傑拉德，把他當成安迪的弟弟一樣照顧著。這些日子以來，茱莉亞大部分的時間都待在公寓最底層的住處，不是一邊打掃、一邊哼著家鄉的歌謠，就是在替老家的親戚們準備包裹寄回去，她很高興安迪會不時和他的朋友們一起回來家裡，轉移她的注意力。

傑拉德發現，他們沒有工作的時候[87]，安迪喜歡跟著他在紐約市裡到處逛。根據安迪的描述，他們一起參加的活動**「從詩歌朗誦會到地下電影放映會，包括**

86 沃荷、哈克特，《普普主義》，第三十三頁。
87 同上，第三十四頁。

了各式各樣的藝文活動和運動。」安迪替這些活動感到難過：「它們似乎都在潮濕陰暗、充滿霉味的地下室裡舉行。」但他是個相當好的遊伴，傑拉德怎麼帶他就怎麼玩。漸漸地，大家也開始習慣他們兩個孟不離焦、焦不離孟的身影在紐約市的各個角落出沒了。安迪甚至開始把傑拉德的華格納學院運動衫穿在身上，彷彿他只要穿上傑拉德的衣服，就能神奇地吸取這位陽光男孩的俊美元素。

就這樣，安迪對於自己的外表也愈來愈感到自在了。然而他仍舊在持續改造自己的形象，現在他最主要的困擾在於他的體重上頭。《時代》雜誌裡的一張照片讓他相當困擾，因為他認為照片裡的他顯胖了，他將發胖的原因歸咎於自己嗜吃糖果與帶血紅肉的不良飲食習慣。「這兩者是我的最愛，」他坦承。「有時候我會一整天只吃其中一種。」[88]

假使他想要成為一個新的瘦安迪，他就得拋棄這些壞習慣。幸運的是，對於不易控制飲食的人來說有一個更簡單的解決方法：減肥藥。所有人都在吃藥——包括家庭主婦、作家、貨車司機、和電影明星。就連甘迺迪總統（President Kennedy）也仰賴聲名狼藉的「感覺良好醫生」麥克斯・雅可布森（Max "Dr. Feelgood" Jacobson）和他驚人的維他命「能量」注射劑來保持一整天的活力充沛。這種注射劑的配方中包含了液態甲基苯丙胺（methamphetamine）、類固

88　同上，第四十一頁。

醇（steroids）、酵素（enzymes）、荷爾蒙（hormones）、胎盤溶液（solubilized placenta）、骨髓、動物器官細胞等等——除了「剪剪、蝸牛、和小狗尾巴」（snips and snails and puppy dog tails）[89]之外的所有東西。

安迪挑選了一種叫做「歐百錯」（Obetrol）的減肥藥丸。按照醫師給他的處方，每天服用四分之一錠的「歐百錯」就可以抑制他的食慾。然而除了安迪期望的減重效果之外，這個藥丸還有一種絕妙的副作用——「歐百錯」可以消除所有疲勞的感覺，同時可以提升專注力。有了「歐百錯」這個大補丸，安迪發現他幾乎可以整夜保持清醒，只需要兩或三個小時的睡眠。他覺得自己活力充沛得不得了[90]，他也很愛那種「在你胃裡頭茫酥酥、開心地衝衝衝的感覺，這會讓你想要工作、工作、再工作。」

「歐百錯」曾經在六〇年代風靡一時，但自從減肥藥必須經過美國食品藥物管理局（FDA）的檢查之後，這款藥物便在一九七三年退出市場了。後來「歐百錯」的配方被重新調整過，雖然甲基苯丙胺被移除了，但其中仍然保留了安非他命（amphetamine salts）的成分。到了一九九六年，一間精明的藥廠將「歐百錯」帶往另一個新境界，它們將「歐百錯」的副作用——提升專注力——轉為這項藥物的主作用，並且以「阿德羅」（Adderall）的品牌重新包裝上市，用以治療注意

89 出自十九世紀美國童謠《小男孩是甚麼東西做成的？》（*What Are Little Boys Made Of*）。

90 沃荷、哈克特，《普普主義》，第四十二頁。

力不足過動症（attention-deficit/hyperactivity disorder, ADHD）。所以，就某方面來說，安迪．沃荷和這整個熱衷於藥物的世代實際上都服用了「阿德羅」。不管這款藥物叫甚麼名字，它都讓安迪爆發出驚人的生產力。

11 斯庫找上了安迪。「畫張我老婆的肖像吧，」他說。

安迪從羅伯特．斯庫（Robert Scull）那裡接下了第一個重要的肖像畫委託案。**斯庫是當時藝術圈裡最新、最俗氣、也最常成為話題的收藏家，他本身就是一個奇特的混合體——既是在街頭發跡的計程車大亨，同時又出人意表地是一位眼光精準的藝術鑑賞家。**這位創業家的事業觸角相當廣，旗下包括了一個大規模的計程車隊「斯庫天使隊」（Scull's Angels）和一個生意蒸蒸日上的計程車保險公司，斯庫可以說是運輸業的箇中翹楚。但他心中的最愛是藝術。他和他的太太艾賽兒（Ethel）——斯庫總是暱稱她「絲柏克」（Spike），因為他討厭「艾賽兒」這個名字——被公認是普普藝術的衣食父母。至於他們夫妻倆是如何爬到此等地位，那又是一個精彩的故事了。

斯庫的本名是魯比．索柯尼可夫（Ruby Sokolnikoff），他是一位猶太裁縫師傅的兒子，從小在曼哈頓的下東區長大。年輕時的斯庫，只要有工作機會出現在他眼前，什麼樣的工作他都做；他甚至在自己家裡的浴缸製作肥皂，然後在附近社區裡兜售，那時他只有九歲。後來有一位客人向他抱怨肥皂的品質低劣、害得他皮膚受傷，這個精明的男孩子立刻帶他求醫治療，同時還另外向醫生索取了介紹費。

當斯庫沒有忙著掙錢的時候，他有個不讓鄰居其他孩子們知道的特殊消遣。他的祖父帶他認識了「大都會博物館」，從此他便愛上在博物館裡消磨的時光。他會一間、一間展覽室慢慢地逛，自己從中學習藝術的相關知識。他學得很快，同時也開始「收藏」一些便宜的大師傑作，掛在自己房間的牆上。

雖然斯庫是個沒錢又沒背景的窮小子，但這並沒有讓他斷了追求上西區嬌嬌女艾賽兒・瑞德納（Ethel Redner）的念頭。他們是在一次盲目約會（blind date）中認識對方的。艾賽兒是一名計程車大亨的女兒，從小便嬌生慣養——嬌生慣養到她和斯庫第一次見面時就點了一瓶香檳，完全沒有考慮到斯庫是否付得出錢來。實際上，斯庫在付了那一頓飯錢之後，他身上只勉強剩下搭地鐵回家的車票錢了。羅伯特和艾賽兒兩個人就像異性相吸的原裡一樣為對方著迷，而且當艾賽兒表示她是「紐約藝術學生聯盟」（Art Students League）的學生時，他們倆便立刻發現藝術是他們共同的喜好。於是在經歷了一陣瘋狂的求愛行動之後，這對年輕人很快地結了婚，並且展開了屬於他們的波希米亞式生活——他們住進了一間西五十七街上的小公寓，距離「紐約現代美術館」只有幾個街區。

一開始，斯庫曾經試著要靠當攝影師和平面設計師來養家餬口，但現實卻不允許他這麼做，他終究加入了瑞德納家族的計程車事業。他後來的成功完全超乎他自己（和他岳父）的預期，最後他擁有了自己的計程車企業——「斯庫天使隊」。斯庫賺的錢愈來愈多，他發現自己已經有能力買下他喜歡的藝術品了。更棒的是，他開始和創作這些收藏品的紐約藝術家們交好，其中包括了已經相當知名的德．庫寧和馬克．羅斯科（Mark Rothko），而且他還可以享有到他們工作室裡參觀的特殊待遇。

當羅森伯格與強斯成為抽象表現主義之後的繼起者，斯庫便懷抱著有如宗教信仰般的狂熱栽培這些新秀，只要畫商拿出他們的作品，他總是二話不說便將畫作買下。他曾經試著要在一次賈斯柏．強斯的畫展上將所有作品全部買下，但里歐．卡斯特里勸他——「全包」的做法實在是太「粗俗」了。可能的話，他會在畫布上的顏料還沒全乾的時候，就和藝術家本人直接達成口頭交易。他甚至贊助了「格林藝廊」的開幕式，因為這是讓他躋身圈內人的另一種方法，也讓他得以在第一時間搶下大熱門的普普藝術作品。後來斯庫便想，既然他有識才的眼光，他可以找出正要嶄露頭角的藝術家，並且在他們成名之前栽培他們。

就像伊凡・卡普和亨利・戈爾達札勒一樣，斯庫經常出入藝術家們的工作室，並且從中找出引起他興趣的藝術家。「你需要什麼？」他會問。然後他會提供藝術家們金錢、生活用品、口頭鼓勵——任何可以提升他們生產力的事物。同時，他會在藝術家們燙手的新作評價仍飽受爭議之時就出手把作品買下來，以示他對藝術家們的敬意。他買過強斯的《彩繪銅罐（啤酒罐）》（*Painted Bronze*〔*Ale Cans*〕）（就是一組彩繪的黃銅啤酒罐）、歐登堡的《大白襯衫配藍領帶》（*Big White Shirt with Blue Tie*）和《爐台上的各種食物》（*Assorted Food on a Stove*）、羅森奎斯特廣告看板風格的《銀灰色天空》（*Silver Skies*）、以及安迪在「費洛斯藝廊」的個展結束後另外繪製的金寶湯濃湯罐，這些交易讓他飽受不少訕笑。他曾經提供潦倒的雕刻家約翰・張伯倫生活津貼，讓他不必繼續從事美髮工作，而得以專心創作他的大型金屬作品。斯庫興奮地認為他的前期贊助是在創造藝術史。「我什麼都不信，除了我自己的直覺之外。」[91]他說，他對自己的品味有絕對的自信。重要的是，他樂在其中。

艾賽兒也是。斯庫夫婦對於方興未艾的普普運動熱烈支持已是眾所周知，

91 埃米爾・德・安東尼奧，《畫家作畫》（*Painters Painting*），紀錄片，一九七三年。

這不但將他們推向圈子的中心，同時也讓他們在紐約的社交界裡愈爬愈高。纖細苗條的艾賽兒穿著最新流行的服飾，儼然成為時尚指標人物。她會穿著庫雷勒（**Courrèges**）的套裝、和聖羅蘭（**Yves Saint Laurent**）的鏤空長禮服，頂著一頭在「肯尼士（**Kenneth's**）時尚美髮沙龍」由最佳造型師精心吹整過的蜜糖色長髮。

當斯庫夫婦需要為他們的知名收藏尋覓一處安置的新地點時，只有這間位於上第五大道、擁有十一個房間的公寓才能滿足他們的需求了。艾賽兒開玩笑說他們的新家是「我們在第五大道上的廉價公寓」，因為這裡不論是暖氣和熱水的供應、或是電梯運轉，總是有一搭沒一搭的。然而由於他們大部分時間都在外頭參加藝廊開展、晚餐派對、宴會、時裝秀、募款餐會、和其他各種看人與被看的活動，根本忙到沒有時間感受這些不便所造成的困擾。當艾賽兒在家的時候，她就會拿著一瓶穩潔（**Windex**）穿梭在每個掛滿藝術作品的房間，仔細地把一面面白牆上的小污漬擦掉。

媒體總是關注著斯庫夫婦的一舉一動，它們對於這對旋風夫妻檔成功衝撞這座城市最牢不可破的社會階層障礙的故事深感著迷。許多八卦專欄作家與記者們對於他們的快速崛起相當不以為然。他們稱這對夫妻是「藝術暴發戶」（**art arrivistes**），而且在提及他們的時候，總是不錯過任何使用「計程車」與「布朗克斯」(斯庫的事業根據地)等字眼的機會。媒體也會對於他們在躋身名流後所過的「比佛利山土豪式」(Beverly Hillbillies)享樂生活冷嘲熱諷。《紐約客》雜誌報導斯庫夫婦學法文、讀馬歇爾・麥克魯漢(Marshall McLuhan)的書、在漢普頓(Hamptons)避暑,彷彿往社會上層流動是一種罪過。有一回斯庫被一位魯莽無禮的記者問到他是否利用藝術讓自己晉身上流社會時,他的回答十分真心而肯定。**「一點都沒錯,」他說,「比起其他東西來,我寧可利用藝術往上爬。」**[92]

每當談及斯庫夫婦時,這些看衰的媒體總是會搞錯重點。斯庫夫婦所花的每一分錢都讓他們開心地證明了一句俗諺:「暴發戶總強過貧戶。」(**New money is better than no money.**)傑出的社會觀察家湯姆・沃爾夫(Tom Wolfe)是唯一一位真正「掌握」斯庫夫婦的作家。在他刊登於《世界日報》(*World Journal Tribune*)的文章〈鮑伯與絲柏克〉(Bob and Spike)當中[93],沃爾夫對他們土豪般的富裕生活、從「庶民到上流社會」(hoi polloi to haute monde)的躍進、和他們眾所周知的成名路徑——沃爾夫將之歸因為「收藏瘋狂的藝術品」的結果——都大表讚揚。**他說斯庫夫婦是「自二次世界大戰以來紐約最精彩的社會成功故事之一。」就算在他們往上爬的過程當中經歷過一些失望,或者他們偶爾必須面對別人嚴厲的指責,那又何妨。羅伯特・斯庫自有一套熱情奔放的人生哲學——「享受」,**

92 《新聞週刊》(*Newsweek*),一九八六年十一月十七日,第一〇八卷第二十一期,第九十七頁。

93 湯姆・沃爾夫,《抽水站幫派》(*The Pump House Gang*, New York: Bantam, 1968),第一百四十二、一百四十四、一百四十五頁。

而他也確實樂在享受。

他和艾賽兒都是招搖、俗豔、誇張、粗鄙、驚世駭俗、或許還有些魯莽的人——就像普普藝術一樣。他們就是他們藝術藏品的活生生真人版。他們從來不為自己提出任何辯解：不管那些自命清高的人或老古板衛道人士怎麼想，他們清楚自己就是都市新貴——是紐約最時髦的夫妻檔，他們做自己做得痛快極了。

一九六三年，羅伯特‧斯庫遭遇了身為收藏家的大難題：他想要找人替艾賽兒畫一幅肖像畫，作為她的生日禮物。但他欣賞的畫家太多了，令他難以抉擇。在一九六〇年代，肖像畫是一門棘手的生意。以油彩畫成的古典肖像，最後可能會變成一幅老派過時的作品（而且那一點都不「絲柏克」）。

斯庫找上了安迪。「畫張我老婆的肖像吧，」他說，他相信這位創造《金色的瑪莉蓮》的藝術家有辦法畫出像艾賽兒本人一樣時髦前衛的肖像。剛好，安迪自己心裡對於這張肖像畫有一些大膽創新的想法。在六月號的《哈潑時尚》當中，他利用照相亭拍攝出來的照片製作出一件表現「藝術圈裡的新面孔、新勢力、與新名字」的作品，其中包括了舞者愛德華‧維雷拉（Edward Villella）、作家唐諾‧巴瑟美（Donald Barthelme）、幾乎無所不在的亨利‧戈爾達札勒、安迪自己、和一些其他人。安迪安排所有人（包括他自己）坐進照相亭裡，由他替每個人擺出一些看起來自然、無意識的姿勢。他的編輯露絲・安索爾（Ruth Ansel）興奮地說[94]**，這些照片「有一些失了焦，有正面照、也有側面照，有的露出腳來，有的頭被裁掉。每張照片都不太對勁，但又不對勁得很完美。我愛死這些照片了。」這就是他想要替艾賽兒・斯庫畫的肖像畫。**

艾賽兒知道安迪打算以照片來進行創作，她以為安迪會安排在理查・艾維頓（Richard Avedon）或其他攝影大師的攝影棚裡拍照。於是她穿著經典的聖羅蘭服裝，打算以這身打扮展現她的最佳風采。**然而當安迪對她說：「好，我們走。」的時候，她只能一路尾隨，不確定安迪究竟要帶她往哪裡去。走到後來她著實嚇了一大跳，她發現自己正在時代廣場一個骯髒騎樓底下的照相亭裡。「照相亭？」這就是她那張不朽的肖像畫所要使用的布景？她在心裡問自己。**

或許艾賽兒對照相亭的評價不是太高，但這種原本被命名為**「照免等」**（Photomaton）的自動照相亭也曾經有過它的風光歲月，一度是紐約市裡最熱門的觀光景點。一九二一年，一位年輕進取的俄羅斯移民安納托爾・喬索夫（Anatol Josopho）發明了「照免等」，以投幣式的照相亭取代攝影棚。一九二六年，第一個「照免等」正式在時代廣場上啟用。消費者只要走進照相亭、投幣、在照相機前坐下、擺好姿勢。八分鐘之後，一長條共八張的棕褐色照片就會從機器裡吐出

94 埃米爾・德・安東尼奧，《畫家作畫》（*Painters Painting*, New York: Abbeville Pewss, 1984），第一百二十三頁。

來了。就像變魔術一樣。「盡情自拍」（Just picture yourself）是這台機器相當巧妙的廣告標語，但實際上每個自動照相亭都有一位戴著白手套的服務人員在旁協助滿頭霧水的消費者按照步驟操作。「笑一個。看右邊。看左邊。」

照相亭前面總是大排長龍，尤其是在劇院開演前或結束後的那段時間。「照免等」一直營業到凌晨四點鐘，所以想要拿到這件特別、速成的紀念品多的是機會。到「照免等」拍照是個大熱門的活動，一九二六年，光是在這個革命性的照相亭啟用後的前六個月裡就有二十八萬人——包括度蜜月的新婚夫妻、阿拉伯酋長、和政壇名人們——在這裡拍照，這個數字相當驚人。

幾年下來，「照免等」在設計與名稱上都做了一些調整。一九三五年，一名克利夫蘭（Cleveland）的牙醫喬瑟夫·克萊（Joseph Klein）找到更快速的沖印方法，只要二十五秒就可以取得照片——**最後這台機器被更名為「照不停」（Photomatic）**。到處都可以看到「照不停」，包括騎樓下、公車站、百貨公司、電影院等等。青少年們喜歡在亭子裡對著鏡頭做出各種鬼臉，因為那裡不會有喝斥制止他們的大人。有些藝術家，包括艾維頓自己，也會利用這種廉價的照相亭替瑪莉蓮·夢露和楚門·卡波提等人拍攝一些有意思的人像照。實際上這種簡單的小相機和快閃的閃光燈可以把人像拍得相當好看。

安迪自己就是自動照相亭的粉絲，其中很大一部分原因在於照相亭內拍下的連續照可以說是介於靜物相片與電影中間的一種產物。**這台機器不僅捕捉了自然生動的連續影像，更重要的是，它掌握住「運動」的動態。動態的肖像——這就是他要賦予這個委託案的時尚概念。**他讓還搞不清楚狀況的艾賽兒坐進照相亭裡，要她「看著小紅燈」，然後開始將總值大約有百來美元的二十五分硬幣——大概夠拍個四百張照片——投入機器當中。**「現在開始笑、還有講話，」**[95]**他說，「現在可是正在花我的錢呢！」**

艾賽兒僵在那裡。她不知道臉上該做什麼表情、手該往哪兒放，直到安迪進來亭子裡開始下指導棋。他戳艾賽兒、讓她發笑，帶她做出一些舊好萊塢老牌明星會擺的姿勢——戴墨鏡、不戴墨鏡、手放在臉上、手放在頭髮上、沉思貌、迷惑貌、開心地咧嘴大笑。拍一陣子之後，他們還會換個照相亭繼續拍，因為沖印出來的照片色澤會因為機器本身的顯影劑多寡而有所不同。拍到後來，艾賽兒已經懂得如何在鏡頭前面放輕鬆，而安迪也得到了他想要的照片。

回到「消防站」之後，安迪挑出三十五張照片，將它們放大、絹印、再以不同色調的紅、綠、藍、黃、橘、黑、白等色上色。等到要在斯庫家的公寓裡組合這件大型的作品（每張圖像尺寸為20×16吋）時，安迪邀請艾賽兒和羅伯特來

95 鮑爾登，《沃荷》，第一百五十八頁。

來決定這些圖像擺放的位置與順序。他喜歡看到意外拼湊出來的結果。**於是安迪完成了由三十五張畫布，每排七張、一共五排組成的《艾賽兒 斯庫的三十五照》（*Ethel Scull Thirty-Five Times*）。這張肖像作品一點都不靜態，實際上，它充滿了電影感。「這是一張活生生的肖像畫，」[96]艾賽兒．斯庫非常開心地說，她把這件作品掛在她的書房裡。**一個個宛如電影鏡頭下的畫面讓艾賽兒覺得自己看起來——還有感覺上——就像是個電影明星般。

安迪和傑拉德同時也在著手進行即將於「費若斯藝廊」展出的作品。原本布魯姆建議安迪挑選一些代表作展出就好，但安迪心裡卻另有盤算。他打算把自己心目中的好萊塢帶到好萊塢來，他要以這座浮華之城（Tinseltown）的兩大巨星——伊莉莎白．泰勒和艾維斯．普萊斯里——為靈感來源，舉辦一場俗豔的展覽。

泰勒是全世界最為人所熟悉的面孔之一，她可以說是好萊塢的超級名人，而在經歷過幾次婚姻與健康方面的危機之後，她的人生比任何演也演不完的肥皂劇都來得精彩。她的浪漫情史實在是太過傳奇了[97]，專欄作家阿爾特．包可華（Art Buckwald）就曾經抱怨過伊莉莎白．泰勒總是會把一些真正的新聞——像是戰爭、種族衝突、核彈試爆等等——從媒體頭版擠掉。一九四四年，她以童

96 德．安東尼奧，《畫家作畫》，第一百二十四頁。
97 派翠克S.史密斯（Patrick S. Smith），《安迪．沃荷的藝術與電影》（Andy Warhol's Art and Films, Ann Arbor, MI: U.M.I. Research Press, 1986），第一百二十一頁。

星身分出道，並以《玉女神駒》（*National Velvet*）一片獲獎。她成年後首部成功的作品是一九五〇年的《岳父大人》（*Father of the Bride*），同年，十八歲的泰勒在現實生活中也成了新嫁娘，這讓她的粉絲大感震驚與興奮。她與康瑞德・「尼基」・希爾頓（Conrad "Nicky" Hilton）的婚姻——這只是她眾多姻緣當中的第一段——只維持了九個月，恢復單身的一年後，她嫁給了麥可・懷爾丁（Michael Wilding）。泰勒和懷爾丁育有兩個孩子，但他們仍然在一九五七年離了婚，泰勒並在這一年展開她與製作人麥克・陶德的另一段婚姻。

泰勒深深崇拜著陶德，陶德一路白手起家，是個豪邁的男人，個性直爽鮮明，對他年輕貌美的妻子寵愛有加。這對神仙眷侶度過了相當美好的一年：陶德的電影《環遊世界八十天》（*Around the World in Eighty Days*）贏得了奧斯卡金像獎最佳影片，他們的女兒麗莎（Liza）也在這一年誕生。然而他們的幸福日子卻在意外中畫下句點——一場發生在新墨西哥州格蘭特（Grants, New Mexico）附近的空難奪走了陶德的生命。本來泰勒當晚也會在那架私人飛機上，但她後來因為感冒在家休養而逃過一劫。

儘管泰勒傷心欲絕，但她從陶德最要好的朋友——知名歌手與男演員艾迪・費雪（Eddie Fisher）——那裡得到相當大的支持與安慰，艾迪・費雪同時也是泰勒在米高梅影業（MGM）的同事兼姊妹淘黛比．雷諾茲（Debbie Reynolds）的先生。一九五九年，費雪與雷諾茲離婚，同年泰勒與費雪結婚（大部分粉絲選擇站在委屈的妻子、「鄰家女孩」雷諾茲這一邊）。這是一樁大醜聞，泰勒的愛情生活卻不僅僅如此而已，在她與李察．波頓（Richard Burton）合作電影《埃及豔后》（*Cleopatra*）之後，他們之間的不倫戀情更引起了軒然大波。

泰勒與波頓兩人之間狂烈的愛情故事占據了一九六一年各大媒體的版面，記者們紛紛以大量的篇幅指證他們之間不倫的男女關係。接著，彷彿波頓所謂的「醜聞」（Le Scandale）還不夠吊讀者們的胃口一般，同年三月，泰勒罹患了致命的抗藥性細菌肺炎，她的病情相當嚴重，報紙媒體都刊登了她病危的消息。但她最後仍然戰勝病魔活了下來，並且在一九六四年與波頓結婚（這是他們的第一段婚姻）。

泰勒被公認為全世界最美麗的女人（「噢，她實在是太迷人了，」[98]安迪說），而她所主演的《埃及豔后》是當時影史上投資成本最高的電影，花費大約四千四百萬美元（約合今日的三億兩千萬美元），這筆投資幾乎讓「二十世紀福斯影業（Twentieth Century Fox）」破產。這兩個絕佳的理由，讓身為名流迷的安迪決定為泰勒創作一些不同的圖像，其中一張名為《她生命中的男人》（*Men in*

98　肯尼斯．高德史密斯編，《我是你的鏡子：安迪．沃荷訪談選集》，第二十六頁。

Her Life）的作品呈現的是麥克・陶德與艾迪・費雪分別在她身旁兩側的畫面。當安迪第一次為泰勒作畫的時候，是泰勒臨終命危的消息讓他對這位傳奇女演員產生無比的迷戀。後來，在泰勒走出致命肺炎的陰影之後，安迪替「費若斯藝廊」創作了一張《銀色的莉茲》（*Silver Liz*）（這是根據泰勒的電影《青樓豔妓》〔*Butterfield 8*〕宣傳照所創作，泰勒因為本片而獲得一九六〇年奧斯卡金像獎最佳女主角獎），並且在她的嘴唇與雙眼上使用了鮮明的色彩，表示泰勒已經重獲新生。

安迪和傑拉德也為「費若斯」的展覽創作了一系列以艾維斯・普雷斯里為主題的作品。和伊莉莎白・泰勒一樣，艾維斯也是媒體寵兒，他的唱片、演唱會、電影、和紙醉金迷的生活方式都為人津津樂道。在他發行了許多暢銷歌曲、並演出幾部相當賣座的電影之後，這位年輕藝人卻在聲勢如日中天之時接受國家徵召入伍前往德國服役，這個消息成為一九五八年的國際新聞。他服了兩年兵役，在一九六〇年光榮退伍，返國後他立刻投入唱片錄製與電影演出的事業。典型的艾維斯電影——《從軍樂》（*G. I. Blues*）是他陸軍退伍後的第一部電影——通常情節可笑、演技平凡、配樂二流，但粉絲們還是照樣買單，因為這些電影有活力充沛的艾維斯撐場。

艾維斯的下一部電影《手足英雄》（*Flaming Star*）擺脫了過去「患難見真心」、「低吟訴柔情」等老套公式。他在電影中扮演一位牛仔，但不是會快樂唱歌的那種牛仔。他的角色是一名出生在舊西部的「混血兒」，身在兩個彼此憎厭的世界之間，讓他的處境十分為難。這部陰鬱的電影甚至安排可憐、飽受誤解的艾維斯在片尾死去，以表現命運對他的殘酷無情。電影的宣傳照——艾維斯拿著他的槍指著一名沒有現身的敵人——**讓安迪起意創作了一系列六呎高的絹印畫，這些畫作如真人一般高大，彷彿艾維斯本人「就在屋子裡」**（in the building）[99]。

六月，剛好安迪的生活圈子裡也出現了真正的電影明星。這可是平生頭一遭，讓他興奮不已。亨利．戈爾達札勒帶著丹尼斯．霍伯和布魯克．海華德到安迪家**中看看他的作品**。安迪對於這對金童玉女印象非常深刻，他對布魯克與舊好萊塢的高度關連性十分著迷；至於俊俏的憂鬱小生霍伯，除了大銀幕作品之外，他也在電視影集《糖腳》（*Sugarfoot*）當中扮演「比利小子」（Billy the Kid）。安迪是這部電視劇的劇迷[100]，非常喜愛霍伯在劇中叛逆的形象，尤其是他發狂的眼神。

這一回，霍伯夫婦是以收藏家、而非名人的身分來到安迪家中，而他們也立刻被別具特色的沃荷所吸引。那年冬天，全世界最知名的畫作之一——李奧納

99　「艾維斯已經離開這棟屋子了。」（Elvis has left the building.）是艾維斯的演唱會主持人經常在演唱會結束後對觀眾講的話，意在打消觀眾等待艾維斯演唱安可曲的念頭。

100　沃荷、哈克特，《普普主義》，第五十三頁。

多・達・文西（Leonardo da Vinci）的《蒙娜麗莎》（*Mona Lisa*）在美國進行巡迴展，當時正好在大都會博物館展出。蒙娜麗莎的到訪被各大報章雜誌瘋狂報導，讓她成為貨真價實的名流，不但吸引了大批的忠實觀眾，也寫下了驚人的「票房」佳績。由於展出《蒙娜麗莎》的關係，大都會博物館總共吸引了一百零七萬七千五百二十一人次前來參觀，創下了空前的記錄——這項記錄保持了十五年，一直到一九七八年才由轟動一時的圖坦卡門（Tutankhamen，也就是埃及法老王圖特〔King Tut〕）文物展所打破。

安迪以一系列的畫作紀念了《蒙娜麗莎》到訪的重要時刻，霍伯夫婦決定買下其中一張標題為《雙重蒙娜麗莎》（*Double Mona Lisa*）的作品做為他們的收藏。正當這位藝術家與他的新朋友們相處甚歡之時，一位安迪不久前在「斯戴柏藝廊」認識的英國藝術新秀、年方二十五歲的大衛・哈克尼（David Hockney）和他的美國朋友傑夫・古德曼（Jeff Goodman）的突然到訪打斷了他們。這兩位年輕人是相當有趣的夥伴，霍伯便邀請他們和安迪、傑拉德一同前往參觀他參與的電視劇拍攝現場。《辯護律師》（*The Defenders*）是一部由E. G. 馬歇爾（E.G. Marshall）和羅伯特・瑞德（Robert Reed）領銜主演的社會寫實法庭劇，拍攝地點在東哈林（East Harlem）。而霍伯參與演出的這一集是〈哭泣的狒狒〉（The

Weeping Baboon），其中他飾演一名堅稱自己清白的殺父兇手（正是他經常扮演的角色類型）。由於霍伯仍然名列好萊塢主流電影的黑名單，他只能靠這一類的電視演出維繫他的演藝生涯。

安迪、傑拉德、哈克尼想到能到拍片現場探電影明星的班就興奮不已，他們立刻安排在隔天前往。到了《辯護律師》拍片現場，霍伯拿出他的照相機替他的客人拍照，以做為紀念。安迪戴了一副電影明星式的太陽眼鏡、嘴裡叼了根香菸，看起來略顯不自在。他對所有與好萊塢相關的一切充滿好奇與熱情，安迪這種孩子般的天真把霍伯逗得相當開心。霍伯堅持安迪應該要來洛杉磯一趟。他答應安迪，他和布魯克會專門為安迪辦一場真正的「電影明星派對」，以歡迎他的到訪。

安迪聽到之後非常激動，因為「費若斯藝廊」的展覽開展在即，他確實有個好理由在九月時前往好萊塢一趟。就算安迪之前對於去或不去有所顧慮，霍伯的邀請可是完全地說服了他——這回他是去定了。

安迪和他的夥伴們在德州阿馬里洛的「透天厝」汽車旅館（Town House Motel）過夜。

出發

第六章

電影是純然的樂趣，藝術則是工作。——安迪．沃荷

Movies were pure fun, art was work.

12她完全沒想到這個朋友打的主意竟然是要一路從紐約「開車」前往洛杉磯。

安迪腦中或許已經開始想像他在自己從未見識過的美國公路上疾速奔馳著，**但他還少了兩個關鍵要素：駕照和車。**他的首選方案是找到一個同時擁有兩者、而且或許還會願意負責一路把車開到洛杉磯的旅伴。他的運氣不錯，解決方案近在眼前。他的朋友韋恩・張伯倫剛入手一輛全新的福特「獵鷹」旅行車，同時也對冒險之旅躍躍欲試。來自中西部的韋恩是個親切的高個兒，他也是一名藝術家——他創作普普現實主義的繪畫，算是個創意類型的藝術家。那年夏天他經常和安迪與傑拉德在一起。好幾年前，他因為在海軍服役的關係曾經到過洛杉磯，而且他也很樂意成為安迪的旅伴與司機，但他可不想自己一個人一路從頭開到底。他提出自己的想法，說假使有一個副駕駛的話，這趟旅行可以進行得更快速。

就在他們計劃好要啟程的幾個星期前，這個人選自動送上門來了——亨利・戈爾達札勒帶了一個長相有點奇特的人來到安迪家中。這名身材瘦小、有點搞笑又活潑的同伴其實不需要多費唇舌介紹。**他是泰勒・米德，街頭出名的流浪**

漢、詩人、和演員，他在一些地下電影——如朗·萊斯（Ron Rice）的《偷花賊》（*The Flower Thief*）和維農·齊莫曼（Vernon Zimmerman）的《檸檬心》（*Lemon Hearts*）（在這部片中他參與了從頭到尾共十一段的演出）——當中的表現相當受到注目。撇開電影不談，泰勒總是告訴任何願意聽他說話的人——他的人生比起他所扮演的那些怪異角色還要來得有趣多了。

一九二四年的新年除夕，泰勒誕生在密西根州底特律一個富有家庭當中，他是民主黨領袖哈利·米德（Harry Mead）與妻子普莉西拉（Priscilla）的兒子。新生兒在佳節的降臨並沒有為這個家庭帶來任何歡慶的氣氛。泰勒的爸媽關係十分疏離[101]，他的母親在剛知道自己懷孕時甚至想把這個孩子拿掉。（「我一開始能活下來完全是出於幸運，」他總是這麼說。）不幸的是，普莉西拉的態度並沒有因為孩子出世而改變。泰勒的頭型很大[102]，一隻眼睛下垂（可能是「生產時的意外，因為我的頭太大、太特別了，所以產鉗沒夾好滑了一下」或者是在街頭打架時造成的，看泰勒挑哪個故事說），所以他看起來總是那副滑稽樣。

這樣的長相恐怕只有母親才懂得欣賞，但顯然不會是「他的」母親；他媽媽只管把嬰兒丟給一群事不關己的僕人們照料。泰勒的童年十分悲慘，這讓他在四歲如此幼小的年紀時便決定要離家出走。他穿著一套紅色的小西裝，搭上了公

101 泰勒·米德的訪談，二〇一二年五月二十一日。
102 西西·德克斯（Sissi Tax），〈泰勒·米德訪談記〉（Interview with Taylor Mead），《布魯克林鐵道》（*Brooklyn Rail*），二〇〇四年五月一日。

車，一直到離家三十哩遠才有人發現這個小孩子自己一個人在遊蕩。善心人士給了他一個冰淇淋甜筒，並立刻把他送回沒有溫暖可言的家。泰勒會習慣性地誇張描述他有如狄更生筆下人物般（Dickensian）悲慘的童年生活，但他提及母親時的口吻也經常流露出孺慕之情。

普莉西拉在泰勒十三歲那一年過世，這讓他必須經常往返於寄宿學校與他父親底特律的住處之間。說得客氣點，哈利・米德並不了解他這個奇特的兒子。哈利・米德是保守的民主黨領袖、酒類管制委員會委員（liquor control commissioner）、地方公共事業振興局（WPA,Works Progress Administration）的負責人，而泰勒個性狂放，他早在十二歲就知道自己是同性戀，同時對此也毫不避諱，父子兩個人可以說全無相像之處。

泰勒對於自己原本應該享有的中產階級生活全無幻想，加上心裡那個四歲的逃家小孩蠢蠢欲動，終於，他帶著口袋裡的五十美元出走，希望能在這個世界上找到一個屬於他的地方。他到處流浪，從紐約市、到舊金山、再到洛杉磯；從陋巷到監獄；從詩社到帕沙迪那劇場（Pasadena Playhouse）——他在這裡學習戲劇表演。有時候，他或討、或借、甚至靠偷竊才能過日子，但泰勒總是有辦法在最黑暗的狀況下保持他的幽默感。他堅稱自己不同於一般的街頭流浪漢；他說自己是「藝術裡的漂泊者」（**a drifter in the arts**）。

一九五〇年代末期，泰勒曾經在紐約長住一段日子，期間他讀了傑克．凱魯亞克（**Jack Kerouac**）暢銷的流浪漢小說《在路上》（*On the Road*），書中講述的是兩個極富魅力的垮世代年輕人（beats）駕車一路疾駛至加州、並在過程中了悟人生道理的故事。**這本書「引我上路了，」他說。他立刻動身前往舊金山的北灘（North Beach），那裡的氣氛對泰勒這種新文青相當友善，而且一項新的文化運動也正在這裡展開。他總是會隨身帶著一台電晶體收音機，那時手提式收音機才剛上市不久。**

一回泰勒在咖啡館裡朗誦著自己另類的新詩作品時，朗．萊斯相中了他，並且找他來自己的實驗電影《偷花賊》中擔綱演出。這部電影的製作成本極低：電影膠捲是二次世界大戰之後留下來的，拍攝預算只有五百美元，而故事情節——一個開心的傻瓜帶著一大隻泰迪熊、一朵逐漸枯萎的花、和一面美國國旗在舊金山蕭瑟的街頭遊蕩著——大抵就是如此。然而泰勒卻展現了極高的喜劇天份，他的粉絲們認為他直可與查理．卓別林（Charlie Chaplin）和巴斯特．基頓（Buster Keaton）相比擬。**「他的藝術來自於最深處、最純淨的源頭：他讓自己完完全全、毫無保留地投身到一種奇異的、孤僻的自我幻想當中，」**[103]**蘇珊．桑塔格**

103 蘇珊．桑塔格，《反對詮釋：與其它論文集》（*Against Interpretation: And Other Essays*, New York: Picador, 2001），第一百五十八頁。

（Susan Sontag）如此描寫米德。「這是人最具魅力之處，但在四歲後便極為罕見了。」她開玩笑說。

雖然泰勒因為電影與詩歌朗誦而打開知名度，但他最為人所津津樂道的是他的無所不在：他認識每個人、也似乎總是可以在任何地方出現——派對、俱樂部、偶發藝術現場、展覽開幕式、和安迪・沃荷的公寓裡。

泰勒和戈爾達札勒隨興到訪之後，他們先是坐下來享用百加得蘭姆酒（Barcardi）、可樂、和三明治（都是茱莉亞張羅準備的，她會從廚房裡冒出來款待安迪的賓客們），接著這三位男士便開始互相吹捧對方。泰勒不久前才從雜誌上讀到一篇談論普普藝術的文章，他認為安迪的作品很了不起。「你是美國的伏爾泰（Voltaire）。你給了美國她應得的——掛在牆上的濃湯罐。」[104] 他興奮地說。安迪就像以往一樣，只要有他認為是「明星」的人物在場就會激動不已，尤其這陣子以來他對地下電影正感到無比興趣。

到後來，他們的對話繞到了安迪接下來在「費若斯藝廊」的展覽，與他即將動身前往好萊塢的這趟旅行。泰勒對於橫跨美國的旅行太熟練了——他至少已經進行過五次以上——他會是安迪旅行團很棒的成員。而且事實上泰勒有駕照——安迪聽到之後大吃一驚——他可以分擔韋恩的駕駛工作。「我實在是不

104 沃荷、哈克特，《普普主義》，第四十五頁。

敢相信——泰勒那付德性竟然知道怎麼開車，」[105]安迪說。他經常對於某人會開車、而某人不會開車感到驚訝。駕駛員應該是要能保持警覺與專注的。根據他的說法，泰勒「看起來總是一副懶洋洋的，你會覺得如果你從他脖子後面往上一提，他的四肢就會垂在空中晃來晃去。我的意思是，他看起來好像沒有神經系統似的。」[106]

且不論神經系統的問題，泰勒本身實際上是個相當專業的駕駛。他在底特律長大，從小就和福特、還有其它各種品牌的汽車混在一起。他的生活裡到處都是車。安迪不確定泰勒的駕駛技術到底有多好，但他認為泰勒「臉上與眼裡都帶著淺笑」，再加上他「古靈精怪」的個性，一定會是個好旅伴。再說，能帶一位明星——即便是地下電影的明星——去好萊塢，是再恰如其分不過了。泰勒同意加入安迪的旅行團。

車上還有一個空位，安迪決定要安插一個有如唐·吉訶德（Don Quixote）的僕人桑丘·潘薩（Sancho Panza）般忠心耿耿、頭腦又靈光的隨從：他的傑拉德·馬蘭嘉。原本傑拉德應該在「消防站」完成他負責的絹印畫，接著在九月份回華格納學院繼續學業。這個年輕人還有許多責任在等待他去完成——威勒德·馬斯幫他申請到一整年的全額獎學金；學校即將開學上課；身為華格納校園文學

105 同右。
106 同右。

雜誌的編輯，他必須負責監督刊物的製作過程，讓春季號順利出版——這些都是足以拒絕安迪邀請、逼迫自己回到現實生活的理由。

另一方面，傑拉德也可以想到好幾個跳上車的理由。他從來沒有嘗試過任何公路旅行，這一回——一路到洛杉磯再折返——肯定會是個令人感動的第一次。離開這裡也讓他得以快速、短暫地逃離陷入混亂的家庭。他的父母剛分居[107]，他們藉此從婚姻中暫時抽離的想法也讓傑拉德認為自己同樣可以暫時撇下身上的責任。他想像著能夠遠遠駛離截止期限、責任、期望、和家中的憂傷氣氛，那是多麼自由自在的感覺。反正回來之後再繼續學業也不遲——他給自己找了藉口。在那個當下，他只想要自由。

安迪一邊打點著旅行計畫最後的細節，一邊確認他能夠聯絡上加州的朋友和藝術家們。克雷斯和派蒂・歐登伯格最近才帶著他們的貓查理搬去洛杉磯，他們正在籌備即將在「端恩藝廊（Dwan Gallery）」舉辦的個展，湊巧的是，這個展將緊接在安迪於「費若斯」的個展開展後第二天晚上揭幕。派蒂知道安迪要到洛杉磯來的消息之後非常開心[108]，她寄了張上頭有著棕櫚樹的明信片給安迪，要讓安迪對陽光燦爛的加州心生嚮往。「這裡太漂亮了……男的帥、女的美，」她寫道。在受夠「紐約又髒又吵的城市街道」之後，她愛上了這裡的海灘和宜人的氣

107 傑拉德・馬蘭嘉的訪談，二〇一二年七月十二日。
108 明信片由安迪沃荷博物館提供。

候。她要安迪回信告訴她旅行計畫的資訊，並且答應安迪會去機場接他。**她完全沒想到這個朋友打的主意竟然是要一路從紐約「開車」前往洛杉磯。**

在此同時，安迪也試著要完成即將在「費若斯藝廊」展出的作品。然而不久他便發現這些圖像太過於靜態。**他的創意不斷在發展，他希望它們動起來。**他曾經在艾賽兒·斯庫的肖像畫當中模擬動態，他藉由重組她在照相亭裡拍的各種姿態照片、替她擺出各種手勢創造出動感的畫面。這讓他想到，假使他拍攝電影，他就不需要去「模擬」：他的圖像就是真的會動了。雖然安迪起了這個念頭，但他對拍攝電影可以說是一竅不通。

算他運氣好，他的朋友埃米爾·德·安東尼奧——也就是鼓勵他從商業藝術轉進繪畫的同一位朋友——可以帶他見識紐約令人興奮不已的地下電影新世界。德一向是各種文化運動的先鋒，他現在是紀錄片導演，也是「美國新電影集團」（New American Cinema Group）的創始成員。這個組織是由喬納斯·梅卡斯（Jonas Mekas）發起，來自立陶宛（Lithuania）的喬納斯·梅卡斯在二次世界大戰之後流亡至美國，並立刻成為前衛電影熱烈的擁護者。組織由二十三位覺醒的導演共同組成，他們團結起來齊心對抗所謂腐敗墮落的主流商業電影——或說是「官方」電影。他們的宣言提到繪畫、詩歌、雕塑、與戲劇都已展現一番新氣象，電影自然也不例外。**他們認為在高成本的好萊塢電影中經常可見華而不實的電影製作，這是一種「為掩飾他們電影主題虛假、鑑賞能力低落、以及風格匱乏的扭曲作法」**。梅卡斯對於耗資數百萬美元的華麗大片相當反感——尤其是媒體大肆報導的《埃及豔后》——他說還不如拿那筆錢去買個大金磚，然後擺在「無線電城音樂廳（Radio City Music Hall）」公開展示，向參觀民眾收取入場費。「何必拍電影自找麻煩？」他這麼想。

這些導演們心裡想的是完全不同類型的電影——低預算或甚至沒有預算，沒有明星、攝影棚、和製作人，也不受審查制度或發行許可的限制。**「我們不想要虛偽、經過潤飾、技巧純熟的電影……我們想要的是粗獷的、沒有加工過、但充滿活力生氣的電影；我們不要玫瑰紅的電影——我們要的是血紅，」**[109]他們宣告。為了讓所有人都能接觸到這種新類型的電影，梅卡斯和他的夥伴們成立了「電影工作者公司（The Film-Makers' Cooperative）」，他們宣稱這是由「我們自己」營運的電影發行中心。公司總部在梅卡斯位於百老匯的閣樓工作室，包括朗・萊斯、傑克・史密斯、和芭芭拉・魯賓（Barbara Rubin）等電影工作者總是不分時刻在這裡出入，迫不及待分享他們的新創意與新影片。到了晚上，也經常可以看見精疲力竭的梅卡斯蜷著身子躺在剪接桌下睡覺。

109 雷蒙・哈伯斯基（Raymond Haberski），《冒犯的自由：紐約如何改造電影文化》（*Freedom to Offend: How New York Remade Movie Culture*, Lexington: University Press of Kentucky, 2007），第一百二十七頁。

除了在工作室放映電影之外，梅卡斯也會在查爾斯劇院（Charles Theater）、以及後來的葛瑞梅西劇院（Gramercy）舉辦午夜場放映會，讓電影導演們有機會在一群欣賞他們的前衛觀眾面前展示他們的作品——以及仍未完成的半成品。這個圈子有時候也不乏「俗人」加入，他們想像中的「地下」電影比起他們在尋常電影院裡看到的來得淫猥多了——而在一九六三年的確經常如此。當時的商業片，如《西部開拓史》（*How the West Was Won*）、《飛天老爺車續集》（*Son of Flubber*）、《馴妻記》（*McLintock !*），都非常純淨，毫無色情。至於拐彎抹角地與性沾上邊的電影——如《一代情侶》（*The V.I.P.s*）、《愛瑪姑娘》（*Irma la Douce*）、和隨處可見的《埃及豔后》——若不是刻意加以修飾，就是擺出一本正經的姿態。然而在新美國電影當中，因為百無禁忌，所以任何一切——裸體、各種性關係，包括同性戀、嗑藥、和其他縱慾的行為——都看得到；打破規則就是開創新局。

安迪會和不同的朋友——德．安東尼奧、查爾斯．亨利．福特、約翰．吉歐諾（John Giorno）（年輕英俊的股票經紀人／詩人，安迪最近迷戀的對象）、和傑拉德——去參加放映會。這些電影刻意以最原始的面貌呈現，演員業餘，運鏡飄忽，沒有製作品質可言。**身為當代藝術者，安迪應該是會喜歡這些電影的，而**

就某方面來說他也確實喜歡。但他也不禁思忖，為什麼它們沒辦法拍得更迷人一點。「它們糟透了，」[110] 一天晚上他在布里克爾街電影院（Bleecker Street Cinema）看完一部特別具有挑戰性的電影後，不禁對吉歐諾這麼抱怨著。「為什麼沒有人拍部漂亮的電影出來？漂亮美好的事物這麼多！」

13「你是怎麼對焦的？」他反覆不斷地問著他的電影圈朋友們這樣的問題。

安迪有些想法，他也等不及要著手實現了。首先，他需要一部攝影機。傑拉德是很好的資訊來源，因為他在幫瑪麗・曼肯進行一些電影的研究案，對地下電影導演愛用的寶萊攝影機相當了解。**「寶萊」之於電影攝影機，就像「金寶湯」之於濃湯一樣：它是偉大、具有民主精神的革命性產物，將電影拍攝帶入普羅大眾的生活當中。**它非常輕巧、容易上手，任何人都可以利用它拍出電影。這也是發明者喬瑟夫・寶爾斯基（Joseph Bolsky）的用意，他在一九二七年成立自己的公司，此後便在手持式電影攝影機的發展上扮演先驅。他將他的攝影機命名為「寶萊」（Bolex），取他姓氏的首兩個字母、結合以太空時代科技聞名的昂貴瑞士

110 約翰・吉歐諾，《你要燃燒才能發光》（*You Got to Burn to Shine*, New York: High Rick/Serpent's Tail, 1994），第一百二十九頁。

名錶「勞力士」（Rolex）的字尾。根據寶萊廣告所述，「美國一流攝影師，」包括好幾位奧斯卡金像獎得主，「都喜歡使用寶萊H-16。」這台機器保證「讓業餘者拍出專業的成果……絕對輕鬆上手。」

傑拉德和查爾斯．亨利．福特陪著安迪到「絕世攝影器材公司」（Peerless Camera）幫他挑了一台H-16，這台攝影機還搭配了變焦鏡頭與電動捲片器。他迫不及待要開始使用他的新玩具，但他也清楚自己根本不知道該怎麼做。**「你是怎麼對焦的？」他反覆不斷地問著他的電影圈朋友們這樣的問題**。他們盡量耐著性子回答他，但要學習如何使用這台攝影機，唯一的方法就是開始用它。於是安迪帶著他的寶萊前往康乃迪克州的老萊姆（Old Lyme），韋恩．張伯倫在這裡向一個裸體主義（nudists）家庭租了間度假小屋。

韋恩是個熱愛交際的主人，他的賓客形形色色，包括藝術家、電影工作者、和社會名流。根據安迪的描述，韋恩的小屋裡一次擠進了大約有四十位賓客，在炎熱的夏日週末什麼事情都可能發生。「人們整夜不睡，不是到處晃來晃去、吸大麻，就是在屋子裡放唱片、聽音樂。每個週末都有開不完的派對，」不分白天或黑夜，他說。

這種普遍的失眠現象是有原因的。就像安迪在意自己的體重，他的朋友們也有許多人服用「歐百錯」或某種形式的「安非他命」以控制食欲，甚至拿來當成娛樂消遣，也因此幾乎沒有人需要睡眠。眼看著這麼多人可以持續保持清醒的狀態，這讓安迪開始思考一個更深度的哲學問題：人們加快速度是因為他們需要有更多的時間，或者他們是因為加快速度所以有了更多的時間？不論是何者，他認為睡眠這件事都已經漸漸過時，而需要被加以紀念了。這樣的的結論，給了安迪拍攝第一部電影的靈感。他要拍一部關於一個人睡眠的電影，片名就叫作《睡》（*Sleep*）。

假使能拍一部記錄碧姬・芭杜（Brigitte Bardot）連續睡眠八小時的影片，不是很棒的一件事嗎？安迪向傑拉德這樣建議。雖然他清楚以這位法國金髮美女為主角不太實際，但他確實知道在他的朋友圈內就有最適當的演員。他的朋友約翰・吉歐諾很喜歡睡覺，他不但睡得沉，睡姿也很上鏡頭。和大多數人不同，吉歐諾睡覺的模樣相當好看。安迪打算利用夏天來拍攝，他花了好幾個夜晚，以他的寶萊攝影機對準吉歐諾毫無意識的身體。中間零星出了幾次差錯，因為安迪還在學習如何使用這台攝影機。但他已經有了好的開始，也很快拍足了他想要的鏡頭，夠讓他思考如何剪接出一段長達八小時的影片（假使他播放同一個鏡頭好幾次的話）。

那年夏天，安迪有機會在韋恩的小屋見識到有經驗的電影導演如何拍片。傑克·史密斯是新美國電影圈中的一位傳奇人物，當時他正在拍攝一部奇特的地下電影《正常的愛》（*Normal Love*）。在此之前，安迪曾經看過他的前一部作品《耀眼的傢伙》（*Flaming Creatures*），凱文·湯姆金斯（Calvin Tomkins）曾經在《紐約客》（*New Yorker*）當中形容這部片的內容是「一群奇裝異服的男男女女」，他們「在鏡頭面前炫耀著自己的生殖器，後來並沉溺在一場似乎恰巧與地震同時發生的荒謬性愛派對裡。」複雜難懂的情節在短短四十三分鐘之內展開，這部短片帶來的衝擊大大地激怒了各地的電影審查員。一九六四年，這部影片在美國本地的二十二個州與四個國家被禁演。

《正常的愛》裡穿的衣服比較多（越軌的行為也比《耀眼的傢伙》來得少），但它仍然一樣驚世駭俗。史密斯演員陣容包括了安迪、傑拉德、派蒂·歐登伯格（她的先生為這部片設計了一個巨大的三層蛋糕做為舞台）、詩人黛安·狄·普莉瑪（Diane di Prima）（她已經在懷孕後期，隨時準備臨盆）、以及變裝癖演員馬利歐·蒙特茲（Mario Montez）等，還有其他勇於嘗試的小屋訪客一同在蛋糕上和樹林裡嬉鬧作樂。他們穿著各式各樣的衣服，有比基尼、也有復古洋裝——而這件洋裝是穿在男性身上。安迪穿著件鑲荷葉邊的長袍，戴著紅色假髮和太陽眼鏡，他一邊扭動身體、一邊嚼著口香糖，展現自己敏捷靈活的一面。

當安迪參與「演出」、從旁看著工作中的史密斯時，他學到了一些寶貴的課程。他注意到史密斯的演員是看當天誰剛好在附近而隨機挑選的[111]，他會一直拍，直到他的演員已經無聊到再也演不下去為止。**安迪認為身為電影工作者真正美好的地方在於——導演既是群體的中心，同時卻又可以置身事外。繪畫是一種個人經驗，即便有助理在一旁也是如此。**拍電影就社會性得多了，從許多方面來說都更輕鬆，也充滿了許多樂趣。最棒的是，只要將攝影機拿在眼前，安迪就可以非常靠近人群、同時又與他們保持遙遠的距離。

安迪一直在獨立電影的世界外圍兜圈子，想找尋一個切入點；但傑拉德已經是個圈內人了，他自有辦法接觸到那些核心人物。傑拉德在紐約充滿刺激的文化地下組織裡遇見了娜歐米・萊文，她是個思想自由開放的年輕女性，自認為是個被解放的市區藝術家。性感的身體、濃密隨性的黑色捲髮、奇裝異服（她最喜歡什麼都不穿，她說，這是效法瑪麗蓮・夢露的風格）、再加上大膽率性的態度，娜歐米具體呈現出驚世駭俗的新女性形象——她是被解放的新女性，不但熟讀海倫・葛莉・布朗（Helen Gurley Brown）備受爭議的教戰手冊《性與單身女郎》（*Sex and the Single Girl*），並且奉貝蒂・佛瑞丹（Betty Friedan）宣言般的《女性

111 沃荷、哈克特，《普普主義》，第四十頁。

的奧祕》（*The Feminine Mystique*）為圭臬。

娜歐米・萊文是個思想先進、出身富裕的天之驕女。她的父親是成功的劇場律師，在父親事業的庇蔭下，他們全家住在西十二街一棟大豪宅裡，那是格林威治村（Greenwich Village）最漂亮的建築之一。就像許多叛逆的年輕人，娜歐米宣稱她要過的不是家中舒適安逸的日子，而是更波希米亞式的生活，於是她搬到了東村，這個凌亂的社區裡聚集了許多滿懷熱情的作家與藝術家。娜歐米過的一向是高標準的舒適生活，她的新住處位於景致優美的東十街，在附近廉價公寓與低收入戶住宅林立的區域中，這裡是唯一一塊孤伶伶的豪宅區。

娜歐米想要闖出一番事業——最好是和藝術相關的。她本來覺得自己會成為畫家，但後來她發現獨立電影的世界更吸引人（也更容易親近）。她開始把時間花在「電影工作者公司」，並且在那裡認識了喬納斯・梅卡斯本人。娜歐米對於成為一個導演相當有自信，於是她著手拍攝了第一部短片《是的》（*Yes*）。梅卡斯在看過前幾個鏡頭之後便大力支持這部電影的拍攝，並且在《村聲》雜誌的〈電影日誌〉（Movie Journal）專欄中特別提及娜歐米・萊文。「這絕對不同於過去你所看過的任何一部電影，」他打包票，盛讚《是的》的優點。「沒有男人可以捉得住她，她的詩、她的動向、她的夢想……娜歐米獨有的美麗。」[112]

112 喬納斯・梅卡斯，〈電影日誌〉，《村聲》雜誌，一九六三年七月二十五日。

在同一篇專欄文章裡，他還對另一位經常出入「電影工作者公司」的女性新秀導演大表讚揚。芭芭拉・魯賓是位謎般的年輕女子——實際上應該算是青少女——她因為服用家庭醫師開立的處方減肥藥而導致安非他命成癮，不久前才剛從勒戒所出來。魯賓被釋放之後，一位擔心她的親戚替她在「電影工作者公司」找了份差事，他或許認為魯賓可以和那裡的創意人融洽相處。她的確可以，尤其是在她向梅卡斯借來「寶萊」攝影機、並開始拍攝自己的電影之後。

這部電影的主題不像是這個外表柔弱的女子會挑選的。魯賓將她的電影命名為《地球上的聖誕節》（*Christmas on Earth*），其中包括了兩段各半個小時長的電影膠卷，裡頭盡是男男女女裸露生殖器的影像，時而失焦、時而對焦，全都在進行激烈的（有時候是難以辨識的）性行為。換句話說，她拍攝了一段縱慾狂歡的影片。這部片只花了很短的時間在一間公寓裡拍攝完成，內容是一群熱情又活力充沛的人們所進行的活動，他們的身體大部分都被黑漆或白漆掩飾起來。

《地球上的聖誕節》可以說毫無情節可言，但由於它拍出了過去攝影機從來不曾拍過的鏡頭，讓這部電影散發著女性肉體的魅力。有些特寫鏡頭——令人感到相當不安的特寫——讓赤裸的身體轉化有如地景，一位影評人甚至懷疑他是否正在欣賞喬治亞・歐姬芙（Georgia O'Keeffe）的畫作。觀眾們發現這是一部驚世駭俗的影片（就算在今天也還是相當驚人），但最令人感到訝異的，是從這位年輕、大膽的導演身上所散發出來純粹的女性力量。

《地球上的聖誕節》在當時（到現在仍然是）引起了許多爭議，而這些爭議更讓娜歐米．萊文自由解放的女性形象聲名大噪。**是哪個大膽的女演員能夠在魯賓具有穿透力的鏡頭下如此狂野地演出？是娜歐米．萊文——圈內人都這麼猜——因為她一向喜歡展示自己的身體，而且她可是這座城裡最放浪形骸的女孩。**

梅卡斯對芭芭拉．魯賓和娜歐米．萊文初試啼聲的作品給予熱情的評價，不但讓她們成了紐約市的名流，也讓她們成為當季備受關注的導演，而娜歐米更樂於擁有地下電影明星的新身分。她喜歡以自己看似矛盾的個性迷惑別人。**這一刻她是一個意志堅定的革命者，不論行動在哪裡發生，她總是在行動的中心向戰爭、或電影審查制度等一切表達她的抗議。下一刻，她又成為浪漫主義者，帶著她的攝影機拍下「光著身子的小孩、花朵、和大自然，一切恬靜又美好」的影像。**娜歐米會在所有東西畫上「巨大、色彩繽紛，看起來哀傷、甚至悲痛的花朵」來表現自己軟弱的一面[113]。但在此同時[114]，她展現出完全目中無人的輕佻：實驗電影導演肯．賈卡伯斯（Ken Jacobs）叫她「瘋狂淫蕩的娜歐米．萊文」。其放縱直比暴露狂的程度，堪稱是前衛版的珍恩．曼斯菲爾德（Jayne Mansfield）。

113 喬納斯．梅卡斯，《電影日誌：一九五九年至一九七一年美國新電影的興起》（*Movie Journal: The Rise of the New American Cinema 1959-1971*, New York: Collier, 1972），第一百六十八頁。

114 P.．亞當斯．西特尼（P. Adams Sitney），《電影文化讀本》（*Film Culture Reader*, New York: Praeger, 1970），第三百二十頁。

娜歐米不忙著當「明星」的時候，她是曼哈頓FAO史瓦茲（FAO Schwartz）玩具店的店員。但大多數夜晚，這個不安於室的漂亮女孩會展開她的誘惑行動。她頂著一頭蓬鬆的捲髮，穿著幾乎衣不蔽體，讓自己化身為人們所期待見到的「時尚女孩」（it girl）。為了表現性感的波希米亞風，娜歐米會圍上她的毛皮披肩、嘴裡含一根棒棒糖，以挑逗的姿態宣告自己是「有空的」。所有藝術展覽開展派對和電影放映會上都可以看到她的身影，她總是會想辦法緊緊跟隨著下一個撼動潮流的大事物。

娜歐米意識到下一個大事物會是安迪．沃荷。關於《睡》這部短片的謠言在地下電影圈子裡廣為流傳著，也因此娜歐米熱切想要見到這位由普普藝術家轉變而來的電影導演。七月的時候，傑拉德趁著電影《禁閉室》（*The Brig*）在「生活劇場（Living Theater）」的放映會將娜歐米介紹給安迪。那天晚上，安迪和他的夥伴們——韋恩．張伯倫和約翰．吉歐諾——都穿著正式西裝，因為他們在放映會後要直接前往「現代美術館」參加一場派對。**娜歐米一路尾隨他們，她立刻對安迪產生了好感。她覺得安迪是非常和善、有教養的人，她被這項特質深深吸引了。她也認為安迪「有絕佳的幽默感。」**[115]**娜歐米看著安迪，她把安迪視為亟欲征服的俘虜。**安迪喜歡男人這件事似乎沒有讓她卻步（「放浪的文藝新青年反對

115 約翰．威爾考克，《安迪．沃荷自傳及其性生活》，第一百零六頁。

異性戀與同性戀的二分法，」約翰・葛魯恩〔John Gruen〕在他對現代社會道德觀的分析當中說）。然而在安迪眼中，這個狂野、不受拘束、有暴露傾向的女孩卻被他視為手下第一個超級巨星。

安迪一直在思考如何為自己的電影增添魅力，他甚至想著要帶進些許老好萊塢的風情，認識娜歐米・萊文讓他有了一個大膽的創意。那年夏天，他正在製作一件絹印作品——安迪正沉思於一九三二年由貝拉・魯戈西（Bela Lugosi）主演的電影《德古拉》（*Dracula*）當中的一個畫面。深具吸引力的電影男主角將布拉姆・斯托克（Bram Stoker）筆下嗜殺的吸血鬼轉變為迷人的非正統英雄，在這個畫面中，他停格在準備往女主角海倫・錢德勒（Helen Chandler）喉嚨咬下的那一瞬間。這是一個危險、卻又極度性感的時刻。安迪將這幅以德古拉黑暗的擁抱為主題的作品命名為《吻》（*The Kiss*）。

現在安迪兩腳分別踩在純藝術圈和電影圈內，他決定要拿他的攝影機以同樣的概念拍一部電影。他找來娜歐米與法國電影評論家皮耶・雷斯塔尼（Pierre Restany）擔任主角，要他們演出一段一百呎長——或說三分鐘長——纏綿熱吻的影片，《吻》（*Kiss*）。**安迪與傑拉德在娜歐米的公寓裡架起他的「寶萊」攝影機，將特寫鏡頭拉得非常近，一來是要向經典電影的老橋段致敬，再者也藉此表**

現出新地下電影直陳性慾的主要特色。

《吻》也是安迪對電影審查制度的一次惡作劇。電影審查制度，或者稱為「海斯法典」（Hays Code），在一九三四年至一九六八年之間執行。這項隸屬於《電影製作法規》（*Movie Production Code*）下的指導方針意在維護好萊塢的善良風俗，其中第二十五條規定禁止「過度或色情的親吻」。任何長度超過三秒的吻都暗示了某種激情，而這種激情有如天雷勾動地火，此後必定一發不可收拾，因而違反法規規定。當然，天才導演們總是可以找到對付這條蠢規定的辦法：在《美人計》（*Notorious*）當中，導演阿弗烈德・希區考克（Alfred Hitchcock）便要求卡萊・葛倫（Cary Grant）和英格麗・褒曼（Ingrid Bergman）每隔幾秒中斷一次他們的吻——然後再重新開始，以取代會被審查官剪掉的一個深吻。

安迪的作法與希區考克不同，他要他的「演員們」吻、再吻、吻久一點，最好在他的寶萊攝影機停止拍攝前都不要停下來。他們照做了，但他們彼此之間的擁抱卻相當斯文，少了激情的感覺。才拍不到一分鐘，娜歐米便忍不住邊笑邊把她的搭檔推開，看來是雷斯塔尼的小鬍子惹得娜歐米發癢，讓她沒辦法專心接吻。安迪不想就此打退堂鼓，於是便叫傑拉德下場取代雷斯塔尼。他照做了。傑拉德是個接吻高手，他知道該如何出招接招，而且對於在鏡頭前表現他的接吻技巧也毫不忸怩。就在此時，接吻的兩個人之間有了反應，隨即迸出情慾的火花。

至於娜歐米，她所做的就是給予同樣的回報。假使她看起來似乎很陶醉於其中，那麼她或許的確是。**「在拍攝現場所發生的一切都確實發生了——那不是做戲，」**她在喬納斯・梅卡斯為《村聲》所做的訪問當中提到。**「在接吻的時候，我是被吻的、也是吻人的。」**[116]還有其他男性，包括「濁氣樂團」（the Fugs）的詩人艾德・桑德斯（Ed Sanders）、生活劇場的演員魯弗思・柯林斯（Rufus Collins）都曾經在《吻》接下來的片段裡與娜歐米搭檔演出，但只有她和傑拉德的親熱鏡頭能讓銀幕洋溢激情，這或許是因為她盡力想讓安迪感到嫉妒。

娜歐米有受傷的感覺，因為她認定安迪是她新交的好朋友，但他卻沒有要帶她一起去好萊塢的意思。某方面來看，娜歐米幻想著她與安迪之間會萌生浪漫的愛情，但傑拉德對此有話要說。「她就和許多瘋女孩一樣為他癡狂，」[117]他相當不以為然。**娜歐米通常有辦法對男人予取予求，因為她年輕、性感、而且毫無所懼。但要征服眼下這個目標，其挑戰性至少可說是超越以往，她得動點腦筋。娜歐米決意要在西岸加入安迪一行人的行列，於是她替自己安排了一趟旅行。**她高姿態地宣布，她要前往洛杉磯為「電影工作者公司」募款。她將住在約翰・張伯倫與他太太伊蓮（Elaine）位於托潘加峽谷（Topanga Canyon）的家中。而且和安

116 艾莉森・納斯塔希（Alison Nastasi），〈大家都應該認識的五十位地下電影導演〉（Fifty Underground Filmmakers Everyone Should Know），Flavorwire，二〇一四年九月二十四日。http:// www.flavorwire.com/478486/50-underground-filmmakers ... know/view-all.htm（網頁擷取於二〇一五年三月十五日）。

117 威爾考克，《安迪・沃荷自傳及其性生活》，第一百一十五頁。

迪不同，她要搭飛機去。

在拍攝《睡》與《吻》的時候，安迪有了一個巧妙的點子。除了要為他的電影注入一些魅惑的色彩之外，他也想要為大部分地下電影常見的特色——狂亂的拍攝與剪接手法——另尋出路。他想到兩個解決方法：他使用一台固定式攝影機——以近乎偷窺狂的方式攝影——然後再以每秒十六幀的慢速播放影片，而不是以每秒二十四幀的一般速度播放。對於這種時間的移置，肉眼幾乎察覺不出其中的差異，但它會讓觀眾對這部影片留下印象，因為整部片子看起來就是「怪怪的」——**安迪典型的「把對的東西擺在錯的地方，或者把錯的東西擺在對的地方」——讓人無法忽視。就算是電影已經看到過度疲勞的電影迷，也會對安迪的作品感到耳目一新。**慵懶的速度、加上無聲的黑白影像，讓經典的「昨日」風格電影與全然的現代概念完美結合。

九月，電影工作者齊聚在紐約市中心，這是紐約第一次主辦正式的電影節，長達十天的時間裡播放了二十一部參展影片，包括有路易斯・布紐艾爾（Luis Buñuel）的《泯滅天使》（*The Exterminating Angel*）、喬瑟夫・羅西（Joseph Losey）的《僕人》（*The Servant*）、亞倫・雷奈（Alain Resnais）的《穆里愛》（*Muriel*）、羅伯特・貝松（Robert Bresson）的《聖女貞德的審判》（*The Trial of

Joan of Arc）、和新秀羅曼・波蘭斯基（Roman Polanski）的《水中刀》（*Knife in the Water*）。為了特別強調當代文化的交互融合，紐約電影節特別委託藝術家賴瑞・里佛斯（Larry Rivers）畫了一張大型看板宣傳這項盛事。各種不同藝術之間的藩籬被打破了，藝術家們一同分工合作——有攝影機與畫筆、有畫布與銀幕、甚至還有廣告看板。不論是上城、還是下城，新藝術隨處可見。

當安迪打開九月二十日發行的《時代》雜誌時，他所看見的封面故事是一封寫給新美國電影的長篇情書。**根據法國新浪潮導演法蘭索瓦・楚浮（François Truffaut）的說法，過去拍攝電影的手法已經過時，該是拋棄的時候了。「一部借來的攝影機、一些便宜的膠捲、朋友家的公寓，還有最重要的信念，造就了電影的狂潮——衝擊一切障礙、表達思想的狂潮——這是未來的方向、未來的藝術。」**[118]他大力鼓吹著。楚浮慷慨激昂的豪語與克雷斯・歐登伯格的宣言——「我要用**生活當中的素材、以它們原本的樣貌來創造藝術，或扭轉、或延展、或聚積、或滴撒，讓它們就像生活原本那樣沉重、粗糙、遲鈍、甜美、和無聊。**」——有著異曲同工之妙。

就如同《時代》雜誌所提到，在這些新思潮、新活力、新型輕量設備（像是安迪的寶萊攝影機）、和撩撥人心的新手法激勵之下，電影「突然強而有力地竄

118〈電影：膠捲的宗教〉（Cinema：A Religion of Film），《時代》雜誌，一九六三年九月二十日。http:/www.content.time.com/time/magazine/article /0,9171,870556,00.html.

起，成為燦爛輝煌的國際性新藝術，或許它確實是這個時代核心的、且獨有的藝術。」這篇文章證實了安迪整個夏天都在思考的一件事：電影——而非繪畫——才是未來的藝術。

假使安迪對於自己在這個新領域當中所處的位置有所懷疑，獨立電影之王喬納斯・梅卡斯便向他致上最溫暖的歡迎之意。梅卡斯在他的專欄當中寫道[119]：「安迪・沃荷……正在拍攝有史以來最長又最簡潔的電影：一部長達八小時的電影，片中除了一個男人在睡覺，其他什麼都不拍。但是這部簡潔的電影會把安迪・沃荷——也把我，和一些其他看過這部電影的人、一部分的人——往前推進一步。」《村聲》雜誌中的這篇文章正面肯定了安迪是位不折不扣的電影導演。

安迪將全付心思放在拍電影上頭，他發現自己已經很難分心做其它事了。然而「消防站」這裡還有工作等待他完成。爾文・布魯姆需要在開展前先拿到「艾維斯」和「莉茲」的畫像。他向安迪保證，「大家都熱切關注、興奮不已，收藏界每天都有人打電話來詢問你的系列作品何時對送達。」[120]對照安迪上一回展覽的反應清淡，布魯姆這樣的說法似乎是有點過於誇張。

在把作品寄送給「費若斯藝廊」的時候，安迪採用了一個懶方法（也是便宜方法）。他寄給布魯姆一大捲真人大小的普萊斯畫像和一堆畫框，這番情景讓布

119 喬納斯・梅卡斯，〈電影日誌〉，《村聲》雜誌，一九六三年九月十九日。

120 大衛・麥卡錫（David McCarthy），〈安迪・沃荷的銀色艾維斯：一九六三年在費若斯藝廊透過脈絡所呈現的意義〉（Andy Warhol's Silver Elvises: Meaning Through Context at the Ferus Gallery in 1963），《藝術通報》（*The Art Bulletin*），第八十八卷，第二期（二〇〇六年六月）。

魯姆相當緊張。「你的意思是要我來切割這些作品嗎？」他問，心中暗暗希望安迪能自己早點來處理。安迪說他太忙了，根本沒空在開展之前趕到，但他告訴布魯姆每一個畫框都對應著特定的畫作——單張作品、兩張作品、三張作品，安迪都已經事先將它們的尺寸定下來了。「他嫌切割《艾維斯》這事兒太麻煩，但是他有確認我是按照他希望的方式切割的。」[121] 布魯姆回想起來仍然一頭霧水。接著安迪還把布展的方式搞得更複雜了，他要求這些畫作要邊對邊掛在一起，這對布魯姆來說又是一個難題。《銀色的莉茲》系列還算好處理，因為它們都是四十吋見方的尺寸，把它們掛在藝廊後方沒什麼問題。但《艾維斯》系列的尺寸大小不一，要在適當的牆面擺出完美的配置實在是一項挑戰。

當布魯姆為了畫怎麼掛而傷透腦筋時，安迪也開始打包他的行李、準備踏上旅程了。現在安迪心裡正做著新的導演夢，於是他小心翼翼地將他的「寶萊攝影機」——而不是繪畫顏料——放進了他的行李箱裡。

121　薛爾曼、達頓，《普普藝術：安迪・沃荷的天才》，第一百七十五頁。

Town House
MOTEL
VACANCY

出發

第七章

駕車橫越美國是段美好的時光。——安迪．沃荷

It was a beautiful time to be driving across America.

14「福特獵鷹」是汽車界普普精神的代表作——對最普通常見的物件做出革命性的新詮釋——而且它徹底改變了人們對於汽車的看法。

九月二十四日星期二傍晚，韋恩現身在萊辛頓大道，將車子停在安迪的公寓門前。一旁副駕駛座上坐著的是準備隨時接替他開車的泰勒，傑拉德則坐在後座。這是一個適合開車的好天氣——陽光普照、涼爽而晴朗，氣溫大約在華氏六十幾度——但這群旅人決定入夜後再出發，他們認為夜晚行車的話應該可以移動得更快一點（而且他們可以避開交通尖峰）。公寓的門打開了，安迪帶著他的行李袋、一大疊雜誌、和他的媽媽出現在門口。茱莉亞很高興她的寶貝兒子是開車去而不是搭飛機去，但一想到他要離家到那麼遠的地方去旅行，茱莉亞還是不禁感到緊張。她勇敢地朝著安迪揮手道別，接著便走進屋子、回到她的廚房裡去。廚房裡掛著她孫子們、耶穌基督、和甘迺迪總統的照片與畫像，她在這裡舒服又自在。但接下來的兩個星期少了「我的安迪寶貝」在身邊，肯定會寂寞許多。

一個夏天下來，韋恩的黑色旅行車因為經常往返於紐約與康乃迪克州之間而變得髒兮兮的，但就算看起灰頭土臉，這輛結實精壯的車子可非等閒之輩。「福特獵鷹」是汽車界普普精神的代表作——對最普通常見的物件做出革命性的新詮釋——而且它徹底改變了人們對於汽車的看法。

「獵鷹」在一九五七年問世，根據底特律流傳的說法，它來自於福特汽車的高階主管在一次星期天早晨上教堂時所得到的靈感。羅伯特・史特蘭奇・麥克納馬拉（Robert Strange McNamara）代表了新一代的商人——會計師，他們的管理仰賴不斷變動的數字或統計資料，而非靠直覺經驗。一九四三年二次世界大戰期間，「美國陸軍航空隊統計控制辦公室（Army Air Forces' Office of the Statistical Control）」聘用了麥克納馬拉和一整個優秀的商界人才團隊，請他們協助訓練軍方培養在戰事科學——與商業——上的分析能力。統計數字、資訊、與系統是他們對抗浪費、無能、與管理不善的利器。這些人被稱為「平民戰士」（civilian-soldiers）[122]都是自視甚高的知識份子，他們運用商學院的技能打造出「電腦時代之前最精細的資訊管理系統」，讓美國軍隊沿襲自上一次世界大戰的老舊運籌模式步入現代化。他們會根據數字決定需要讓幾架飛機輪流值勤、需要儲備多少油料、需要有多少飛行員、以及進行其它運籌決策。他們會問一些務實——即便是犯忌諱（以軍隊的地盤性來說）——的問題，例如「陸軍和海軍不能共用轟炸機嗎？」數字資料主導決策，而一旦「數字資料處理」正式成為軍隊用語，也就表示這些辦公室裡的統計學家可以與戰場上指揮作戰的將軍平起平坐了。

122 查爾斯・R.・史瑞德（Charles R. Shrader），《美國陸軍作業研究史》（*History of Operations Research in the United States Army*, Govvernment Printing Office: V.2: 1961-1973）第十七頁。

這當然會引發一場內部的爭端。**統計分析師的立場經常與將軍們相左，這些將軍們對這些學院派的大男孩與他們對於數字婆婆媽媽般的斤斤計較十分不以為然。但不可否認，這群新世代統計學家們的確讓軍隊在人力與武器的運用上更有效率，也進而改變了作戰方式**。麥克納馬拉就曾說服[123]時為空軍少將的柯蒂斯・李梅（Curtis Lemay）捨棄對日本進行高空轟炸，改以重點襲擊人口稠密區這種更致命——但也絕對更有效率——的作戰方式。

戰爭結束之後，這個統計控制十人團隊已無用武之地，他們便開始找尋新的工作機會。麥克納馬拉和他的同伴們認為福特汽車公司是一間需要因應現代化而加以改造的老舊企業。這間公司猶如一盤散沙，缺乏關於生產成本、利潤、或虧損的統計數字等集中化的資訊。實際上，在福特裡所有資訊都十分粗略，根本沒有人知道製造一輛汽車實際上要花多少錢。**這群在軍隊中頗為得志的小伙子，包括麥克納馬拉在內，寫了一封直白（有人會說是魯莽）的電報給福特公司，說他們可以拯救這間傾頹中的汽車巨人**。年輕的亨利・福特二世（Henry Ford II）對他們印象非常深刻，而且事實上他也已經窮途末路，打算死馬當活馬醫，於是他立刻僱用了這個團隊，放手讓他們原始的計算機盡情發揮。

麥克納馬拉從財務主任做起，一路爬到大權在握的事業部副總裁的位子，

123 艾倫・賽佛森（Aaron Severson），〈業務員與統計員：羅伯特・麥克納馬拉、李・艾科卡、和福特獵鷹〉（The Salesmen and the Statistician: Robert McNamara, Lee Iacocca, and the Ford Falcon），《汽車迷》（*Ate Up with Motor*），二〇〇八年十一月二日。http://ateupwithmotor.com/model-histories/american-ford-falcon-history（網頁擷取於二〇一二年五月二日）。

主管汽車與貨車業務。當他調查福特應該於市場上供應何種車型的時候，他發現了問題，也同時嗅出了商機。**在美國，最熱門的車款通常是大型車，因為在崇尚「數大就是美」的美國，大家普遍認為大就是好。**福特最暢銷的車款——包括「費爾蘭（Fairlane）」和「雷鳥（Thunderbird）」——都又大、又長、又寬、又重，醒目的水箱罩和擋泥板甚至讓它們看起來更加肌肉發達。有些美國人開始對較小型的歐洲車感興趣，比方像是福斯（Volkswagen）主打「小才是王道」（think small）、活力四射的金龜車（Beetle），這讓麥克納馬拉開始思考是否每個駕駛都會需要——或想要一輛重達四千磅的汽車。

一天，他上教堂作禮拜的時候突然有了答案。福特需要在產品陣容中加入的是「小型車」（compact）[124]——製作成本較低、售價較便宜、跑起來也較省錢的車子，**「樸素、價格不貴、經濟實惠的車子，以符合美國男男女女的交通需求。」**這款車子不需要取代目前停在大部分美國家庭車道上的大型家庭用車；**小型車可以拓展市場，將「擁有第二輛車」的概念介紹給買主**——一輛家庭主婦可以跑腿用的車子。麥克納馬拉很快地在教會活動表背面寫下他所發想的規格細節，捨棄了車型「外觀」的考量。但在接下來的三年內，麥克納馬拉數字掛帥的設計打造出**一九六〇年最具代表性、最暢銷的車款，福特「獵鷹」**。

124　〈便宜又有活力〉（Cheap and Cheerful），《SIA汽車雜誌》（*SIA Auto Magazine*）第一百九十九期，二〇〇四年二月，第四十八頁。

新上市的「獵鷹」有兩門小轎車、以及兩門或四門旅行車的車型。這輛車的外觀尺寸較小，車重僅有兩千四百磅，車長比全尺寸的福特車款少了三十二吋。但官方測試證明車內大到足以承載六名男性乘客，而且他們即使戴著時下流行的紳士帽，頭頂空間也仍綽綽有餘。

福特「獵鷹」甫上市第一年就銷售了四十三萬五千輛，不但驗證了麥克納馬拉的眼光，亨利二世也因此將他拔擢為企業總裁。兩個月後，麥克納馬拉甚至得到更進一步晉陞的機會——他應約翰・甘迺迪總統邀請，出任美國國防部長。一九六三年，麥克納馬拉入主五角大廈成為越戰的策劃者，底特律從此成為他人生回憶的一部分。

一九六三年新款的「獵鷹」旅行車上市時，韋恩・張伯倫也是美國數千名買家其中之一。在這趟旅行展開之前，他的「獵鷹」就已經是一輛充份展現實用價值的汽車，穩固、牢靠、空間夠大，要載客或載畫布都不成問題。**在這個九月天的午后，安迪打開了車門，踏上他的好萊塢之旅。車內的設計很對安迪的普普藝術品味——這輛車呈現了極簡主義風格，就像安迪的可口可樂瓶與金寶湯濃湯罐；它是由生產線組裝出來的產品，就像他的絹版畫；**樸素的儀表板呈現出極簡的優雅；點火裝置位於左側，與保時捷（Porsche）的車款相同；而控制車頭燈、雨刷、阻風門、空調的旋鈕、和最重要的點煙器都整整齊齊地排列在速度里程計和其它儀表下方。

「獵鷹」也有其實用之處。安迪和傑拉德一同坐在寬敞的後座時，意外發現它有相當大的內部空間。雖然條紋塑膠皮椅椅面很滑，只要韋恩或泰勒——看當時是誰負責開車——急轉彎，他們就會滑個東倒西歪（車上沒有可以將乘客固定在座位上的安全帶），但要舒適地攤坐在位子上倒是不成問題。

「獵鷹」駕駛起來是什麼樣的感覺呢？六汽缸的引擎會發出相當大的噪音；方向盤較軟，改變車輪方向時得多轉個好幾圈；另外這輛車的極速不到每小時九十哩。十二加侖的油箱偏小——舉例來說，福特「雷鳥」的油箱就有二十加侖。小油箱對麥克納馬拉的目標客群來說不是什麼問題——家庭主婦通常會開「獵鷹」進行短途的採購——**但這輛「獵鷹」必須在五天之內完成大約兩千五百哩的旅程**，在路況良好的情形下，這輛車一加侖平均可以跑二十五或三十哩，加滿一個油箱可以跑三百哩。汽油價格不貴——一加侖大約三十到三十五分錢——但交通時間很寶貴。**這輛車在這次旅行途中至少得加九次油，換算起來，他們一天大概就得停靠兩個加油站**。

但從好的一面來看，「獵鷹」的小引擎可以穩定加速，性能平順可靠。車迷們說它「討喜」又「活潑」，是「便宜又有活力」的經典車款。「獵鷹」既明亮又通風，它有大片的窗戶，除了可以開關的前窗與後窗之外，以手把開闔的尾門上也有一片玻璃窗。**大量的玻璃窗設計讓這輛車宛如一座移動的溫室。更重要的是，環繞四周的窗戶讓乘客可以以近乎全景的視野享受不斷變化的地景，對於進行橫越美國之旅的觀光客來說，這絕對是一輛理想的交通工具。**

在「獵鷹」旅行車的後座後方有七十六立方呎的收納空間，如果將後座座椅收折起來，還可以增加更多的行李廂空間。**這群旅人在後車廂擺進一張床墊，善加利用了這個空間。**原本的想法是當韋恩開車時，泰勒可以在後車廂睡覺補眠，反之亦然。但很快地，安迪與傑拉德就發現這個臨時臥鋪是這間移動房屋當中最棒的位置。**懶洋洋地躺在床墊上是極為舒服的旅行方式，於是他們便霸占了後車廂，根據傑拉德的說法，他們倆是開開心心地被載運到洛杉磯去的。**

由於他們躺在行李原本應該擺放的位置上，韋恩只得將他們的大包小包往車頂架上堆。旅行老手知道要如何打包出輕量的行李——泰勒只需要將他的隨身衣物全部塞入一個小背包便可以浪跡歐洲。但還沒什麼國外旅遊經驗的傑拉德卻帶了一個大皮箱，裡頭似乎裝滿了他所有的家當。

空間緊湊，時間緊迫，但車內（總有一兩個人）的情緒高漲。安迪帶了他的

「歐百錯」，想抽煙的人也是伸手就有大麻可以抽。該是將車子駛離人行道旁、動身出發、一路向西的時候了。

根據港務局（Port Authority）在安迪的第一張過路費收據上（在一九七〇年以前，車輛在離開與進入曼哈頓時都必須繳費）所留下的時間戳印來看，這輛高速行駛的「獵鷹」在星期二晚間六點五十二分離開紐約市，夕陽在一分鐘前才剛落下。在韋恩的駕駛下，他們開上南向的紐澤西收費公路（New Jersey Turnpike），接著在五十五哩後下交流道接上賓夕法尼亞收費公路（Pennsylvania Turnpike），展開他們的西進之旅。

15　「我就是打這兒來的。我們快點經過這裡吧！」

天很快便黑了，但無所謂，反正車外也沒有景色可看。老經驗的公路旅者都知道穿越賓州的這條公路又長又單調，讓人感覺好似得花上幾天——而不是幾個小時——才能走完。他們會在匹茲堡附近接往另一條公路，駛離廣大的「拱石州」（Keystone State），但在此之前的三百一十六哩路上，安迪、傑拉德、韋恩、和泰勒只得以認識彼此來消磨時間。**他們本來就是朋友——某種程度上算是——**

但幽暗的車內提供了一種親密的氛圍，讓大家開始聊起自己的故事。每過一哩路，他們的個性就變得愈鮮明。

大體上來說，韋恩沉默寡言；傑拉德滿懷夢想；安迪是個保持高度警覺的觀察者，前座兩位搞怪司機對於行車狀況的專注力相當不可靠，讓他頗為緊張。一下子，泰勒就在車上扮演起妙語說書人和小丑的角色。泰勒隨時隨地都在他的舞台上演出著，就算是在「獵鷹」車上也不例外，尤其這裡還有他最忠實的觀眾。**安迪說泰勒講故事的時候自有一種特別的風格，「緩慢、自在，有人聽也好、沒人聽也好。」**[125]泰勒習慣在說完故事之後抬起他的下巴，眼神望向窗外。只要他不是開車的那個人，這個習慣動作倒是不至於造成什麼困擾。

這趟加州之旅讓泰勒開始叨叨絮絮地追憶起他在舊金山、威尼斯海灘（Venice Beach）、和格林威治村放逐停留的日子。泰勒自己說每個人都很愛他——田納西・威廉斯曾經參加過一場他的詩歌朗誦會，對他的詩作《去他媽的名聲》（*Fuck Fame*）深感著迷，甚至還寄錢給他；泰勒還提到有個頂著一頭及肩亂髮、帶把烏克麗麗盡唱些《躡腳走過鬱金香》（*Tiptoe through the Tulips*）這種老歌、自稱是「小提姆」（Tiny Tim）的怪男人。**但他所提到的諸多人名中，最吸引大家注意的是巴布・狄倫。**

125 沃荷、哈克特，《普普主義》，第四十七頁。

巴布·狄倫出生於一九四一年，當時他名叫羅伯特·艾倫·利默曼（Robert Allen Zimmerman），後來當他在明尼蘇達大學（University of Minnesota）就讀時，才將自己改了新名字。**安迪對於人的出世與自我改造頗有感觸，狄倫也同樣心有所感**[126]**，他說：「你知道的，出生時的名字不是你能取的，父母也不是你能挑的。我的意思是，事情就是這樣。現在你自己想叫什麼名字就叫什麼名字，這裡是美國，自由之地。」**狄倫中輟了學業，搬到紐約市，在咖啡館裡駐唱。他的音色是如此特別、挑動人心卻又令人不安[127]，當時曾經聽過他演唱的作家喬伊絲·卡蘿·歐提斯（Joyce Carol Oates）便形容他的音色**「彷彿砂紙在唱歌」**。

一九六〇年的時候，泰勒曾經在格林威治村的一個俱樂部裡看過這位年輕的民謠歌手演出，當時狄倫仍然沒沒無名，但他實在非常欣賞狄倫的作品，於是他聲稱自己是個詩人，並送給狄倫一本自己的詩集。**他看起來「像是一個失落的天使，」**[128]**泰勒回憶道**。狄倫的第一張唱片《巴布·狄倫》（*Bob Dylan*）賣得並不好，但其他歌唱團體，如「彼得、保羅、和瑪麗」（Peter, Paul, and Mary）已經注意到他的音樂有其力量，開始灌錄他的歌曲。

一年後的一九六三年五月，狄倫發行了第二張專輯《自由自在的巴布·狄倫》（*The Freewheelin' Bob Dylan*），不但備受讚譽，其中兩首主打歌曲〈隨風而

126 瑞貝卡·梁（Rebecca Leung），〈狄倫的追憶〉（Dylan Looks Back，CBS新聞，二〇〇五年六月十二日），www.cbsnews.com/news/dylan-looks-back/（二〇一三年一月二日）。
127 班傑明·海登（Benjamin Hedin），《Studio A：巴布·狄倫文選》（*Studio A: The Bob Dylan Reader*, New York: W.W. Norton, 2005），第二百六十一頁。
128 對泰勒·米德的訪談，二〇一二年五月二十一日。

飄〉（Blowin' in the Wind）和〈暴雨將至〉（A Hard Rain's a-Gonna Fall）也都成為經典之作。**泰勒再次遇見了狄倫。「這一回，他已經是個赫赫有名的大人物了，但他竟然開口要我送他我的第二本書，」**[129]**泰勒邊笑邊對他的旅伴細數過往種種。他拒絕了，並且對狄倫說：「但是你現在有的是錢——應該買得起了啊！」「但我的酬勞是按季支付的，」這位節儉到骨子裡的歌手給了一個不是很有說服力的理由。**

每當他們在中途停下來加油的時候，泰勒就會展現另一種天份。除了善於說故事之外，泰勒總有辦法說服年輕英俊的加油站員——這些人完全都是異性戀者——和他一同到建築物後方來段快速口交。嚴格來說，他們是在進行一種「交易」——泰勒「給予」（gave）、而他們「接受」（received）。但不可思議的是，泰勒這種傻樣竟然在美國鄉下地方的精壯小夥子面前如此吃得開。對於泰勒的行為，安迪一方面覺得好奇感興趣，另一方面又相當氣惱。他嫉妒泰勒總是能在一些出人意表的地方有所行動，也或許他曾經希望自己能和泰勒交換位置，但此刻他正在趕往加州的路上，一分一秒都浪費不得。

儘管安迪不是開車的那個人，但他絕對是這艘船的船長，因為所有開銷都是由他支付。只要有機會，他就會驕傲地拿出他的布蘭奇信用卡刷卡付帳。**信用**

129 沃荷、哈克特，《普普主義》，第四十八頁。

卡，這種可以神奇地取代貨幣的塑膠薄片，在一九六三年的時候還只是新興的風潮，但它很快便成為一種地位的象徵，安迪就喜歡拿它出來炫耀。

這種後來要消費者「離家時務必攜帶」、不論上館子吃晚餐或來趟橫越美國之旅都好用的全包式信用卡，靈感來自於一名男子在紐約市的餐廳裡尷尬的用餐經驗。一九四九年，一位財金界的高階主管法蘭克・麥克納馬拉（他和羅伯特沒有親戚關係）愜意地在夕陽餘暉照拂下享用著高級餐廳裡的豪華大餐。當他要付帳時，伸手往口袋裡一掏，卻驚恐地發現自己根本沒有把皮夾帶在身上。在自動提款機還沒有誕生的那個年代，他唯一的解決方法就是打電話給遠在長島（Long Island）家中可憐的太太，拜託她趕緊帶錢進城到紐約市裡來。

麥克納馬拉氣惱了一整晚，但到了第二天清晨，他腦子裡出現了一個靈感。何不建立一個可以排除紙鈔需求的信用系統呢？他很快地成立了「大來信用卡公司」（Diners Club）。大來卡會自高淨值（high net worth）人士當中挑選並邀請會員，只要他們一年繳交六美元的費用，就可以享有在大來卡特約店家使用信用卡支付餐點或其他消費費用的權利。每個月持卡人會收到一份詳列消費明細的帳單，並且據此一次支付全額費用。至於參與大來卡服務的店家則會被大來卡公司收取卡片消費金額的百分之五至百分之七，以做為佣金。**成立初期，大來卡有兩**

百名會員（大部分是麥克納馬拉的親朋好友）和十四家特約店家。九年後，大來卡的會員增加至一百萬名，特約店家也達到三萬家。

麥克納馬拉簡單又實用的點子改變了人們對於賒帳者的看法。在過去，賒帳消費是一種財務方面需要援助的訊號：在購買電冰箱、汽車、或甚至是一套新西裝的當下負擔不起貨款的人，只得以分攤付款的方式逐漸繳清。新的信用卡則將人們的刻板印象徹底翻轉過來：財力雄厚的男士或女士被允許遞延付款，是因他們老早就有錢在手上了。《生活》雜誌便說信用卡是一種地位的象徵，暗示著持卡人擁有「用之不竭的實力」。持卡人會被視為是菁英集團的一份子，有些商務人士甚至會把信用卡會員身分列在他們的履歷表上。

後來成為大來卡信用公司總裁的阿爾弗烈德・布魯明戴爾（Alfred Bloomingdale）[130]曾經預言：「從現在起的二十年後，人類只會有兩種階級。一種是有信用卡的，一種是拿不到信用卡的。」幸運的是，安迪的豐厚收入讓他能夠成為備享尊榮的持卡人。雖然大來卡與它的主要競爭對手美國運通卡（American Express）是兩間最大的信用卡公司，但安迪選擇申請在市場上居於落後地位的布蘭奇信用卡。布蘭奇信用卡公司是由希爾頓飯店集團（Hilton Hotels）所經營，擁有廣大的國際網路；它的名字會讓人聯想起蒙地卡羅（Monte Carlo）的賭場、西

130 赫伯特・布里恩（Herbert Brean），〈信用卡狂熱〉（Credit Card Spree），《生活》雜誌，一九五九年六月一日，第一百二十八頁。

裝禮服的紳士派頭、和雄厚的財富。

安迪會參考布蘭奇信用卡致贈的特約店家手冊——由信用卡公司寄送給持卡人的皮面精裝小冊子——只要有機會，他就會光顧接受這張信用卡的餐廳。這一方面固然是因為以信用卡付帳相當便利，但更大部分是因為在用餐完畢後出示這張卡片，象徵著「安德魯．沃荷拉真的辦到了」——在他們從賓州的紐斯丹頓（New Stanton）離開這條收費公路、匹茲堡已近在眼前的那一刻，想必這個念頭也曾經從他的腦海中閃過。「我就是打這兒來的。我們快點經過這裡吧！」[131] 安迪說。他催促著韋恩加快速度，不讓記憶將他深深拉回那段身為東歐移民之子、苦樂參半的過往。

131 薛爾曼、達頓，《普普藝術：安迪．沃荷的天才》，第一百七十三頁。

Town House
MOTEL
VACANCY

出發

第八章

當你在進行這麼長途的公路旅行時，你當然會把排行榜上前四十大的暢銷歌曲聽個滾瓜爛熟。

——安迪・沃荷

You sure get to know the Top Forty when you make a long road trip like that.

16「我帶了大概有五十本雜誌在身上，」[132]安迪說，而這個說法或許不算誇張。

九月二十五日星期三，晨光照耀下，新面貌的地景在旅人的面前展開了。終於，他們駛離了看似無盡綿延的賓州，打算借道俄亥俄州前往印第安那州。**此時他們做了樂觀、但或許是草率的決定，他們捨棄中途在汽車旅館內舒舒服服睡一覺的安排，要一路直殺到德州的阿馬里洛（Amarillo）——這裡距離俄亥俄州的哥倫布（Columbus）有一千一百哩。**在他們完成這個階段性目標之前，後座的床墊就是他們的臥房。對於在夜闌人靜時疾駛趕路的車子來說，這個決定似乎有其合理之處；然而一到白天，他們的日子就不是那麼好過了。但他們仍然打定主意要試它一試。很難說是哪一方比較辛苦：要輪流長途駕駛的韋恩和泰勒，還是只能消極地坐在後方的安迪和傑拉德。

如果要走最短路線，當然是走直線路徑：他們可以一直往西南方走到聖路易（Saint Louis），然後在某處接上六十六號公路，接著一路向西直到加州。但這說起來比做容易。**一九五六年，德懷特 D. 艾森豪總統（Dwight D. Eisenhower）的得意之作——《州際與國防公路法案》（National Interstate and Defense Highways**

132 沃荷、哈克特，《普普主義》，第五十一頁。

Act）——通過之後，美國的公路系統便有了急遽的轉變。在那段期間，駕駛們通常不知道哪條道路會因為施工的關係而開放或封閉。

一九一九年，當時還是一名年輕陸軍軍官的艾森豪跟隨一個跨洲機動車隊，花了兩個月的時間橫越美國。數十年後，艾森豪回想起自己過去那段經驗，思索著美國可以從中得到什麼教訓。**當一個國家遭到侵略時，老舊的公路有辦法運輸軍隊、進行防禦備戰嗎，他懷疑。有了可以更快速、更有效率地運輸物資——或者說車和人——的公路網絡，不是有利於經濟發展嗎？**二次世界大戰期間，艾森豪親見德國的高速公路（autobahn）與極其現代化的公路系統景致，這讓他決心支持美國史上最大的公共工程計畫——預計投入三百億美元（資金來源為汽柴油稅），**以超過十二年的時間修築長達四萬一千哩的州際公路。**

建築工事很快就開始了。在一九九二年計畫完成之時（計畫展延了許多年、也額外追加了八百四十億美元的經費），美國的確徹底地改頭換面了。利用全世界第一條跨洲橫貫東西的八十號州際公路（I-80），一九一九年機動車隊以兩個月時間蝸速行進的距離，現在只需要花上兩個星期便可以完成。

不幸的是，當安迪展開他的橫越美國之旅時，這項聯邦公路計畫仍然在初期階段，所以他們一行人只得在老舊公路與部分新建的高速公路間來回切換。過了匹茲堡之後他們可以接上部分剛修好的七十號州際公路（I-70）路段，但大多數時候他們還是得取道四十號公路，想辦法甩開那些慢吞吞、不急著趕往好萊塢參加「電影明星派對」的龜速車。

所幸，「獵鷹」配備有相當不錯的收音機，他們可以邊聽流行音樂、邊和著音樂節拍加速前進。在聖路易以東，他們還有辦法聽到安迪在家中常聽的那些歌曲。安迪很喜愛一些老唱著「愛」與「失落」、「交往」與「分手」（這些主題對一個三十五歲的男人來說似乎有點太「青春」了）的少女團體，他叫她們「甜蜜寶貝」（honey-loves）。那些歌曲裡充滿感染力的歌詞和活潑輕快的節奏，總是能振奮車內所有人的精神。當週《告示牌》雜誌（*Billboard*）歌曲排行榜第一名的歌曲是「露奈茲合唱團」（the Ronettes）的《做我的寶貝》（*Be My Baby*），第二名則是「天使合唱團」（the Angels）的《我的男朋友回來了》（*My Boyfriend's Back*）。**安迪最喜愛的曲子——他在工作室裡反覆不停播放的——則是「珍奈特合唱團」（the Jaynetts）的《莎莉繞著玫瑰走》**。

這首歌乍聽像是典型的青少年「強說愁」，但對部分聽眾來說，《莎莉繞著玫瑰走》當中神祕地暗示了嗑藥、或是非婚生子的意象。奇怪的是，甚至還有說法認為「莎莉」間接象徵了一段不見於人的女同性戀關係。不論這首歌曲所指為何，它都是當年九月份最酷——帶有深刻、難以測度的意涵——的歌曲，也是安迪最愛聽的曲子。

其他的流行歌曲則屬於衝浪音樂，它們會讓人愉快地想起漫長、炎熱的夏日時光；還有，對安迪來說，那是一種他一直渴望在加州感受到的陽光文化的滋味。從東岸到西岸，所有廣播電台都在播放的兩首歌曲是「海灘男孩」（the Beach Boys）的浪漫抒情歌《衝浪女孩》（*Surfer Girl*），和一個叫做「探浪樂團」（Surfaris）所演奏的快板樂曲《掃除》（*Wipe Out*）。許多音樂與電影對於衝浪與它「追浪」、「活在當下」的哲學多所描繪與讚揚，也讓全國掀起一陣海灘、比基尼、與衝浪板的狂熱。

當他們聽著收音機的時候，坐在後座的兩位「男孩」還有「閱讀」這件事好做。**「我帶了大概有五十本雜誌在身上，」**[133]**安迪說，而這個說法或許不算誇張。**他熱愛閱讀雜誌，同時也是個囤積狂，他在家裡堆滿了各種關於時尚、新聞、追星、八卦、和畫報類的期刊。有些時候他翻閱雜誌是為了要看看自己之前所做的插畫作品，但他也可能會為了掌握自己喜愛的明星動態而快速掃過追星雜誌的內容。

安迪打包帶上車的雜誌類型包羅萬象，有電影雜誌、青少年雜誌、《時尚》、

133 沃荷、哈克特，《普普主義》，第五十一頁。

甚至是《麥考爾》（*McCall's*）——他甚至根本不屬於這本雜誌的目標讀者群。這本大開本光面雜誌標榜自己是「第一名的女性雜誌」，以郊區高收入家庭主婦為主要訴求對象，訂閱讀者多達八百四十萬戶。在《麥考爾》的九月號裡，有克萊兒・布斯・露絲（Clare Boothe Luce）尖酸刻薄的專文討論紐約市長尼爾森・洛克斐勒（Nelson Rockefeller）離婚後隨即再婚的醜聞如何衝擊他的政治生涯、還有「最稱職的女主人」（the hostess with the mostest）珀爾・梅斯塔（Perle Mesta）為文詳細介紹羅德島州豐饒的度假勝地紐波特其迷人風采。

然而真正勾起安迪想像的，是一篇由荷普・庫克（Hope Cooke）所寫的自傳式文章，這名二十二歲的美國女孩嫁給了年長他十七歲、喪偶的錫金（Sikkim）王儲帕爾登・頓杜普・納姆加爾（Palden Thondup Namgyal）。這位王妃在位於喜馬拉雅山的王國撰寫文章，描述她與丈夫、及他三個年幼孩子共同展開的新生活。他們之間的浪漫情史精彩無比。庫克是在大吉嶺（Darjeeling）度假時遇見錫金王子的。她對王子一見鍾情，但這回初次相遇並沒有童話般的美好結局。後來庫克回到美國繼續她在莎拉勞倫斯學院（Sarah Lawrence College）的學業，而王子則回到錫金治理他的國家。他們有兩年的時間沒有見面、甚至聯繫……直到庫克再次前往大吉嶺度假。奇妙的是，當她抵達大吉嶺時，王子竟然立刻出現在她面前，而他們倆也深深被對方吸引，彷彿時間在他們之間從來不曾消逝過。

終於，庫克的「灰姑娘夢幻時刻」到來。他們訂了婚，接著舉辦了一場長達五天的皇室婚禮，而這只是她在縹緲雲霧間的美麗宮廷裡展開尊榮生活的序曲。庫克逐漸適應皇室的日常生活，正式展開她「永遠幸福快樂」的旅程。為了與她的王子長相廝守，她宣布放棄美國公民身分，同時也因此被《社會名人錄》（Social Register）除名（太可怕了！）

這個故事讓安迪印象深刻，但原因卻不在於它的傳奇與浪漫。**「一個剛要踏入上流社交圈的美國女孩怎麼能就這樣嫁人，而且還是遠嫁到錫金去？」**[134]**他問自己。**庫克興高采烈地描述著她充滿異國情調的新家，但這對安迪來說都是枉然。安迪是個徹徹底底的美國人，**他說他「沒辦法想像自己要住在喜馬拉雅山裡一個名不見經傳的小地方。」**對此，他指出，他確實無法了解葛莉絲·凱莉（Grace Kelly）何以能夠離開美國長住摩納哥（Monaco），但這看起來「似乎還不及搬到錫金去住那樣悲慘。」

134　同133。

17「壓抑」已經成為過去式，「性」才是眾所矚目的焦點。

當月的《麥考爾》裡滿是具有爭議性的故事，包括作家蓋爾・格琳（Gael Greene）與人類學家艾胥黎・孟塔古（Ashley Montagu）之間針對熱門話題——性與女大學生——所展開的激烈討論。美國的校園裡瀰漫著一種特別的氣氛。格琳的說法是：「性已經變成一件更檯面上、更公開的事了……它已經不再專屬於浪蕩文藝青年、知識份子、和精神病患者了。」她認為只要年輕女孩們懂得自我節制、不屈服於同儕壓力，這基本上是一種正向的發展。然而孟塔古卻認為校園內日益放寬的道德尺度是一種「淫亂」，他以非常五〇年代的方式提出警告，說在新興的性開放氛圍下，「希格瑪齊兄弟會（Sigma Chi）的心上人[135]就會成為整個兄弟會街區的玩物了。」

安迪也訂閱了**《看》雜誌**（*Look*），九月二十四日發行的《看》認為美國道德逐漸向下沉淪是一個非常重要的議題，它以「道德美國」（Morality USA）做為當週的封面故事。**「我們是否需要一套新的規範，以解決我們道德淪喪的危機？」、「性道德已死嗎？」文章標題問。**大家普遍認為性革命已然展開，尤其是在年輕族群當中，也因此性革命將勢所難免。

135 《希格瑪齊兄弟會的心上人》（The Sweetheart of Sigma Chi）原本即是在大學兄弟會組織裡廣為流傳的歌曲，由兩名希格瑪齊兄弟會的成員於一九一一年創作。

安迪已經在他的第一部電影《吻》當中粉碎了那些過往的性規範。他拍下了新的放蕩行為，並且在銀幕上公然播放——在影片中，娜歐米．萊文和一個又一個她幾乎不認識的男子激情地擁吻（短短幾個月之後，安迪拍攝的新片《口交》（*Blow Job*）更真正跨越了性規範的界線，整部長三十五分鐘的影片都是一名年輕男性在接受鏡頭外的夥伴口交時的臉部表情特寫。）。這些雜誌說對了：**「壓抑」已經成為過去式，「性」才是眾所矚目的焦點**。

正經的雜誌提供了許多刺激思考的閱讀素材，同時也是國人心態與意向的變化指標，但安迪還是喜歡一如他童年時期那樣翻閱著追星雜誌，一探他偶像們的最新八卦。好萊塢總是萬般迷人，對於此時即將第一次親見這個浮華世界的安迪來說更是如此。他經常閱讀的雜誌，包括《電影》（*Motion Picture*）、《現代電影》（*Modern Screen*）、《電視廣播鏡照》（*TV Radio Mirror*）、《電影劇》、和《少年生活》（*Teen Life*），它們所報導的封面故事以及內容風格與今天同類型的雜誌如《時人》（*People*）和《我們》（*Us*）大同小異，**通常它們會以兩種方式來判斷社會名流的身價：是明星就該有醜聞纏身、是電影公司就該有即將上檔的新片好宣傳**。伊莉莎白．泰勒是例外——或者說是典範。她不但總是醜聞纏身，而且隨時都有新片等著上映。當月的《電視廣播鏡照》便承諾讀者「莉茲．泰勒傾囊相授偷走別人男伴的心得！」而《電影》雜誌的內幕故事則是「波頓的孩子，為什麼莉茲非得替他生一個。」安迪看到封面上那些活色生香的大頭照就覺得開心——所有髮型、眼睛、和嘴唇都和他即將在「費洛斯藝廊」展出的作品《銀色的莉茲》一個樣。

九月份的追星雜誌裡還有另一個熱門故事，主角是兩名當紅的年輕演員——特洛伊・唐納修與蘇珊・貝茜（Suzanne Pleshette）。唐納修是個金髮萬人迷，他憑著在一九五九年的電影《畸戀》（*A Summer Place*）演出命運多舛的情侶、以及在一九六一年描寫菸草盛世的《鳳凰谷》（*Parrish*）當中的演出而擄獲少男少女的心。**安迪很喜歡唐納修金童般的俊帥外貌，經常以他為絹版畫作品當中的主角**。而貝茜則是唐納修的女友，這位性感的深褐髮女星在電影《花蕊戀春風》（*Rome Adventure*）和即將上映的《號角震天》（*A Distant Trumpet*）當中擔任女主角，她在來到洛杉磯之前原本是紐約劇場裡的演員。

當他們倆共同參與《花蕊戀春風》演出的時候，唐納修正因為任性、自私的風評而面臨葬送演藝事業的危機。在此之前，謠言盛傳他有酗酒問題——另外也有他曾經對前女友莉莉・卡黛兒（Lili Kardell）動粗的控訴。所幸因為貝茜是個沉穩冷靜的女孩，唐納修暴走的狀況在一九六三年九月改善許多。唐納修似乎已經改頭換面，所有雜誌的八卦專欄作家都在問這對金童玉女同樣一個問題：他們什麼時候要結婚？兩年穩定的交往只代表了一件事——這兩位年輕又有魅力的明星早已偷偷地「同居」了，而這在合約裡明訂了道德條款的電影產業裡是無法接受的。**訂婚，或者最好是結婚，會讓他們倆的關係聽起來體面一點。**

當安迪坐在車子裡，讀著關於特洛伊與蘇珊兩人愛情生活的點點滴滴（以及唐納修即將上映的電影《棕泉春光》〔*Palm Beach Weekend*〕的宣傳），霍伯夫婦已經將他們「電影明星派對」的邀請函寄出，也開始陸續收到賓客——包括唐納修與貝茜——的回函。霍伯夫婦是好萊塢最年輕、最時髦的夫妻檔，但在派對邀請卡這件事情上，他們卻是絕對的老派。他們寄出了相當正式的邀請卡（根據艾咪・范德比〔Amy Vanderbilt〕的禮儀指南，他們的邀請卡對於這樣的場合而言已經正式過頭了），卡片上以帕爾默式手寫體（Palmer Method）在印好的文字「敬請您大駕光臨」（request the pleasure of your company）上方謹慎地寫著「丹尼斯・霍伯先生與太太」，接著詳細填寫每一個欄位：事由（為安迪・沃荷舉辦的雞尾酒派對）、時間（九月二十九日星期日）、地點（北新月山莊大道1712號，洛杉磯46，加州），並且希望受邀者事先回覆是否出席。

身為受邀者之一的華萊士・柏爾曼將他的回函轉變為一件獨特的藝術作品。

柏爾曼原本便是「費洛斯藝廊」的藝術家，同時也因為他在「費洛斯」所舉辦的第一次個展遭到洛杉磯警方搜索而成為加州當地的傳奇人物，當時警方以展出內容過於猥褻為由關閉了展覽，同時對藝術家本人處以罰款。那次經驗讓柏爾曼受到相當大的驚嚇，從此他便不太願意公開展示他的作品，轉而專注於個人的拼貼創作與以前衛藝術與文學為主題的《塞米納》雜誌（*Semina*）。

如果說霍伯夫婦的邀請卡是一種屬於上流社會、象徵禮教的正式文書，柏爾曼便以他的拼貼技巧徹底顛覆了他所收到的邀請卡。他在邀請卡上方的角落潦草地寫了「接受。WB」（Accepted. WB），並且在卡片主體上黏貼了一張棕褐色調的手撕邊照片，照片裡兩對臉部被部分遮掩的男女正在調情親熱。**改造後的邀請卡看起來既詭異，又帶有陰鬱的情慾色彩。接著他在邀請卡上貼了郵票，並且在九月二十五日將卡片寄回給霍伯夫婦。霍伯夫婦意識到他們平淡無奇的邀請卡已經被提升為一件「集合藝術」**（assemblage art）作品——這一類的拼貼作品都被稱為「集合藝術」——於是他們將它裱了框，為他們的收藏再增添一件「華萊士・柏爾曼」的最新創作。

其它賓客的回覆雖然少了點想像力，但也同樣熱烈。他們都很樂意來參加由愛玩樂出了名的霍伯夫婦所主辦的派對。除了柏爾曼、唐納修、和貝茜之外，其他同樣日漸嶄露頭角的年輕演員，像是薩爾・米尼歐（Sal Mineo，他與霍伯同樣參與了《巨人》和《養子不教誰之過》的演出）、狄恩・史塔克威爾（Dean Stockwell）、約翰・薩克森（John Saxon）、小羅伯特・沃克（Robert Walker Jr.）、羅斯・坦布林（Ross Tamblyn，最為人熟知的角色是電影版《西城故事》〔*West Side Story*〕當中性情暴躁的噴射幫〔the Jets〕老大瑞夫〔Riff〕）、和差點和布魯克結為親戚的彼德・方達，他們都回覆將會出席派對。至於藝術圈這邊，霍伯夫婦則邀請了爾文・布魯姆和他「費洛斯藝廊」代理的藝術家們、《藝術論壇》雜誌（*Artforum*，他們的辦公室就在費洛斯藝廊樓上）的約翰・柯普蘭（John Coplans）、還有遠道來訪的紐約客——克雷斯和派蒂・歐登伯格——等人。**這些好萊塢東道主們將合力為安迪帶來一個名流雲集、親密融洽的夜晚，這是追星族安迪一直懷抱在心中、卻從來不敢奢望成真的夢想。**

Town House
MOTEL
VACANCY

出發

第九章

我們坐在餐廳邊邊的一個包廂裡——事實上，我們這個包廂活像是餐廳提供的餘興節目一樣。

——安迪．沃荷

We sat in a booth over on the side – and were, in fact, a sideshow.

18「假使我們不換到『我』想去吃的餐廳用餐，那我就立刻退出這趟旅行。」

聖路易！看到這座城市，就讓這群旅人開心地想起——**打從他們前天晚上離開紐約到現在，他們已經駛過將近一千哩的旅程了**。這裡的景色和曼哈頓很不一樣，大片天空取代了摩天大樓——但最讓安迪和傑拉德興奮的是，他們生平第一次親眼見到**歷史上別具意義的密西西比河**（Mississippi River）。他們也會看到壯麗的**「大拱門（Gateway Arch）」還未建成之前的地基**，這座巨大的建築物是為了要紀念聖路易的輝煌年代——它曾經是前往西部的重要閘道，當時探險家、牛仔、拓荒者、移民家庭、和像安迪這樣的旅人都會取道聖路易前往傳說中的美國邊境。

一開始，對於這座城市應該建造什麼形式的紀念建築有頗多爭議，但在一九四七年，一位名叫埃羅・沙里寧（Eero Saarinen）的芬蘭裔美國建築師以其優雅的設計——一座挑戰地心引力、高聳雄偉的鋼構建築——擊敗其他競爭對手（包括他自己的父親埃利爾・沙里寧〔Eliel Saarinen〕）脫穎而出。這項計畫因為財務與官僚問題而一再延宕，直到一九六三年才開始動工，但一九六五年大拱門完工時，六百三十呎的高度讓它得以獨享美國最高人造紀念碑的美名。

在車上度過漫漫長夜之後，這群「男孩們」都感到飢腸轆轆，也很想下車活動一下筋骨。於是安迪拿出他的皮面小手冊——布蘭奇信用卡餐廳指南，打算從裡頭找個地方用餐。**他很把餐廳指南上的推薦當一回事，一部分是因為他可以在這些地方使用他的信用卡，另一部分則是因為他相信指南上的餐廳具有與這張信用卡相配的高水準。**

在以牛肉聞名的城市裡，上傳統牛排館用餐應該是個不錯的選擇。但旅行團裡見過最多世面的泰勒（他也是貨真價實的中西部人，並且已經素食多年）對於他們原本挑選的餐廳相當不以為然。他立刻把這間餐廳排除掉，說那是「冒牌貨」，意思是雖然它假裝像是間道地的西部餐廳，實際上它只是以牛仔風情吸引觀光客上門而已。**然而對安迪來說，「冒牌」西部和「正牌」西部都一樣迷人。畢竟艾維斯也不是個貨真價實的牛仔，但他穿上那身行頭就是好看。**

離開聖路易之後，他們一行四人仍舊回到充滿傳奇色彩的**六十六號公路**，繼續向西行駛。這條公路有許多別名，像是**「美國主街」**（Main Street of America）、**「母親之路」**（Mother Road）、或**「潮人公路」**（hipster's highway）。這是從大湖區（the Great Lakes）到太平洋岸（the Pacific Coast）最短也最直接的路徑，在他們抵達終點——也就是太平洋岸——之前，這條公路將帶他們經過七個州（他們略過伊利諾州〔Illinois〕）——密蘇里州、堪薩斯州、奧克拉荷馬州、德州、新墨西哥州、亞利桑那州、和加州。**除了是橫越美國之旅最直接、最短的路線方案之外，六十六號公路本身就是一個聞名於世的名勝。**就像迪士尼樂園遊園車路線一樣（雖然六十六號公路顯然長得多了），在這條路上可以一覽美國生活的全景，從亞伯拉罕・林肯（Abraham Lincoln）年輕時開業當律師的地點、到亡命之徒傑西・詹姆斯（Jesse James）搶劫的銀行，所有一切盡收旅人眼底。而且就如同遊園車路線，六十六號公路也被認為是一隻會賺錢的金雞母。

催生這條著名公路的是一位名叫賽勒斯「賽」・艾佛瑞（Cyrus “Cy” Avery）的奧克拉荷馬商人，他在一九二〇年代期間從事過各種不同產業的工作，包括房地產、煤礦、石油等等。但他最大的熱情在於道路與公路。當時汽車是一種新興產物，所以需要興建或發展道路，以符合汽車駕駛的需求。艾佛瑞最喜歡做的事，就是研究地圖，或安排兩個地點之間的交通路線。他獨特的專長讓他當上了美國聯合公路協會（Associated Highways Association of America）的主席，同時並擔任奧克拉荷馬州際公路委員會（Oklahoma’s State Highway Commission）與美國州際公路協會（American Association of State Highways）的委員。當美國農業部部長需要找人來進行複雜的全國州際公路路網規劃時，賽．艾佛瑞自然成為不二人選。

他在這項工作上的表現非常稱職，但到了決定從芝加哥到洛杉磯的路線時，**他順從了內心、而非大腦的聲音。他堅持，這條新公路「必須」要經過、而且盡可能地涵蓋他的家鄉奧克拉荷馬，因為他知道這會為當地居民的生活帶來繁榮。**但就在艾佛瑞如願以償、也滿心期待「六十號公路」——他以為這條公路會如此命名——盛大啟用之時，他發現這個號碼已經被與他競爭的其他道路計畫官員搶先一步用於維吉尼亞州到密蘇里州的公路上了，於是艾佛瑞只好被迫遷就他的第二選擇，六十六號。雖然他一開始的確心有不甘，但後來他卻相當欣賞這組新數字的頭韻發音。

艾佛瑞天生是個藝人，他非常了解公開宣傳的價值，當然也體認到要將旅客吸引到全新打造的六十六號公路上，最好的辦法就是要廣為宣傳。**一九二六年，他成立了「美國六十六號公路協會」**（U.S. 66 Highway Association），替這條公路取了「美國主街」的別名，並且開始在雜誌上大肆宣傳六十六號公路的優點與沿途名勝，邀請旅人們「從這條速度快、容量大的公路進入充滿歷史感的浪漫西部」[136]。隨著六十六號公路上的車流量愈來愈大，沿途的商業活動——尤其是加

136 亞瑟．克林姆（Arthur Krim），《六十六號公路：美國公路圖解》（*Route 66: Iconography of the American Highway*, Center for American Places, 2005），第八十一頁。

油站、汽車旅館、和餐廳等供應汽車旅客基本需求的場所——也愈來愈熱絡。

在經歷了一段無比繁華的時期之後，六十六號公路展開了歷史上陰暗又悲慘的一頁。**在經濟大蕭條與長期乾旱的雙重打擊之下，大約有五十萬人被迫離開家園，其中有許多是農田在一九三五年遭可怕的沙塵暴（Dust Bowl）襲擊吹毀的農民。**二十萬名無家可歸、心灰意冷的難民沿著六十六號公路向西遷移，有些人坐著滿載家當的老爺車或卡車，有些人則是除了背上的個人衣物外什麼都沒有、就這麼徒步走著。這列由受難移民所組成的隊伍看似緜延無盡，**但就像作家約翰・史坦貝克（John Steinbeck）在他的史詩小說《憤怒的葡萄》**（*The Grape of Wrath*）**當中所描述的，他們將六十六號公路轉變成為「飛翔之路」**（the road of flight）。

二次世界大戰之後，美國榮景再現。人們樂觀、富有冒險精神，而且渴望追求新機會。一九四六年，二十八歲的作曲家鮑比・楚普（Bobby Troupe）[137]與太太辛西亞（Cynthia）將行李裝上他們的別克敞篷車，和賓州的家人道別後，便前往好萊塢發展他的事業。楚普之前已經創作過一首暢銷歌曲，現在他希望能再找到下一個靈感。辛西亞提議，既然他們現在車子正開在四十號公路上，不如作一首關於四十號公路的曲子；這個提議顯然並沒有帶給楚普靈感。又過了幾個小

137 經查證應為Bobby Troup。

時，他們在聖路易切換到另一條公路，這時辛西亞不放棄地提出了第二個建議。**「《在六十六號公路上找樂子》**（Get your kicks on Route 66），」她在看到路邊的廣告牌之後開玩笑地說。

楚普覺得這個點子妙極了。「這個曲名漂亮！要命，這曲名太棒了！」他說。他們一邊開著車，一邊拼湊出重現他們橫越美國之旅的歌曲輪廓。地圖是他的靈感泉源，他在歌曲中提到了幾個路上見到的地名。楚普把他的歌曲草稿拿給納京高（Nat King Cole）看，簡單易記的歌詞與爵士風格、十二小節藍調的節奏，立刻吸引了這位當紅歌手。納京高當年便灌錄了這首歌曲，而這首曲子也隨即風靡全美國。同時，它也成了這條公路的非官方主題曲。

在四〇年代末期與五〇年代，小家庭會開著新型的汽車——爸媽坐前座、孩子們在後座——駛上這條公路，追求美國最新、最熱門的消遣活動，家庭假期。嘉年華會般的氣氛是六十六號公路獨有的特色，深深吸引著父母與孩子們。沿路上有配備電視、空調、與游泳池的汽車旅館（一個晚上只需要少少的費用）；有「POP HICKS」這一類主打烤肉、漢堡、和奶昔的餐廳；還有別具異國情調的動物園，像是「塞爾達·戴維斯的鱷魚農莊」（Zelda Davis's Alligator farm）、和「帝王爬蟲觀光農場」（Regal Reptile Ranch）——這些都是經濟實惠、老少咸宜的活動。

這些旅客們享受的是美好、純淨的陽光假期，然而作家傑克・凱魯亞克和他的夥伴們卻另有一番灰暗的經歷。在聽過納京高的《六十六號公路》之後，凱魯亞克便起意要在一九四七年展開他的第一趟公路旅行[138]，**「找樂子」是其中他最感興趣的部分。對凱魯亞克來說，六十六號公路是一條「迷幻藥公路」**（Benzedrine Highway），這個名字是他和詩人查爾斯・普萊梅爾（Charles Plymell）取的，指的是進出加州的垮世代駕駛們會吸食迷幻藥，好讓自己在深夜、快速行進的旅途中能保持清醒。凱魯亞克在《在路上》一書中所描寫的，正是這些橫越之旅當中一個又一個風馳電掣的夜晚。

電視當中，刻劃出公路旅行的酷帥面、同時也讓安迪動了飛車之旅念頭的節目，便是哥倫比亞廣播電視公司（CBS）創新型態的電視劇《六十六號公路》（*Route 66*）。在每一集的節目當中，兩位開著招搖的科維特（Corvette）跑車、準備前往西岸的青年探險家——塔德・斯泰爾斯（Tod Stiles）和巴茲・默多克（Buz Murdock）（分別由輪廓分明的金髮帥哥馬丁・米爾納〔Martin Milner〕和深色髮的陰鬱小生喬治・馬哈里斯〔George Maharis〕飾演）——沿途在一些典型的美國小鎮上停留，同時被捲入當地的離奇事件當中。

138 傑拉爾德・尼可西亞（Gerald Nicosia），《記憶寶寶：傑克・凱魯亞克評傳》（*Memory Babe: A Critical Biography of Jack Kerouac*, Berkeley; University of California Press, 1994），第一百四十四頁。

從影集一開頭響起、由尼爾森・李鐸（Nelson Riddle）所譜寫的爵士風主題曲，到片中以手持式攝影拍攝坐在疾駛敞篷車中的主角們所呈現出的紀實風格，在在都顯示了《六十六號公路》絕非一般通俗的影集。就拿這件事來說，它是第一部到現場出外景拍攝的電視影集。資深編劇史特靈・希利芬（Stirling Silliphant）會早幾個星期到選定的地點物色新故事。**他會從當地的人物與背景中找尋靈感，接著再發展出具有地方特色的情節。**舉例來說，以馬里布海灘（Malibu）為場景的那一集便是以衝浪者為主題。當劇本接近完成的時候，演員與劇組便會前往當地，並且在一星期之內迅速完成拍攝與後製。**等這些影集上映時，許多觀眾們才頭一次發現——原來這個國家的每一處都各有其獨特的風情呢。**

這部帶有肥皂劇本質的遊記影集掀起了一陣旅遊熱潮。「馬哈里斯和他的夥伴馬丁・米爾納……或許比美國汽車俱樂部（Automobile Club of America）還吸引了更多的休閒駕駛把車開上這條公路，」《紐約時報》說。

在許多代表性的書籍、歌曲、與電視節目加持之下，六十六號公路展現了一段悠長而多采多姿的歷史，讓安迪與傑拉德兩位橫越美國之旅的新手嚮往不已。

然而當安迪看到這條傳說中的母親之路時，一開始他或許會以為自己回到了童年時期的匹茲堡，或者是在美國任何一個地方的「主街」（Main Street）上。在聖路易，「公路」兩旁盡是單調的社區，路邊勉強可以算得上是景點的是一棟中型白色木板建築，和等著購買冰品的冰淇淋迷排成的人龍隊伍。一車車的消費者不斷來到六十六號公路上人氣最旺的「泰德德魯斯」（Ted Drewes），它們所販賣的自製冰淇淋濃稠又綿密，被消費者暱稱為「水泥」（concrete）。

當車子駛離聖路易之後，沿途的景致漸漸有趣了起來，路旁開始零星出現一些豪華的汽車旅館。**安迪認為路邊的汽車旅館非常具有美國特色，他特別欣賞其中強調圓弧輪廓與玻璃磚牆、被稱為「摩登流線」（Streamline Moderne）的時髦風格建築**。而除了擁有這種華麗迷人的外觀設計之外，六十六號公路上豪華的「珊瑚庭汽車旅館」（Coral Court Motel）還提供偷情男女一個別具巧思的「摩登」解決方案：每個房間都有一個專屬、與室內直接相通的車庫，如此一來偷情的伴侶就不必擔心在進出旅館房間時被人撞見了。

泰勒決意要改善旅途中的用餐品質。安迪總是要從他的信用卡指南當中挑選餐廳，而這些餐廳單調又乏味（通常也很難吃），泰勒對此發動了他的反擊。他承認，大城市裡的確有一些很不錯的布蘭奇信用卡特約餐廳[139]，**但這裡是六十六號公路，指南上提到的都是些「半調子假優雅」、「給布爾喬亞中產階級們去**

139 約翰・威爾考克，《安迪・沃荷自傳及其性生活》，第一百三十四頁。

的，」他嗤之以鼻地說。泰勒想要更真實的在地體驗，於是他堅決果斷地表示，他們應該要跟從公路旅行老鳥們的基本守則第一條，也就是傑克 D. 瑞登豪斯（Jack D. Rittenhouse）在《六十六號公路指南》（*A Guide Book to Highway 66*）當中所寫的，**「任何時候你只要看見路旁的咖啡店外頭停了好幾輛大卡車，通常就可以確定這裡有很棒的咖啡、甚至是其他的美食，因為這些長途駕駛的司機們最清楚該在哪裡停車休息。」**

一九四六年，瑞登豪斯撰寫了史上第一本六十六號公路指南，他說這是一本「詳盡介紹每一哩路的旅行指南，告訴你如何從旅行中得到最大的樂趣」。他開著一輛一九三九年美國班坦汽車（American Bantam）公司出廠的老轎車，「從清晨到傍晚，以每小時三十五哩的速度」在這條公路上行駛，進行他的研究調查[140]。瑞登豪斯一邊開車，一邊想辦法在寫字板上凌亂地做著筆記與塗鴉。他收集了許多關於六十六號公路上各個地點的實用資訊（包括該地位置、人口，以及加油站、飲食、和住宿相關資訊），以及一些有用的小祕訣。

但是泰勒不需要旅遊指南來告訴他上哪裡用餐。他在過去較短程的越野旅行當中曾經在一些很棒的簡餐店與路邊小館子吃過飯，他知道哪裡會有像是《樂享美妙旅程》（*Diners, Drive-ins, and Dives*）節目裡介紹的那種平民美食，那才

140 傑克·D.·瑞登豪斯，《六十六號公路指南》（Albuquerque: University of New Mexico, 1989），第二頁。

是他衷心渴望的食物。在密蘇里州，最棒的餐點可能是在「三郡卡車休息站（Tri-County Truck Stop）」和另一個卡車駕駛們喜愛的「鑽石休息站（the Diamonds）」[141]；在奧克拉荷馬州，「克蘭頓小館（Clanton's Café）」（有名的餐點是「炸雞式牛排〔chicken fried steak〕」和「炸小牛睪丸〔calf fries〕」——裹粉油炸的小牛睪丸配辣根醬）和「岩石小館（Rock Café）」才是首選；在德州的酢漿草鎮（Shamrock），藝術裝飾風格（Art Deco）的「U-Drop旅店」是傳說中奧克拉荷馬市與阿馬里洛之間最棒的美食餐廳。

「假使我們不換到『我』想去吃的餐廳用餐，那我就立刻退出這趟旅行。」泰勒在發現他可能又要對餐點感到失望的時候便斷然地說。他受夠「單調的食物和單調的人們了」。安迪屈服了，他答應泰勒下一間餐廳就交給他挑選，但安迪心裡想的其實是——恐怕泰勒對於勾引卡車司機比對喝杯好咖啡來得有興趣多了。到了密蘇里某處，泰勒開始給開車的韋恩指東指西，要引導他把車開到最近的休息站。最後他們的「獵鷹」停進了「鑽石休息站」的停車場，這是一處非常大的卡車休息站，裡頭停滿了……卡車。泰勒形容這間餐廳看起來就像是一座「宏偉的圓形建築」[142]。原本便自稱為「全世界最大的路邊餐廳」的「鑽石休息站」在一九四八年遭到祝融之災，後來重建時便改為「摩登流線」設計的外觀樣

141 經查證，「鑽石卡車休息站」原為「三郡卡車休息站」的前身。「鑽石卡車休息站」於一九二七年開幕，原建築毀於一九四八年的火災，但隨即於一九五〇年重建為「摩登流線風格」的新建築。一九六七年，休息站老闆史賓塞．葛洛夫（Spencer Groff）於四十四號州際公路旁另開新休息站後，便將原「鑽石卡車休息站」改名為「三郡卡車休息站」。（資料來源：《六十六號公路百科全書》〔*Route 66 Encyclopedia*〕，吉姆．辛克利〔Jim Hinckley〕，Voyageur Press，2012），第二百六十八頁）。

142 對泰勒．米德進行的訪談，二〇一二年五月二十一日。

式。休息站老闆很巧妙地將用餐空間分為卡車司機用（他們對於餐點與時間都絲毫不浪費）和一般消費者用。

19假使他們有車速上的顧慮，最好的做法便是放棄六十六號公路。

飢腸轆轆的四人組走進了餐廳，看起來就是很與眾不同。高個子的韋恩、傻里傻氣的泰勒、像個遊魂似的安迪、和時髦帥氣的傑拉德，這個組合不論在什麼場合中看起來都很怪。但在這裡，周圍盡是穿牛仔靴、戴寬沿帽的人，走路全都一副大剌剌神氣活現的模樣，這下他們四個人可成了表演餘興節目的怪咖了。他們在一個包廂裡坐下，這時餐廳裡所有目光突然投向他們，讓他們覺得十分彆扭。**「我不知道我們到底是有哪裡看起來不對勁。」**[143]**幾年後安迪回想起這件事，他裝傻說。但他很肯定當他們一走進餐廳，裡頭就開始進入「外星人入侵」的警戒狀態，許多好奇的當地人也紛紛靠過來想把他們看個仔細。**

這裡到處都是乾乾淨淨、整整齊齊的年輕人，看起來和紐約的年輕人很不一樣。根據安迪的說法，**在老家**[144]**，「莉茲在《埃及豔后》裡的模樣——烏黑亮麗的長直髮、瀏海、和埃及人一般的眼妝」正是時下最流行的打扮。**除此之外，還

143 沃荷、哈克特，《普普主義》，第五十頁。
144 沃荷與海克特，《普普主義》，第三十六頁。

有來自搖擺倫敦的活力新造型，像是年輕的時尚設計師瑪莉・官（Mary Quant）往裙襬大刀一剪創造出大膽作風的迷你裙，以及充滿想像力的髮型設計師維達・沙宣（Vidal Sassoon）一刀刀替女性剪出充滿幾何感的短髮。

但在這個卡車休息站可完全不是這麼一回事。安迪注意到，這裡的女孩們還是打扮得跟清純少女一樣，頭上紮個馬尾，穿的是漿過的女式上衣；男孩們不是理個平頭，就留個抹上髮油、後梳的農夫頭。在過去這兩天裡，安迪還看到女孩子們穿著喀什米爾毛衣搭配五〇年代的大蓬裙，這種穿搭早已經過時好幾年了。**美國幅員太廣大了，最新的時尚、趨勢、習俗、所有一切，大概得花上三年的時間才能從東西岸（更別說倫敦）傳播到「美國主街」來**。這些孩子們很友善，對這些闖入者充滿好奇，尤其在聽到這些人是從遙遠的紐約市來的之後表現得更加熱切。他們努力表現出很「酷」的樣子，把垮世代的用語——像是「（我）瞭了」（dig）——彆扭地掛在嘴邊，乍聽讓人不禁覺得好笑。但是在這種沒完沒了的環伺之下，再美味的餐點也教人難以好好享受。安迪離開餐廳的時候便發誓——在接下來的旅程中他只上布蘭奇信用卡推薦的餐廳，泰勒要抱怨就隨他去吧。

隨著韋恩或泰勒——看是誰坐在駕駛座上——猛踩腳下的油門，奧沙克山脈（Ozarks）綿延不絕的綠色山丘快速地在他們眼前閃過。他們越過密蘇里州州界，來到堪薩斯州的加雷納（Galena），接著在六十六號公路上行駛十三哩之後便進入奧克拉荷馬州。**這時候，旅人們必須再次做出重大抉擇。安迪非常擔心自己會趕不上霍伯家的派對，他不斷要求駕駛們盡可能保持最快的車速**。這時候加速穿越奧克拉荷馬州是明智的選擇，因為九月是奧克拉荷馬州的旅遊旺季，先是在維尼塔（Vinita）舉辦的「**威爾羅傑斯牛仔競技會**（Will Rogers Rodeo）」，接下來還有兩個州博覽會——**奧克拉荷馬市**（Oklahoma City）的博覽會在二十一日開始、**塔爾薩**（Tulsa）的博覽會隨後在二十六日展開。**這幾個都是美國最棒的慶典活動之一，大約有八萬至十萬人會從全國各地湧入，前來觀賞牛仔競技會、美國太空總署**（NASA）**的太空教育車**（Spacemobile）、**賽車、花卉、美食、甚至是藝術展覽**。假使他們有車速上的顧慮，最好的做法便是放棄六十六號公路，利用車速較快的威爾羅傑斯收費公路（Will Rogers Turnpike）前往塔爾薩，再接上透納收費公路（Turner Turnpike）直駛奧克拉荷馬市。

安迪和他的夥伴們在德州阿馬里洛的「透天厝」汽車旅館（Town House Motel）過夜。

Town House
MOTEL
VACANCY

出發

第十章

我們開車經過的每一個地方都和紐約如此地不同。——安迪．沃荷

Everywhere we drove through was so different from New York.

20其中安迪最喜歡看的便是路旁的七彩霓虹燈與告示板。

直到「獵鷹」駛過奧克拉荷馬州界進入德州之後，美國西部的帷幕才真正被揭起，令人驚嘆、且超乎想像的地景在安迪與傑拉德面前展開來了。他們生平第一次見到德州廣袤的平原——被太陽烘烤的土地「如此地開闊，看到下禮拜也看不完，」當地人喜歡如此吹噓。**「這裡幾乎和海洋一樣廣大、渺無人跡，」**[145]**探險家藍道夫・馬爾希上校**（Captain Randolph Marcy）**說**。他在一八四九年踏上這片尚未開發的土地，當時這裡是美國原住民——包括奇奧瓦族（Kiowas）和科曼奇族（Comanches）——以及大群水牛的居住地。一九六三年，這裡唯一可見的起伏輪廓就是防風林——成排交錯種植的樹林可以防止夾帶著沙塵、雨雪的強勁北風吹進德州平原。

傑拉德發現這種景色很催眠。他知道自己應該更善用時間一點：華格納文學雜誌的完稿和繪圖板都還塞在他的大行李箱裡，等著他拿出來繼續展開工作。然而隨著旅程一哩一哩不斷前進，那些不意間讓他想起學校、家庭、責任的事物也似乎離他愈來愈遠了。比起來，和安迪還有其他傢伙聊天打屁、聽音樂，還有透過「獵鷹」的全景車窗凝望著不斷變換的景物、與德州一望無垠——總是占據了

145 A. G.莫伊塔巴（A.G. Mojtaba），《有福的確證：德州阿馬利洛，家與核彈同在》（*Blessed Assurance: At Home with the Bomb in Amarillo, Texas*, Syracuse, NY; Syracuse University Press, 1997），第十五頁。

四分之三畫面——的藍天，這些事可要有趣多了。

在他們經過潘漢鐸的時候，傑拉德發現有些地方不太對勁。他不斷地看見遠方有水、或者他認為應該是水的景象。有時候是地平線上的一處湖泊，有時候是路面上的水窪。但只要車子接近他原本認為有水的地方，這些景象便消失了。**後來傑拉德發現他看到的原來是海市蜃樓，這種現象他過去曾經在故事或電影當中看過，但卻從來沒有親身經歷過。對於在布朗克斯長大的男孩來說，這個生平第一次的體驗讓他興奮不已。**有趣的是，海市蜃樓並不是幻覺或妄想虛構出來的產物，而是一種視覺現象。「水」的影像是由光線與不同溫度的空氣交互作用所造成，即便該處並非真的有水，但這個影像是確實存在、而且可以被拍攝下來的。

儘管海市蜃樓的現象有其科學上的解釋，但在傑拉德眼裡卻充滿了詩意。這個閃爍不定、難以捉摸的影像激發了他的靈感，於是他提筆寫下了一首關於人、自然、與知覺奧祕的詩。對於正在公路旅行途中的二十歲男孩來說，這些主題似乎有些沉重。然而，傑拉德並非尋常的二十歲男孩。他是以字作畫的藝術家，就像他在路邊沉思時所作的，一首標題為《蜃影》的詩。他甚至將這首詩的格式排列為兩欄，就像公路的車道一樣。

蜃影（Mirage）

水
玩弄著
地平線的邊緣
大地的
中央
似乎有什麼
在與太陽
搏鬥著，
彷彿，看到
空氣中的顫抖
穩穩地變成了
一種膠著
與這條道路
通往銀色表面的道路，
密不可分

神妙而迷離
在炙熱的原野上
看見那片海
不是觸動而已
那片海
吸引著我們
向它的騙局行去，
道路愈退愈遠
它也愈加透明而扁平，

待我們接近
那片海
卻又往內地飄移而去
就像這條道路
直指向西

是不是

有什麼
消失在那片海裡？
我們只是太過相信
自己的眼睛
而非否認
距離已經將我們
限制在這片土地
那片陌生海洋
的邊際
我們永遠無法企及
這熱
漸漸發威
再不多久
就要升上山頂
當我們
帶著自信與速度靠近
它又幻化為海，
成為路面上的一處蜃影
©傑拉德．馬蘭嘉（Gerard Malanga）

傑拉德深深陶醉在六十六號公路的自然奇觀當中，然而安迪卻特別著迷於沿途人造的景物。從後座舒適的床墊上，安迪看到各式各樣令他眼花撩亂的景色。U-Drop旅店不協調的藝術裝飾結構與高塔；矗立在「帝王爬蟲觀光農場」前一座作勢攻擊的巨大眼鏡蛇雕像；全世界最高的圖騰柱、十四呎高的卡奇納娃娃（kachina doll）[146]、超級巨大的牛奶瓶、資源回收場、報廢車、和其它新奇有趣的事物……**六十六號公路上所有一切都比實物來得巨大，就像是一場真正的餘興節目。**

其中安迪最喜歡看的便是路旁的七彩霓虹燈與告示板。想當然爾，這位插畫出身的普普藝術家對於林立的戶外廣告活動會特別感興趣。**安迪喜歡告示板，因為它們是巨大的畫作，主要以三原色繪製，就像他的普普藝術作品一樣**。在早期的廣告活動中，人們之所以開始利用簡單的圖像廣告為地方上的商家作宣傳，主要是為了將訊息傳達給不識字的文盲（因而特別強調圖像以取代文字）。

但是在一次世界大戰之後，戶外廣告成了一筆大生意，策略性地擺放告示牌成了銷售利器。美國人開始購買汽車，也花愈來愈多時間在道路上。只要廣告商將「速度的美學」考慮進來，從消音器到餅乾，告示牌上其實什麼東西都能賣。當車子在移動時，車內駕駛對於招牌的感知與徒步或慢速交通工具上的人們是不

146 卡奇納是普韋布洛印地安人（Pueblo Indians）所崇拜的神靈。

一樣的，所以若想要吸引移動中的人們，告示牌就必需找到新奇的展示手法。

男性修容用品公司「柏馬刮鬍膏」（Burma-Shave）特別為行駛中的汽車設計了一套供其駕駛觀看的廣告招牌。在這些廣告活動裡，他們會在路邊連續設置六個看板，每個看板看似某個謎語的片段，這些片段會組成一句妙語加上產品品牌名稱，例如**「開著汽車／以時速七十五／翻山越嶺的／駕駛們／已經入土／柏馬刮鬍膏」**（Hardly a driver / Is now alive / Who passed / On hills / At 75 / Burma-Shave）。**旅人們覺得這些妙語相當有意思，也很期待能夠再次看到這些招牌。**這間公司對於自己聲名遠播的路邊廣告活動非常有自信，他們甚至還為此另外開發了一套招牌：**「假使你／不知道／這些是／誰的招牌／你是沒辦法／開太遠的／柏馬刮鬍膏」**（If you / Don't know / Whose signs / These are / You can't have / Driven very far / Burma-Shave）。

柏馬刮鬍膏的廣告招牌的確曾經流行一時，但到了一九六〇年代卻風光不再。由於大家的車速愈來愈快，駕駛（或對乘客而言）沒有足夠的時間消化過多的文字。有說服力的訊息應該要是「簡短、扼要、有效率的」[147]，或者，就廣告大師弗烈德里克·克茲（Frederick Kurtz）所說，有效的告示牌應該是「在一閃而過的情況下，能冷不防與人短暫快速地相遇」。**在戶外廣告裡，一張圖畫能勝**

147 凱瑟琳·葛蒂絲（Catherine Gudis），《條條道路通購買：告示板、汽車、和美國的道路風景》（*Buyways: Billboards, Automobiles, and the American Landscape*, Oxford; Routledge, Psychology Press, 2004），第六十五頁。

過千言萬語。簡潔有力的廣告標語變得熱門起來，因為它們在來來去去的短短幾秒內就可以被看見、理解、和記住，達到廣告的目的。六〇年代早期有好幾個成功的廣告活動，包括「莫頓鹽」（Morton's Salt）的雨滴、雨傘、和「好倒不怕下雨天」（When it rains, it pours）；「百威啤酒」（Budweiser）的金髮滑水女郎與「有生命就有百威」（Where there's life…there's Bud!）；「威爾森火腿」（Wilson's Ham），它們保證「不會浪費，因為太美味」（No waste, Great taste）；還有大家都喜愛的「確不同」（Coppertone）光屁股小丫頭和拉扯她游泳衣的淘氣小狗，以及「在陽光下最快曬出漂亮膚色」（Fastest tan under the sun）的承諾。

告示板是成功的廣告策略，但有些告示板的設計卻失了準。福特為了宣傳它們全新上市的「獵鷹」車款，推出一個野心勃勃、但卻可能誤導消費者的廣告。雖然這是一部大眾款的汽車，但它的廣告概念卻太過曲高和寡。為了向米開朗基羅（Michelangelo）最具代表性的梵蒂岡教堂濕壁畫《創造亞當》（*The Creation of Adam*）致敬，巨大的告示板上出現了兩隻手與伸長的食指……相互交纏以爭奪「獵鷹」鑰匙的保管權。

另外也有政治性的告示板為候選人與政治議題作宣傳（「這次選尼克森」（Nixon This Time），還有電影告示板散播著新片上映的消息（**例如阿弗烈德・希**

區考克警告著：「鳥來了！」（The birds is coming!）——這個標語的文法正確性引起了一番爭論）。如果遇到閒置租不出去的告示板空間，與其放在那裡浪費，告示板公司會拿它來作公益服務使用。一塊正經八百的告示板上畫了一張輪椅，旁邊有一段令人心驚的文字：「開車不認真，這張椅子就是你的。」（You can get the chair for careless driving.）但同時也有異想天開的內容，例如一段「他今晚不想洗就別洗吧」（Let Him Skip His BATH Tonight）的標語，號稱是「為小男孩提供的公共服務」（A Public Service for LITTLE BOYS）。而擺在哪裡都適合、最受歡迎的告示板備胎就是「護林熊」（Smokey the Bear），警告著：「只有你能防止森林火災」（Only you can prevent forest fires.）。

各種內容、大小、或擺放位置的告示板將美國的街景變成一座巨大的商場[148]。安迪喜愛購物，所以透過車窗看見五彩繽紛的商品與服務陣容浩大地展示在眼前，讓他覺得非常開心。他心想，美國真是個奇幻仙境，不但有如展示著許多巨型畫作的藝廊，而且這些作品全都如此具有現代感！對他來說，這就是新藝術。

諷刺的是，安迪眼中的藝術，在別人看來卻是禍害。環境主義者稱告示板為「地景痲瘋病」（landscape leprosy）和「看板疹」（billboard rash）。一九六〇年代早期，一位具有崇高理想的建築師彼德．布萊克（Peter Blake）寫了一本《上帝

148 同147，第一百五十三頁。

的垃圾場》（*God's Own Junkyard*），書中探討人造物對美國國內地景所帶來的破壞，並加以嚴正譴責。布萊克極力呼籲美國人停止「一步步醜化美國的行動」。然而這是一場艱困的戰役。「美化環境」一向被認為是「景觀姊妹」（scenic sisters）們管轄範圍內的事，這些園藝俱樂部的太太們平常就只會碎念景觀漂不漂亮、環境是否優美這些雞毛蒜皮小事，但美國的企業們可是有許多正經事要幹的。

充滿理想的社會改革者不斷嘗試推動立法反告示板，但他們所提出的規範卻沒有得到太多的迴響。告示板業者的說客在華盛頓是一股相當大的勢力，因為他們所代表的企業與政客之間有某種特殊的關係。每逢選舉期間，告示板業者會提供免費的版面給候選人使用，因此有誰會腦袋如此不靈光，選擇為與他的贊助者立場相反的陣營發聲，然後眼巴巴看著這些好康被他的對手接收呢？

此刻告示板占得上風，大量各種產品、汽車旅館、餐廳、加油站、和名勝景點的廣告就像高速的幻燈片秀般以極快的速度接連閃過，讓安迪深深陶醉在其中。他發現，商業主義的發光發熱是六十六號公路極致的成就表現，這些景象讓他對於自己身為美國人感到相當自豪。**「那些你開車在路上看不到『免下車外帶』**（drive-ins）**、巨型冰淇淋甜筒和大到人可以走進去的熱狗、還有閃爍的汽車旅館**

招牌的地方，我可一點都不想去住，」[149]他滿腔熱情地說。

21「當你看著安迪的時候，你想的不會是『他戴的是假髮』，而是『老天，你看那個傢伙的頭髮！』」

被關在車上二十四小時之後，安迪和他的同伴們都開始有些不耐煩了。在德州某處，韋恩經歷了長途駕駛無可避免的時刻——黑色柏油路上的白線慢慢地催眠了駕駛。努力睜大眼睛、拚命眨眼睛，頭不住地點，身體的反應變得遲鈍……直到驚險萬分的緊急狀況出現，猛踩煞車讓腎上腺素瞬間飆高為止——這正是韋恩的遭遇。他將車子開到十字路口的時候，非但沒有把車停下來，反而跟著前車一路往前開。還好泰勒看到這一切，立刻大喊要他專心開車，這才讓他們免於發生一場可怕的車禍。安迪原本會一直要求開車的人把收音機打開，想要藉此讓駕駛保持清醒。**面對這回九死一生的經歷，安迪卻非常地鎮定。泰勒感到相當驚訝——安迪竟然在過了五到十分鐘之後才語帶平靜地責問：「韋恩，你剛魂是上哪兒去了？」**

這個事件突顯了一個事實——這群人在一路往洛杉磯衝刺的旅途中還是需

149 沃荷、哈克特，《普普主義》，第五十一頁。

要休息的，而且是現在立刻需要。遠方意外出現的都會景象顯示他們已經接近阿馬里洛的市郊了，這是他們今晚要落腳的地方。阿馬里洛過去原本是個牛仔小鎮（有句老話說，「在阿馬里洛和北極之間除了鐵絲圍籬之外什麼都沒有，而且它多半是倒的。〔There is nothing between Amarillo and the North Pole but a barbed wire fence and it's usually fallen down.〕」），但現在已經搖身一變成為大片不毛之地當中的綠洲，有著五光十色的都會生活與各種活動。

「獵鷹」一駛入阿馬里洛的市界，六十六號公路就換上了阿馬里洛大道（Amarillo Boulevard）的名字，這條主要幹道上有許多豪華汽車旅館與餐廳任君選擇。牛仔們有錢想找地方花，顯然阿馬里洛是附近唯一能找到樂子的地方。沿著繁忙的大街，許多炫麗奪目的招牌紛紛召喚旅人帶著他們的鈔票上門，但對於所有夢想一嚐厚切多汁、自養自銷牛排滋味的饕客來說，還是矗立在「德州大佬」（Big Texan）牛排館外的招牌最為吸引人。

「您好，」二十五呎高的牛仔似乎正微笑著對下方充滿好奇的人們說。他穿著色彩鮮豔的格子襯衫與牛仔褲，夜裡就像是指路的信號燈一樣。餐廳內部的一切，包括七十二盎司的牛排（只要能在一小時內吃完就免費），看起來都像他一樣巨大。

就在距離牛排館不遠的地方，「獵鷹」駛進了「透天厝」汽車旅館。和大街上其他十來間汽車旅館比起來，這個尋常的兩層樓式汽車旅館沒什麼特別之處，甚至連個明顯的招牌都沒有。但是它有空房，而且價格合理（一個房間七點二一美元，只收現金），所以這是在上路重新展開旅程前快速過夜休息的絕佳地點。安迪和傑拉德住一間房，泰勒和韋恩住另一間房。

對傑拉德來說，當安迪的室友真的是讓他大開眼界了。在紐約的時候，他大概花了一個月的時間才搞清楚原來他老闆古怪的頭髮是一頂假髮。**「一開始我只是覺得安迪看起來挺怪的，」他說。但看起來怪的是他的髮色，倒不是頭髮本身。「當你看著安迪的時候，你想的不會是『他戴的是假髮』，而是『老天，你看那個傢伙的頭髮！』」**[150]**傑拉德解釋說。**安迪是偽裝與變形的專家，你只看得到他想讓你看的。

一個炎熱的夏日夜晚，傑拉德陪著安迪和一些朋友去康尼島玩，還坐了雲霄飛車。他注意到強風幾乎——但並沒有完全——吹掉安迪頭上的假髮。然而一直到他們在阿馬里洛合住一個房間，他才知道安迪是如何固定住他的假髮的。安迪會帶一個小工具包進浴室，而當傑拉德偷偷打開安迪的工具包時，他看見裡頭有**剪刀和嬌生（Johnson & Johnson）的藥用膠帶。這些就是安迪的祕密武器，假使**

150 薛爾曼、達頓，《普普藝術：安迪．沃荷的天才》，第一百七十五頁。

他打定了主意，沒有人——即使是他最親密的朋友——會看見他稀疏的頭髮。

第二天，一行人依舊坐上「獵鷹」，繼續西行。途中到了德州小鎮阿德里安（Adrian），他們經過一間「傑西咖啡」（Jesse's Café），這間咖啡館的有名之處在於它不偏不倚正位於六十六號公路中點——距離起點與終點各一千一百三十九哩。他們還經過了格蘭里歐（Glenrio），這是他們離開德州前經過的最後一個小鎮，也是往東車輛進入德州後經過的第一個小鎮。

格蘭里歐地方雖小，但卻充滿了活力，觀光客在這裡可以找到一間商店、一個加油站、一間汽車旅館、和一間酒吧。聽起來單調得可憐，但附近地區實在是太荒涼了，以至於旅客們看到這些店家都會覺得格外開心。假使這裡仍然是熱門的六十六號公路休息站的話，這個小鎮或許還有成長發展的機會，然而新的州際公路計畫並沒有規劃一條通往格蘭里歐的交流道出口。少了這樣的規劃，汽車駕駛便再也不會經過這個小鎮，彷彿這個地方從來不存在過。其它仰賴六十六號公路的交通為其命脈的小鎮也面臨了類似的命運：它們都將緩慢地死去。有些店家（像「德州大佬」便是其中之一）已經有遠見地往州際公路附近遷移，這樣它們就可以繼續生存下去。但決定要留下來咬牙苦撐的其他業主們便面臨了觀光客流失的風險，這表示他們可能終將一無所有。

不過這時候的格蘭里歐還是有加油站的，而且他們也的確該將油箱重新加滿了。他們照例一邊加油，一邊等著看泰勒的傻男魅力對這裡的加油員是否奏效。接著他們回到公路上。「來吧！我們往洛杉磯去了，」[151]安迪反覆說著，他的情緒愈來愈興奮。現在只剩下一千哩路要走了。

151　史帝文・瓦特森（Steven Watson），《工廠製造》（*Factory Made*, New York; Pantheon, 2003），第一百一十一頁。

Town House
MOTEL
VACANCY

第十一章

出發

我們開得愈遠，在公路上所看到的一切就愈有「普普」味。——安迪．沃荷

The farther we drove, the more Pop everything looked on the highways.

22「一旦你了解什麼是『普普』，你就不可能再以同樣的眼光看待招牌；而一旦你有了『普普』的思維，你也不可能再以同樣的眼光看待美國了。」

一八四九年的一份土地調查中說，新墨西哥州的埃斯塔卡多平原（Llano Estacado）[152]有如「北美洲的撒哈拉大沙漠（Sahara）」——乾旱又險惡，「即使是野蠻人也不敢冒險穿越它。」就某方面而言，六十六號公路算是馴服了這片惡土。有些道路很窄，坑坑巴巴的路面可能會導致車輛失控，還有許多陡升坡和險降坡，這些對最出色的駕駛來說都稱得上是艱難的挑戰，更別提像韋恩和泰勒這一類「習慣性放鬆」的駕駛要如何招架了。**在這裡，當地居民會以這句話嚇唬外地人：「在六十六號公路上，你和死亡之間只有六吋再加一張捲煙紙厚度的距離。」他們交代旅人們「要多帶一桶備用水」，還提出警告：「別隨便轉往任何一條岔出去的路！」**

這一天是九月二十六日星期四——令人驚訝的是，他們離開紐約不過兩天的時間而已。但多變的道路狀況與高速駕駛的折磨，讓這輛可憐的「獵鷹」在過去的四十八小時內飽受摧殘，所幸它一路撐了過來，狀況還算令人滿意。**這段時間裡，安迪若不是在作白日夢，就是處於一種焦慮的狀態。當他盯著天空[153]，電話**

152 麥克・瓦利斯（Michael Wallis），《六十六號公路：母親之路》（*Route 66: the Mother Road*, New York: St. Martin's, 2001），第一百四十二頁。

153 沃荷、哈克特，《普普主義》，第五十頁。

線杆、電線、和招牌模糊的影子快速地從窗外一閃而過，他突然有個念頭：「一旦你了解什麼是『普普』，你就不可能再以同樣的眼光看待招牌；而一旦你有了『普普』的思維，你也不可能再以同樣的眼光看待美國了。」新墨西哥州的圖坎姆卡里（Tucumcari）就是一個最好的例子。

圖坎姆卡里是一個觀光小鎮，在兩個街區寬、兩哩長的範圍內就有多達兩千個汽車旅館房間是這個小鎮引以為傲的特色。**「今晚就在圖坎姆卡里！」（Tucumcari Tonight!）六十六號公路旁策略性地設置了許多這一類的告示板。在公路上跑了一整天之後，疲勞的駕駛們都很高興終於抵達了這個到處都是臥房的社區，他們得以找間汽車旅館，好好地睡上一覺。**除了汽車旅館房間之外，圖坎姆卡里最吸引人的地方在於閃亮的燈光與巧思獨具的各式招牌，它們把這裡妝點成一個霓虹幻境，也因此這段路雖短，卻是六十六號公路上令人難忘的風景。以位處如此偏僻的小鎮而言，當地店家的廣告看板質感著實出人意表。

「飛行M農場」（Flying-M Ranch）的白色霓虹翅膀明暗閃爍時，看起來就像是在拍動一般；「印地安帳篷珍奇館」（Tee-Pee Curios）是一家沙漠商品交易站，這裡從真正的美國原住民珠寶到專賣觀光客的首飾小物什麼都賣，一頂巨大的霓虹帳篷再加上五彩繽紛的圖案裝飾就是它最好的廣告；「約會」餐廳（La

Cita restaurant）的超大墨西哥帽昭告了這裡有道地的墨西哥家常美食；「牛仔汽車旅館」（Buckaroo Motel）的招牌上方則是一匹舉蹄躍起的野馬與騎坐在牠身上的牛仔；至於圖坎卡姆里霓虹王冠上的寶石則非「藍燕汽車旅館」（Blue Swallow Hotel）莫屬，白天招牌上吸睛的藍色調與新墨西哥州明亮的天空巧妙融合，而到了夜晚點燈之時，就會有一隻藍色燕子優雅地停棲在旅館的字樣上。

安迪和他的夥伴們對於爭奇鬥妍以吸引他們注意的霓虹招牌印象深刻。他們從沒想過會在橫越美國的公路之旅途中與「同門」的藝術前輩在真實世界裡相遇。泰勒為他們的反應做了總結[154]：「這是以全新的視野在看美國，到處充滿了沃荷或李奇登斯坦作畫時使用的那種明亮的三原色。尤其是六十六號公路沿途的廣告看板。我們愈往西走，所有的招牌與汽車旅館就愈像真實的普普藝術。」他認為安迪這趟旅行途經這些充滿活力的景致是個了不起的事件。「就好像普普藝術正在迎接由東方前來的普普藝術之王。」[155]

他們的下一站是阿布奎基，到了這裡，安迪可就非常清楚他想要在哪裡休息——豪華的希爾頓飯店。對安迪來說，這裡——就像當時所有的希爾頓飯店一樣——是優雅又有魅力的心靈綠洲，讓他得以暫時遠離卡車休息站與裝模作樣的「冒牌貨」。出身新墨西哥州的康瑞德・希爾頓在一九三九年蓋了這間旅館，接著

154 瓦特森，《工廠製造》，第一百一十一頁。

155 對泰勒・米德進行的訪談，http://planet group entertainment.squarespace.com/the-taylor-mead-interview。

在一九四二年，他帶著第二任妻子莎莎．嘉寶回到這裡度蜜月。他很得意自己蓋了這棟全新墨西哥州最高的建築物。**「我做夢也沒想到阿布奎基希爾頓竟然可以矗立在這裡，全州的中央，而且它高到影子可以投射到火車站那邊去。」**[156]他在自傳《做我的嘉賓》（*Be My Guest*）一書中以深表意外的語氣說。這棟建築有十層樓高，室內裝璜美侖美奐，擺設了藝術家威勒德．安德森（Willard Anderson）的壁畫作品，和新墨西哥當地師傅的手工藝品。大廳裡沉重的雕花傢俱與舊世界風格讓人不禁聯想起西班牙大公的豪宅。所幸，它不會讓人想起「獵鷹」旅行車的內裝，這些旅人們總算有幾個小時的自由可以好好享受。

那天傍晚，他們在阿布奎基市區裡閒晃，除了舒展一下雙腿之外也順便逛逛街景。**天氣很怡人——氣溫大約華氏七十幾度（約攝氏二十幾度），有微風。他們無意間發現路邊有一個照相亭，這是他們在紐約時最喜歡玩的消遣之一，於是他們決定要拍一組團體照來紀念這趟旅行。**傑拉德梳著一頭整齊油亮的髮型、穿著牛津布襯衫，看起來既年輕又有難以抗拒的魅力，此時的他已經在商場裡和一個女孩子打情罵俏起來了。他已經被困在車裡很長一段時間，現在總算有機會讓他施展一下調情的功力。**他們一行人擠進照相亭裡，傑拉德和泰勒在前排，安迪和韋恩在後排。他們盯著相機鏡頭，等著閃燈指示；等指示一出現，他們便對著**

156 康瑞德．希爾頓，《成為我的嘉賓》（*Be My Guest*, New York; Simon & Schuster, 1957），第十一頁。

相機做出耍寶的表情，睜大了眼睛咧嘴笑，看起來就像是他們正在享受捧腹開懷的一刻。就連韋恩看起來也是一臉開心的模樣，安迪更是笑容滿面。後來傑拉德搭訕的那個女孩突然跳進畫面裡，對著鏡頭露出了微笑。

在照相亭外，傑拉德正等著相片沖印出來。當機器吐出相片時，他按照以往的習慣對著相片吹氣直到它完全乾燥，然後再將相片收到襯衫口袋裡，心裡頭默記著回到旅館之後要找個安全的地方把它收好。對於一些他認為日後會有其重要性的特殊時刻，傑拉德有收集相關紀念物的嗜好。至於那個興奮的深色眼睛女孩，她在照片裡與他們留下了永恆的一刻——但隨後她便離開了，人生從此不再相遇。

第二天早上，也就是九月二十七日星期五，安迪發現從阿布奎基到洛杉磯只剩下十一個小時的路程，換句話說，他們比預定行程還超前了兩天。他們像超人一樣以衝刺的速度橫越美國，這讓他們有足夠的時間來趟額外的小旅行——在加州棕櫚泉（Palm Spring）度過悠哉的週末聽起來是個完美的旅遊方案。透過追星雜誌，安迪對這個豪華的度假勝地已經相當熟悉了。實際上特洛伊·唐納修最近即將上映的電影《棕泉春光》就是在那裡拍攝的。安迪覺得這個地方聽起來充滿迷人魅力，而且他一直期盼著能去造訪像這樣吸引許多名流前往的度假勝地。

棕櫚泉就像是好萊塢上流社會的後花園，這裡有優美的風景、絕佳的氣候，豪華的飯店內有游泳池、SPA、高爾夫球場、夜總會、和賭場……所有頂級假期的必備條件這裡都有。棕櫚泉之所以如此受到歡迎，另外還有一個實際面的考量。大多數明星的合約裡都有一項條款，他們被要求——電影拍攝期間，他們必須在電影公司發出召集通知的兩小時內回到公司報到。棕櫚泉離洛杉磯夠近，當電影公司祭出「兩小時命令」的時候，他們很快就可以回到片場。**「我走遍全世界，這裡還是我最愛的地方，」**在棕櫚泉置產的鮑勃・霍伯說。蓋博與倫巴德（Gable and Lombard）[157]、平・克勞斯貝（Bing Crosby）、瑪麗蓮・夢露、泰柏・杭特、貝蒂・葛萊寶（Betty Grable）、露西與戴西（Lucy and Desi）[158]、法蘭克・辛納屈（Frank Sinatra）、還有許多熠熠明星都和霍伯一樣，對這處沙漠中的寶地情有獨鍾。

棕櫚泉一如安迪美好的想像。他喜愛那裡晴朗明亮的藍天、兩旁棕櫚樹與豔麗鮮花排列成行的大道，以及充滿當地特色、所謂「沙漠摩登」（Desert Modern）風格設計的建築。這裡和六十六號公路不同，霓虹招牌在棕櫚泉是被禁止設置的，因為它們太過俗氣不入流；而「汽車旅館」聽起來也很沒水準，這樣的字眼在這裡絕對不可以拿出來使用。這些沙漠度假村刻意營造出上流、高級的氛圍，

157 克拉克・蓋博（Clark Gable）與卡洛兒・倫巴德（Carole Lombard）。
158 露西兒・鮑爾（Lucille Ball）與戴西・阿納茲（Desi Arnaz）。

希望能吸引富豪——而不是普通觀光客——前來尋歡作樂。

安迪翻查了他的布蘭奇信用卡旅遊指南，決定這一晚就投宿在「棕櫚泉金沙飯店」（Palm Springs Sands Hotel）。這間飯店位於聖哈辛托山脈（San Jacinto Mountains）的山腳下，除了坐擁迷人的景致外，飯店的導覽手冊裡提到它們刻意設計的異國情調燈光會讓人感到「如癡如醉」，並保證它們將帶給住客們「平價奢華」的享受，且「待客殷勤、一如以往」。在這裡，「您之所以受到歡迎不是因為您的身價，」飯店主管堅持說，「而是因為您成為我們佳賓時所建立的友誼。」這樣的宣傳詞或許稍嫌過火了些，但棕櫚泉多的是度假飯店，「金沙」總是得想辦法讓旅客對它留下深刻的印象。

「獵鷹」駛進占地廣闊的「金沙飯店」，停在大廳外頭。現在氣溫是華氏一百一十一度（約攝氏四十三度），到了週末氣溫預計還會升高到華氏一百一十六度（約攝氏四十七度）。棕櫚泉和洛杉磯正深受當地著名的秋老虎熱浪所苦，每個人看起來動作都慢吞吞、懶洋洋的。想要逃開這種炎熱地獄，最好的辦法就是跳進飯店游泳池裡，待愈久愈好。這裡的游泳池有跳水板、有滑水道，正是泰勒搞笑模仿水中精靈的絕佳表演舞台。**他跳著舞，對著望向他的每個人眉目傳情，到最後有個性感的建築工人和他看對了眼，並且跟著泰勒進了他的房間。泰勒**

說，他的幽會滿足了「所有人間接的性狂熱」[159]。其他每個人都愛聽他說得鉅細靡遺的幽會細節。

第二天，他們在棕櫚泉進行市區觀光之後，安迪發現街上有間「門羅男士專門店」（Monroe's for Men）。他在店裡買了泳褲、短褲、和其它能為衣櫃增添熱帶風情的衣物，回去之後他就可以把加州的隨性休閒穿在身上了。他們在星期六下午和傍晚的時間安排了一些遊覽活動，其中包括參觀附近的印地安威爾斯（Indian Wells），這裡新建了一間豪華氣派的飯店——「四面佛花園」（Erawan Garden）。

「四面佛花園」看起來就像是迪士尼樂園（Disneyland）一樣，這座耗資三百萬美元的度假村是以曼谷的知名飯店為藍本，共有十四間兩層樓式的小屋、兩座游泳池、「柬埔寨」（Cambodia）餐廳、「月門」（Moongate）酒吧，還有占地十一英畝、以提基火把（tiki torches）裝飾的景觀花園，和亞洲宮殿造型的主建築。「四面佛花園」自詡它們提供「所有東方的極致奢華生活」。**一九五〇和六〇年代，美國刮起了一陣「提基」（tiki）旋風，大家對於與「提基」相關的事物都為之瘋狂。**嚴格來說，「提基」這個字是指玻里尼西亞（Polynesian）小島上特有的木雕與石雕，但自從二次世界大戰結束後，返鄉的戰士們開始說起一個又一

159 對泰勒·米德進行的訪談，二〇一二年五月二十一日。

個充滿熱帶異國情調的生存傳奇，「南洋」（South Seas）風格便開始大受歡迎，而「提基」與「玻里尼西亞」便被用以描述從島國情調的擺設到上頭裝飾著迷你紙傘的大杯調酒（像是被歸為烈酒的「邁泰」〔mai tai〕）等各種相關的事物。安迪經常在紐約市的時髦餐廳「偉克商人」（Trader Vic's）用餐，而「四面佛花園」雖然強調的是東方風情，但在美食的料理上也同樣採取了充滿戲劇效果的燒炙手法。他們一行人便在這裡度過了一個有熱帶調酒、滋滋作響的火熱美食、和——他們期望——與大明星不期而遇的傍晚。

23他們坐進了「獵鷹」的前後座，打開收音機，往好萊塢出發。再過幾個小時派對就要開始了，他們可不想遲到。

當他們在棕櫚泉享受這個夜晚的同時，全世界最有名氣的男人也正在棕櫚沙漠（Palm Desert）附近距離他們只有六哩遠的私人豪宅裡。**甘迺迪總統剛剛結束在西部各州的旋風式訪問，最後終點站在棕櫚泉地區。**「甘迺迪先生的行程需要他在星期六晚間就回到華盛頓。」《紐約時報》如此報導。但報紙媒體也推測他星期六與星期日或許會在棕櫚泉短暫停留，好在繁忙疲累的旅途後稍作放鬆。

甘迺迪過去已經在棕櫚泉「放鬆」好幾次了。最有名的一次是在一九六二年三月，當時他在這裡和瑪麗蓮．夢露享受他夢寐以求的一段幽會。但關於幽會地點的爭執卻在這個週末不久前才展開。按原計畫，甘迺迪預定要入住他的朋友兼死忠支持者法蘭克．辛納屈位於棕櫚泉的私人豪宅。法蘭克．辛納屈和他的朋友以及交好的演員們——包括狄恩．馬丁（Dean Martin）、喬伊．比夏普（Joey Bishop）、和小山米．戴維斯（Sammy Davis Jr.）等人——共組了「**鼠黨**」（Rat Pack），而甘迺迪的妹夫彼德．勞福德（Peter Lawford）也是鼠黨的其中一員。辛納屈因為要在家中招待美國總統這件事而樂昏了頭，他開始大張旗鼓地進行準備工作。他為總統的到訪量身改建了房間，安裝了最先進的電話系統以供甘迺迪的隨行人員使用，並且打造了一個直升機停機坪，好讓到訪的顯要們能隱密地來去。

就在辛納屈好不容易即將完成繁瑣的準備工作時，他卻意外接到第一妹夫打來的電話。勞福德受命接下這個吃力不討好的任務，他要負責告訴辛納屈，甘迺迪總統這趟旅行——或日後其他旅行——將不會在他那裡停留了。司法部長（Attorney General）羅伯特．甘迺迪（Robert Kennedy）認為以辛納屈與黑幫老大山姆．嘉恩卡納（Sam Giancana）的交情，他並不適合做為接待總統的人選。因為假使風聲走漏出去的話……

辛納屈的脾氣是暴躁出了名的，他聽了之後非常憤怒，立刻拿抓了把大槌子往停機坪走去。後來他把矛頭對準了代為傳話的勞福德，不讓他繼續參與鼠黨的活動，這種報復行為也導致勞福德的演藝生涯從此一蹶不振。而當辛納屈得知甘迺迪將改而停留在演員、同時以其低沉嗓音聞名的歌手平・克勞斯貝家中時，他心中更是大為光火——克勞斯貝這傢伙可是個共和黨員（Republican）啊。

「這個平哥」（Der Bingle）——圈內人都這樣叫他——或許一直是共和黨的支持者，但他也很清楚怎麼樣才有好日子過。平・克勞斯貝在棕櫚泉擁有不少房地產，他為第一次到訪的總統安排了一處極為隱密的地點，好讓兩位全球名人——甘迺迪和瑪莉蓮・夢露——可以共度良宵又無需擔心行跡曝光。後來甘迺迪又回到棕櫚泉好幾次，在泳池畔的性愛派對上盡情紓解壓力，參加派對的都是精挑細選、年輕貌美且完全自願的女性。

九月二十八日這一天，甘迺迪又來到克勞斯貝為他安排的隱密處所，準備如媒體所說的「放鬆一下」。安迪的棕櫚泉體驗要平淡得多了。**傑拉德後來回想起，那個星期天一早他們四個人醒來時，發現天空特別地藍。帶著曬成棕褐色的皮膚（以安迪來說，是「粉紅色」的皮膚）和放鬆過後的身心，他們坐進了「獵**

鷹」的前後座，打開收音機，往好萊塢出發。再過幾個小時派對就要開始了，他們可不想遲到。

Town House
MOTEL
VACANCY

出發

第十二章

真希望能把我的生命灌注到空蕩蕩的好萊塢當中。——安迪・沃荷

Vacant, vacuous Hollywood was everything I ever wanted to mold my life into.

24「噢，這就是美國～」

「六十六號公路就像個大坡道，讓這個國家所有荒唐的一切都滑進了南加州。」[160]這是某位歷史學家尖酸刻薄的觀察。**但是當安迪抵達他的目的地時，他對好萊塢的美好卻全無懷疑。「噢，這就是美國～」**[161]當「獵鷹」轉上傳說中知名的「日落大道」（Sunset Boulevard）——這也是六十六號公路在洛杉磯境內的最後一段——安迪發出了這樣的驚嘆。打從童年時期他迷上小秀蘭・鄧波兒和他仔細黏貼在相簿裡的明星大頭照與宣傳劇照那時候起，他便一直期待著這一刻的來臨。安迪終於來到好萊塢、來到日落大道上，這裡可是當今名流與迷哥迷姊們心目中的時尚之都啊。

「現在，你想要的東西、或者是你認為你會想要的東西，差不多都可以在這條大道上買到。」[162]《君子》雜誌（*Esquire*）出版的美國西岸旅遊指南如此斷言。從「愛快羅密歐」（Alfa Romeo）跑車、到卡布奇諾咖啡，從狄恩・馬丁（招牌上有他的霓虹燈頭像）和「鼠黨」同掛保證的「狄諾小屋」（Dino's Lodge）的義大利菜（熱門電視影集《影城疑雲》〔*77 Sunset Strip*〕也讓這間餐廳大受歡迎）、

160 丹・麥克尼可（Dan McNichol），《造就美國的道路》（*The Roads That Built America*, New York: Sterling, 2006），第七十五頁。
161 瓦特森，《工廠製造》，第一百一十一頁
162 〈日落大道上的禮儀與道德〉，《君子》雜誌，一九六一年八月號，第四十九頁。

到華倫・比提最愛的健康食品餐廳「覺察旅店」（Aware Inn）的素食漢堡（他經常在這裡被人撞見與年輕漂亮的女演員，如萊斯利・卡倫〔Leslie Caron〕出雙入對），「日落大道」上什麼都有。安迪在他喜愛的追星雜誌上看過無數這一類的報導，他是如此渴望能親眼看到這一切。

在他的左手邊，他剛剛經過了「圓頂劇院」（Cinerama Dome），這是洛杉磯最新也最奇特的電影院。這座穹頂電影院剛竣工不久，兩個月後才會正式開幕，它是根據R. 巴克敏斯特・富勒（R. Buckminster Fuller）的概念所建造——施工容易、造價便宜，而且室內空間大到足夠放進一個七十呎的銀幕。

不遠處有間「史瓦伯藥局」（Schwab's Pharmacy），它不光只是一間藥局，而是傳說中許多想在好萊塢一圓星夢的男男女女在這裡等待被發掘的地方。八卦專欄作家希德尼・斯科爾斯基（Sidney Skolsky）會坐在史瓦伯店裡撰寫他刊載在《電影劇》雜誌中的文章，專欄名稱就叫做《史瓦伯椅凳觀點》（*From a Stool at Schwab's*）。

在知名的「馬爾蒙莊園飯店」（Chateau Marmont hotel）附近有兩座巨大的塑像與告示板引起安迪的興趣。「馬爾蒙莊園飯店」本身就是好萊塢的不朽傳奇。**「假使你們非得惹麻煩不可，那就去『馬爾蒙莊園』吧。」**哥倫比亞影業

（Columbia Pictures）的老闆哈利・柯恩（Harry Cohn）對他手下老是出狀況的明星們如此叮嚀，因為這間飯店非常謹慎小心，在它與世隔絕的圍牆裡，任何人要做什麼都可以輕鬆避人耳目。在「馬爾蒙莊園」這一側的日落大道上矗立著一座拉斯維加斯（Las Vegas）「撒哈拉」賭場的廣告看板，上頭有一個旋轉的廣告女郎（這個圖像後來被改作為高爾・維多〔Gore Vidal〕的情色小說《永恆的媚拉》〔*Myra Breckinridge*〕封面）。而在對街還有另一座以卡通人物「飛天鼠（Rocky）」和「波波鹿（Bullwinkle）」——**一隻松鼠和一隻麋鹿——擺出同樣姿態的旋轉塑像，這座塑像明顯是在向對面的性感女巨人致敬，而且看來好萊塢有人相當懂得告示板的幽默感。**

接下來安迪在他的右手邊看到了「席哈諾」（Cyrano's）的遮陽蓬，這裡是好萊塢年輕名流的聚集地。這間咖啡館裡頭有義大利咖啡機和精選的歐式糕餅，但演員、經紀人、導演、作家、製片家——不論有名沒名——他們來到「席哈諾」為的不是咖啡因或卡路里。他們來這裡是為了看人與被看，他們彼此熱烈招呼、應酬、談生意，而年輕貌美的女性一晚會進出咖啡館好幾次，好盡可能讓自己引起別人的注意。**「席哈諾」就好像是一個私人俱樂部，只是會員的組成一直在改變。「今年渴望摘星的這群年輕人很快就會被明年的那一批取代了。」《君子》雜**

誌在描述這個熱門地點的時候提出這樣的觀察。這些為了一圓星夢費盡心思卻不得其門而入的美女們終究都得承認自己輸了這一仗，打包她們的行李，離開好萊塢回到她們在明尼蘇達、曼希（Muncie）、鳳凰城（Phoenix）和其他地方的家鄉。

日落大道兩旁五花八門的告示板林立，讓安迪看得目眩神迷。他對告示板的用色與大膽設計讚嘆不已，頻頻對著他的同伴指著一個又一個的廣告招牌。突然間，他看到一個極其醒目的看板，就像《大亨小傳》（*The Great Gatsby*）裡艾科堡醫生（Dr. T.J. Eckleburg）的眼睛招牌一樣。看板上頭以巨大的字體寫著「POP」，彷彿是在對他個人致上歡迎之意。然而就這個看板來說，「POP」三個字母與藝術完全沾不上邊，它的發音是「匹—歐—匹」，為「太平洋海洋公園」（Pacific Ocean Park）的縮寫，這是位於威尼斯海灘與聖他莫妮卡海灘之間一處有名的主題樂園。

「POP」在一九五八年開幕，比起對手——位在安納罕（Anaheim）的迪士尼樂園——來說，它的地理位置更為便利。這間樂園的主題發想來自於它的背景「太平洋」，占地二十八英畝，以海洋風情的綠白相間建築和最先進的遊樂設施為主要特色，其中包括了「海蛇雲霄飛車（Sea Serpent roller coaster）」、「海洋纜車（Ocean Skyway）」（可以將遊客載送到海面上）、有受過訓練的海豚與海獅表演的「海洋馬戲團（Sea Circus）」、和「海神的花園」（King Neptune's Courtyard）等等。「POP」（這三個字母同時也是「一票到底」（pay one price）的縮寫）的收費方式與迪士尼不同，所有費用都已經內含在門票裡，而且門票價格實惠。「海灘男孩」在歌曲《遊樂園，美國》（*Amusement Park, USA*）當中提到這裡，電視節目例如《六十六號公路》、《打擊魔鬼》（*The Man from U.N.C.L.E.*）、《我是間諜》（*I Spy*）則在這裡拍攝取景。一九六七年，電視影集《法網恢恢》（*The Fugitive*）在遊樂設施「鬼頭刀的飛行」（Mahi Mahi ride）拍攝金波博士（Dr. Richard Kimble）與狡猾的獨臂人最後衝突的場面，這一集的收視率高達百分之七十二，不僅創下了難以超越的記錄，也為這間主題樂園做了最好的曝光宣傳。

「獵鷹」在日落大道上一路往西，兩旁的告示板、俱樂部、餐廳、小酒店、和商店漸漸換成了宏偉林立的棕櫚樹，隱身在它們後方的是一棟棟有如諾瑪・戴斯蒙（Norma Desmond）[163]般巨星架勢的別墅。安迪認出了「比佛利山莊飯店」（Beverly Hills Hotel），心裡立刻湧起了對它知名的泳池和「馬球餐廳」（Polo Lounge）的渴望。這裡每天都有名流聚集，合約、名聲、和承諾的毀與立都在這裡。「洛杉磯是個大型、都會般的地區，圍繞在比佛利山莊飯店的四週。」作

163 電影《日落大道》（*Sunset Boulevard*）裡不願面對過氣事實、仍活在舊日回憶中的默片女星。

家弗蘭·雷波維茲（Fran Lebowitz）這麼說，意思也就是這座人稱「粉紅宮殿（Pink Palace）」的飯店實為整座城市的中心。只有居於核心地位的圈內人才會住在那裡，不論他們是占盡媒體版面的名人，像是新聞不斷的伊莉莎白·泰勒、或當紅新人芭芭拉·史翠珊（Barbara Streisand），或者是躲避媒體關注的重量級經紀人，如霍華德·休斯，他在這間飯店裡擁有專屬房間長達三十年之久。

就算這裡偶爾也會有空房提供像安迪這樣的「非專業人士（non-pro）」（《綜藝》雜誌〔*Variety*〕這麼稱呼非演藝圈人士）入住，但在「這個」時間點也不太可能說有就有。**「我們抵達洛杉磯的時候，發現這裡稍後要舉辦『世界大賽（World Series）』，所有飯店房間早就被預訂一空了。」**[164] **他惋惜地說。**這星期稍後，「紐約洋基隊」（New York Yankees）將和「洛杉磯道奇隊」（LA Dodgers）（它們在一九五八年搬至加州之前是「布魯克林道奇隊〔Brooklyn Dodgers〕」）在此爭奪棒球界的最大獎。前兩場比賽是安排於十月二日、三日在紐約洋基球場（Yankee Stadium）舉行，但十月五日起，比賽就會移師到洛杉磯。棒球迷們一下子全湧入洛杉磯，想要找個地方住宿就更困難了。

他們運氣不錯，泰勒剛好知道在聖他莫尼卡海灘旁有間沒那麼熱門的旅館。「衝浪者旅店」（Surf Rider Inn）不見名人經常流連，但它又大又摩登，而且布置

164 沃荷、哈克特，《普普主義》，第五十二頁。

得相當漂亮。實際上，它是一間酷炫的「汽車旅館」，意思是住客可以將車直接停放在他們「豪華套房」（De Luxe unit）的門口，而且不論是要去泳池、咖啡廳、或使用其它設施都很便利。到了傍晚，「海平面房間」（Horizon Room）餐廳不但有海景可以觀賞，還有諸如「比目魚排（Filet of Sole Bonne Femme）」等手路菜、娛樂活動、以及舞蹈節目等。姑且不論它的餐點，「衝浪者」最棒的特色在於它就緊靠著太平洋——海岸近到陣陣浪花不斷放送著拍岸聲，這聽在紐約男孩的耳朵裡就像音樂般動人。安迪和傑拉德住進了一〇六號房，泰勒和韋恩則在隔壁的一〇七。

儘管心動不已，海灘也只能等待明天再去留連了。因為現在該是打理門面、著裝打扮的時候，他們要準備趕赴霍伯家令人期待已久的「電影明星派對」。

25藥物、名流、音樂、和普普藝術的結合實在是太令人陶陶然了。

霍伯夫婦[165]最近剛和他們的三個孩子——傑佛瑞（Jeffery）、威利（Willie）、和瑪琳（Marin）——搬進一棟一九二九年加州西班牙式的漂亮住宅。「北新月山莊大道1712號」位在風景秀麗的山丘上，可以俯瞰日落大道。他們的

165 布魯克・海華德，〈在洛杉磯的那段歲月〉（Once Upon a Time in L.A.），《浮華世界》（*Vanity Fair*），二〇〇〇年四月號。

新家除了景觀絕佳之外，附近也住了許多赫赫有名的鄰居，包括馬龍・白蘭度和傳奇的俄羅斯作曲家伊格爾・史特拉汶斯基（Igor Stravinsky）。這間豪宅的多層露台與鮮明的地中海式建築設計——其中還包括一個搶眼的兩層樓塔樓——讓人聯想起老好萊塢往日風情，雖然它的年輕屋主再現代不過了。他們正在著手改造這個古典、舊世界風格的空間，好為他們復古摩登兼容的美學品味提供完美的背景。

霍伯家現在的處境很特別，因為他們才剛失去所有一切——他們摯愛的傳家寶、藝術收藏、畫作、和丹尼斯創作的詩集——全都隨著他們的舊家在一九六一年的「貝爾艾爾社區大火（Bel Air fire）」中付之一炬。**丹尼斯想，換個角度看，這算是一個「淨化」的經驗。「你可以重頭展開屬於你自己的世界，而不會再是那個父母親留給你的世界了。」他解釋道。布魯克也樂觀看待他們所遭遇的重大損失。「最重要的是我們要能夠重新出發，」她說，她認為把日子過好是一種高尚人格的表現。**

火災過後，保險公司的建議是銀、畫作、和骨董可以保值，這對霍伯夫婦來說是個好消息，因為當時大部分人喜歡追求新事物，但他們就愛老物件和收藏品。他們渴望入手的罕見珍品通常不會有太多人與他們競爭，像是一張閃亮的白色琺瑯搭配黑色皮面的理髮椅、一架存放了各色縫線的縫紉機台、一組哥德式的彩繪玻璃窗等等。**「像上頭有簽名的蒂芬妮桌燈（Tiffany lamps）現在價值不斐，還有華麗的新藝術派（Art Nouveau）老件，這些我們根本沒花什麼錢就買到了。」**[166]布魯克回想起當年他們到偏僻的小店裡——例如「拾荒者天堂（Scavenger's Paradise）」、「消防站骨董店（Firehouse Antique）」等——尋寶，好打點他們的新家。丹尼斯經常到二手商店和資源回收場閒逛，把他看上眼的東西全都買回家。**「我喜愛這些東西的程度，就和喜愛我所收藏的藝術品沒什麼兩樣。」**[167]他承認。

在《時尚》雜誌的一篇文章中[168]，作家泰瑞・沙森（Terry Southern）說霍伯家的裝潢**「奇異、美麗、與平庸放肆並陳，所有物品都充份展現出最強烈的特色。」他描述他們家「備受疼愛」，也確實如此。**霍伯夫婦非常樂在房屋改造的計畫當中。布魯克非常有耐心地花了好幾個小時貼磁磚，並且刻意在工作的時候穿上比基尼，以展現曼妙的身材。丹尼斯負責其他工作，他下定決心要讓安迪派對上的所有一切都盡善盡美。這是他們第一次在新家舉辦娛樂活動，丹尼斯希望這會是一個令人難忘的夜晚。他發現有個紙黏土做成的小丑人偶因為體積太大而站不起來，於是他將它改從天花板垂吊下來。其他像是沃荷的《蒙娜麗莎》、艾

166 同165。
167 同165。
168 泰瑞・沙森，〈丹尼斯・霍伯夫婦的愛屋〉（The Loved House of the Dennis Hoppers），《時尚》雜誌，一九六五年四月號，第一百三十八頁。

德・金霍茲（Ed Kienholz）的雕塑作品《倉促》（*The Quickie*）、羅伊・李奇登斯頓的油畫《瘋狂科學家》（*The Mad Scientist*）、和一些當代藝術創作，都為他們的客廳增添了些許普普色彩。接著，按照布魯克所說，丹尼斯出了一個異想天開的點子，要為所有布置添上最後完美的一筆。**「他認為有件東西絕對能讓整間屋子更加出色，那就是『告示板』。」**她說。而丹尼斯指的是放在屋子「裡頭」。

丹尼斯趕緊前往「佛斯特與克雷瑟（Foster and Kleiser）」，這是西岸最富盛名的戶外廣告公司。除了洛杉磯地區大部分路邊展示的精彩告示板出自它們之手，就連六十六號公路上讓安迪頗為欣賞的廣告看板也有許多是它們的作品。它們最有名的作品之一，是為拉斯維加斯的「撒哈拉飯店（Sahara Hotel）」宣傳所製作的立體告示板。「佛斯特與克雷瑟」在日落大道旁重現了飯店裡的「阿拉花園」（Garden of Allah）游泳池，把裡頭注滿水，讓美女們在其中玩水嬉戲，並且大加宣傳——他們將邀請在賭城飯店中演出的喜劇演員瑞德・斯蓋爾頓（Red Skelton）於某個黃道吉日跳入「泳池」當中。

「佛斯特與克雷瑟」的倉庫就像是個強力放送著普普風的巨型商業圖像藝廊。丹尼斯目光所及之處，都是貌似羅森奎斯特作品的商業繪畫，不過它們都是貨真價實的廣告看板。他挑選了幾件帶回家，其中一張畫著一對男女正在烤肉派對上享用著熱狗。道地美國風味的「熱狗加麵包」這個令人食指大動的景象或許正是這場派對菜單的靈感來源[169]，因為丹尼斯告訴布魯克，他打算要弄來一個經典的紐約街頭攤車，在裡頭擺滿墨西哥辣肉醬、熱狗、各種配料等好萊塢社交宴會上不會見到的食物。派對舉辦的幾天前，丹尼斯將他的告示板外包裝拆開，試著想辦法把它們掛在樓下浴室裡的牆面上。當一切就定位之後，所有牆面掛滿了各式各樣的看板，它們彼此之間出奇地搭調，並且創造出超現實的氛圍。

當安迪準備好出發前往派對的時候，他心中興奮的情緒已然升到最高點。原本他還掙扎著是否要把他的「寶萊」攝影機帶在身上，最後還是作罷，因為他認為自己在這麼多演員面前會太過害羞而不敢把攝影機拿出來拍攝。「拍影片我只有一回不會感到害羞，那就是在拍《睡》的時候，」[170]他坦承。那是因為他拍攝的明星當時已經沒有意識了。

他們一行人坐進車子裡，往東一路行駛到「馬蒙特莊園」，並且在這裡左轉爬上「好萊塢山」。街道有些狹窄、蜿蜒，路也不太好找，以至於他們在發現自己已經抵達目的地之前差點就錯過了霍伯家的房子。安迪下了車，走上有些坡度的階梯，來到霍伯家門口。名流們就在這扇門的後方！當丹尼斯和他打了招呼，領他進入屋子裡，將為他前來參加派對的賓客一一介紹給他認識時，安迪的反應

169 同168。
170 沃荷、哈克特，《普普主義》，第五十三頁。

正是這位主人所期盼看到的。

「唔！啊！唔！啊！」[171]丹尼斯記得安迪穿梭在這間融合古典與摩登的迷人屋子裡時只說了這些話。「我沒有聽到安迪說出一個完整的句子，」丹尼斯說。「他在那裡走來走去很好，但他嘴裡一直不停地『唔！啊！唔！啊！』」安迪看見屋子裡各種民俗藝術、民族風老件、紀念文物、和他最喜歡的普普藝術大膽混搭在一起非常開心。事實上，霍伯夫婦的收藏品完全都是普普藝術。「我們有李奇登斯坦……我們有法蘭克．史帖拉（Frank Stella）……我們有金霍茲……我們有安迪．沃荷……我們有艾德．魯沙（Ed Ruscha），」[172]丹尼斯一一細數。

室內的布置讓安迪感到相當驚奇，「有五花八門的海報、電影道具、上紅漆的傢俱、和塗了膠的拼貼。」安迪指出[173]，「它首開明亮與鮮豔的風格之先，而且我們大多數人從來沒去過這種整間屋子都充滿童趣氛圍的派對，這是頭一遭。」實際上，安迪之所以被這個環境深深吸引，原因是他在紐約的公寓也是以類似的風格裝璜，他用充滿玩興、隨意所至的方式組合各種貴賤不一的「寶物」，並加以展示。

稍微環顧一下屋子裡，安迪立刻認出了幾張熟面孔。爾文．布魯姆走上前來，他仍然是一貫地溫文儒雅、穿著得體，而且對於「費若斯」藝廊隔天晚上即

171 布魯克．海華德，〈在洛杉磯的那段歲月〉。
172 同上。
173 沃荷、哈克特，《普普主義》，第五十二頁。

將開幕的展覽充滿了熱忱。他向安迪介紹了幾位藝廊所代理的藝術家，其中包括了華萊士・柏爾曼——正是他將派對邀請卡改作成創意拼貼，成為被丹尼斯掛在牆上的藝術品。安迪也很高興能在這裡和派蒂與克雷斯・歐登伯格夫婦重聚，他們告訴他星期二晚間「端恩藝廊」將會有他們個展的開幕活動。

雖然與朋友和同事為伴令人相當開心，但安迪的雙眼忍不住盯著賓客當中那些出名的臉孔直看。他認出了《養子不教誰之過》裡的薩爾・米尼歐，和與法蘭克・辛納屈在《花花公子》（*Come Blow Your Horn*）當中共同演出的湯尼・比爾（Tony Bill）。童星出身的狄恩・史塔克威爾也在場，他近在來由理查・弗萊雪（Richard Fleischer）自「李歐普（Leopold）與婁伯（Loeb）謀殺案」[174]改編為電影的《朱門孽種》（*Compulsion*）當中擔綱演出。還有在文生・明尼利（Vincente Minnelli）執導的《春閨初戀》（*The Reluctant Debutante*）裡與珊黛拉・蒂（Sandra Dee）演對手戲的英俊小生約翰・薩克森。安迪還注意到曾經在《六十六號公路》和《辯護律師》裡客串的年輕新秀小羅伯特・沃克也來了，他的父親同樣是位名演員。

然而當晚最吸睛的莫過於占盡媒體版面的金童玉女——特洛伊・唐納修與蘇珊・貝茜「本人」，他們彷彿像是剛從安迪這趟旅行一路上翻看的雜誌裡走出來

174 一九二四年，美國兩名出身名校的富家子弟李歐普（Nathan Leopold）與婁伯（Richard Loeb）為創造「完美犯罪」而聯合綁架並殺害十四歲少年法蘭克（Robert Frank）。

的一樣。安迪已經關注這對情侶的浪漫情史很長一段時間了，這讓他覺得自己早就已經認識他們倆（他們同居了嗎？他們在籌備訂婚了嗎？）。**一想到他們兩個是來霍伯家裡參加他的派對的，安迪就覺得興奮不已。**

還有一位迷人的年輕男子引起安迪的興趣。這位被安迪形容為「一位斯文端正的數學家」的男子其實是彼德・方達，亨利・方達的兒子、珍・方達的弟弟、布魯克無緣的親戚。彼德是個演員，他也和丹尼斯一樣，經常在一些電視影集，如《裸城》（*Naked City*）、《篷車英雄傳》（*Wagon Train*）、和《辯護律師》當中客串演出。實際上，他的大銀幕處女作已經在當年五月上映，他在《玉女情動》（*Tammy and the Doctor*）當中和珊黛拉・蒂飾演一對情侶。彼德告訴安迪，他希望有天能拍攝屬於自己的電影——是言之有物的正經電影，而不是安迪看到他和珊黛拉・蒂合演的那種空有明星架式的電影。

隨著霍伯家的立體聲音響強力地放送音樂與節奏，賓客之間的對話也愈來愈模糊不清。他們跳著最新的舞步——扭扭舞（the Twist）、猴子舞（the Monkey）、薯泥舞（the Mashed Potato）——和他們現場自創的舞步。**「每個人都隨著我們橫越美國一路上聽的那些歌曲跳起舞來，」**[175]**安迪說。**派蒂・歐登伯格很喜歡跳舞，而且她對於成為眾人注目的焦點完全不以為意，於是她一邊做著誇

175 沃荷、哈克特，《普普主義》，第五十三頁。

張的肢體動作，一邊與安迪敘舊聊天。但後來狀況有點失控了——派蒂一個轉身撞上了一個骨董線軸收納櫃，並且讓艾德・金霍茲的雕塑作品摔到了地上。《倉促》是金霍茲典型的作品，由一個人體模特兒的頭部與一只溜冰輪鞋所組成。想當然爾[176]，這顆頭在作品摔落的過程中掉了下來並且飛出去，布魯克認為此刻正是整個派對裡的最高潮。

其實還有別的「高潮」——嚴格來說。韋恩找了泰勒和另一位賓客珍妮・赫克特（Jenny Hecht）（她是知名電影編劇班・赫克特〔Ben Hecht〕的女兒）一起躲進某個更衣室裡抽大麻。他們抽得正高興的時候，布魯克一把開了更衣室的門，當場把他們逮個正著，並且立刻把他們趕出了這間屋子。**「他們可真夠『潮』啊，」**[177]**韋恩嗤之以鼻地說。但安迪對於霍伯夫婦的「潮」有著完全不同的記憶，他也從來沒有提過那次的「更衣室事件」。事實上**[178]**，在他印象中當天一整晚大麻煙都不斷在他眼前傳遞著。畢竟那是六〇年代早期的好萊塢。**

由於這是安迪第一次來到洛杉磯，賓客們紛紛和他分享他們喜愛的觀光景點。**「威尼斯海灘，老兄，」是最多人給的建議。**威尼斯就像是紐約的東村一樣——前衛、不拘於道德，是所有任意而為的率性人士最喜愛的聚集地。好幾位「費若斯」的藝術家在那裡有自己的工作室，泰勒對那一帶也很熟悉，因為他之

176 布魯克・海華德，〈在洛杉磯的那段歲月〉。
177 薛爾曼、達頓，《普普藝術：安迪・沃荷的天才》，第一百七十四頁。
178 沃荷、哈克特，《普普主義》，第五十三頁。

前曾經在那兒住過。推著台超市購物車、再搭配一架電晶體收音機——要泰勒融入其它放浪文藝青年當中一點也不困難。

當地人還推薦安迪去看看峽谷區——托潘加峽谷和月桂谷（Laurel）——還有馬里布。瓦茲（Watts）則是另一個值得一遊的景點。「什麼（What）？」安迪問。不，是「瓦茲」，「瓦茲塔群」（the Watts Towers），有人說，順便向安迪解釋那是一處由好幾個手工打造的尖塔所組成的普普藝術聖地，位在洛杉磯貧民區裡。有許多資訊等待安迪慢慢消化，但其中一項來自女主人的提議特別引起他的興趣。布魯克提到，假使安迪想住在「比佛利山莊飯店」，她可以問問她的父親是否可以出借他的套房——她的父親在飯店裡有一個永久專屬的房間。海華德當時不在洛杉磯，所以他的房間應該是閒置在那裡的。

安迪太開心了，這場「電影明星派對」事實上還帶他通往電影明星的住處，讓他得以一圓入住「比佛利山莊飯店」的夢想。**藥物、名流、音樂、和普普藝術的結合實在是太令人陶陶然了。安迪忍不住說：「參加這個派對是我有生以來最讓我興奮的一件事。」**[179]在好萊塢待上一天，他儼然覺得自己是顆閃閃發亮的巨星了。

179 同178。

Town House
MOTEL
VACANCY

出發

第十三章

老好萊塢已經終結，然而新好萊塢卻還沒有開始。——安迪．沃荷

The Old Hollywood was finished and the New Hollywood hadn't started yet.

26 先別管繪畫了。安迪現在一心想做的是——拍電影。

九月三十日星期一，安迪一早醒來，迎接他的是聖他莫尼卡經典的海灘天。好不容易，洛杉磯創紀錄的炎熱高溫終於結束，開始有了藍天、微風、和華氏八十來度（約攝氏二十七度）的涼爽氣溫；正是這種宜人的天氣讓人直想搬到加州。雖然他在這座城市裡還沒待滿二十四小時，但安迪已經認定他愛上了好萊塢（他對大洛杉磯地區的通稱）的所有一切——色彩、光線、地景、魅力、電影明星、甚至庸俗。**當他思考著要如何運用這樣的背景、以及它在他心中留下的大量印象時，腦海裡有個想法愈來愈強烈。先別管繪畫了。安迪現在一心想做的是拍電影。**

在霍伯家的派對上，安迪與丹尼斯、彼德・方達、和其他電影圈的年輕人聊過之後，他發現這正是一個切入演藝事業的好時機。拍出像《埃及豔后》這種豪華鉅片的片廠制度（studio system）仍然存在，但正一步步走向衰敗且未來堪慮。美國的電影觀眾已經愈來愈懂得品味，尤其是在面對具有情色爭議的外國電影時。他們懂得欣賞費德里柯・費里尼（Federico Fellini）的《八又二分之一》（8 ½），也對改編自英國文學作品的性愛喜劇《湯姆・瓊斯》（*Tom Jones*）充滿期待。面對像是外國導演羅曼・波蘭斯基的情色驚悚片《水中刀》裡、女主角胸臀撩人卻充滿藝術感的驚鴻一露，桃樂絲・黛（Doris Day）的雀斑還能夠與之抗衡多久呢？**「這些法國女孩們擁有新的明星魅力。」**[180]安迪說。他指的是珍妮・摩露（Jeanne Moreau）和凱瑟琳・丹妮芙（Catherine Deneuve），更不消說美麗絕倫（也放蕩不羈）的碧姬・芭杜了。

片廠龍頭傑克・華納（Jack Warner）[181]意識到這個問題，對於「新電影」浪潮來勢洶洶的威脅，他也做了一些拉攏觀眾的努力——他在六月份的記者招待會上宣布，將投入一千七百萬美元製作改編自百老匯歌舞劇的電影《窈窕淑女》（*My Fair Lady*）。**「好萊塢可沒有觸礁，」**[182]**他語帶防衛地說。「它絕對沒有終結……**但我們不打算讓西班牙、法國、或義大利電影的沙土來弄髒我們。好萊塢的電影事業正興盛，我們在這裡的片廠一樣可以把電影拍出像在西伯利亞或英國拍的那種氣氛。」

華納太過短視了，他以為外國電影是傳統電影的唯一敵人；他應該更留意內部的野獸才是。年輕一輩的美國人，包括安迪的新朋友丹尼斯和彼德，都在討論拍攝電影的新手法。到了一九六三年，部分特立獨行的人士便將口頭化為實際行動。二十四歲的法蘭西斯・福特・柯波拉（Francis Ford Coppola）拍攝了他的第

180 同178，第五十一頁。
181 傑克・華納（Jack L. Warner），華納兄弟電影公司老闆。
182 塞西爾・比頓，《塞西爾・比頓的窈窕淑女》（*Cecil Beaton's Fair Lady,* New York: Holt, Rinehart and Winston, 1964），第五十三頁。

一部劇情片《痴呆症》（*Dementia 13*），這部片只投入了三萬美元的資金，並且與另一位導演羅傑・柯爾曼（Roger Corman）共用一處位在愛爾蘭的片場拍攝。**這些新導演們聰明、懂得應變、勇於冒險，而且不怕處理棘手的難題**。

安迪發現這是一個好機會，讓他可以在全新的背景下拍攝屬於他的實驗電影。**他的「寶萊」攝影機已經準備好了，但在他可以開始拍攝之前，他必須要先對拍攝內容有些概念**。此刻他人在海邊，這裡到處是沙灘男孩和沙灘女郎、比基尼、還有曬成古銅色的皮膚，完全就是那年夏天的熱門電影——由安奈特・芬妮塞羅（Annette Funicello）和法蘭奇・阿瓦隆（Frankie Avalon）所主演的《海灘派對》（*Beach Party*）——劇中的場景。拍攝《海灘派對》的「美國國際影業公司」（American International Pictures）一向以善於製作成本低廉的飛車與恐怖電影聞名，但這部描寫青少年在陽光下盡情歡樂的搖滾喜劇大受歡迎，後來竟然衍生發展出獨立的衝浪類電影。安迪喜歡這樣的點子，但他知道這種片對於一個要演員沒演員、攝影機又錄不了聲音的導演而言，恐怕只是癡人說夢。

但就這麼剛好，洛杉磯高速公路上的一個出口標誌讓安迪對於他第一部好萊塢電影的主題有了靈感。一九一九年，創造出知名叢林英雄「泰山」（Tarzan）的作家艾德加・萊斯・巴洛斯（Edgar Rice Burroughs）在洛杉磯近郊買下一大片農場，後來這個地區就成為大家所知道的「泰山那」（Tarzana）。**當泰勒看到這個指標，腦子裡突然冒出了一個喜劇的點子。他建議安迪來拍一部沃荷版的「泰山」，由泰勒他本人——這個體重只有九十八磅（約為四十四公斤）的「弱雞」——擔綱演出**。大家都知道「泰山」該是什麼模樣的——巴洛斯的小說被印成五十六種語言，在全球共賣出兩千五百萬本，並且成為三十六部電影的取材對象——完全不是泰勒・米德那副德性。安迪愈想愈喜歡這個主意，他決定等「費若斯」的開展活動結束之後就要立刻開拍他的電影。

安迪來到藝廊，迫不及待想要看看布魯姆怎麼布置他的作品。他把他的「寶萊」帶在身上，希望能拍到一些不錯的鏡頭。布魯姆面對攝影機的時候總是很彆扭，他在「費若斯」藝廊外頭正經八百地擺了個姿勢讓安迪拍攝，辦公室就在「費若斯」樓上的《藝術論壇》編輯約翰・柯普蘭也跟著入鏡。走進藝廊裡，安迪看到整個展覽的布置很合他的意，總算鬆了口氣。他拍了幾個全景鏡頭，但因為他身子旋轉得太快了，畫面裡的作品都變得閃爍而模糊。**不過也該是放下「寶萊」的時候了，現在要他要專心當「普普藝術家安迪・沃荷」**。

神經緊張的安迪特地為了這個場合精心打扮，他穿了件深色外套、打了領帶、還配上一朵白色胸花，但他很快便發現這場開幕活動並不是所謂的正式、或需要刻意打扮的場合。洛杉磯星期一晚上的「藝術漫步」充滿樂趣，吸引了各式各樣的人前來參加。**雪莉・尼爾森・布魯姆回想當時的情景：「到處都是與現代藝術場景融合一體的人群，總是混雜了……三教九流、各形各色的人們。」**[183]在陌生的人群當中看見霍伯夫婦讓安迪特別高興。布魯克穿了一件高領白洋裝，看起來既端莊又迷人；丹尼斯正在耍寶給他的攝影師朋友威廉・克雷斯頓（William Claxton）看，假裝把自己的鼻子湊到一張伊莉莎白的肖像上。

泰勒、韋恩、和傑拉德與安迪一同到達，他們看起來就像一組詭異的隨行人員。但傑拉德一直沒有踏進藝廊裡一步；他在外頭看到了一位紐約的舊識——同是詩人、也是文學雜誌《海岸線》（*Coastlines*）的編輯吉恩・弗拉姆金（Gene Frumkin）。對他來說，與電影明星、藝品收藏家社交的吸引力，遠不及能和弗拉姆金相處的機會；他一直十分推崇弗拉姆金的作品。於是這兩位詩人另外找了間安靜的咖啡館[184]，當晚再也沒有其他人看見傑拉德的身影。

27 「不、不、不，不是這樣的。那是繪畫。」

有些「費若斯」的藝術家是「藝術漫步」的固定班底，其中包括了比利・艾

183 與雪莉・尼爾森・布魯姆進行的訪談，二〇一三年十月十八日。
184 與傑拉德・馬蘭嘉進行的訪談，二〇一二年七月十二日。

爾．班斯頓（Billy Al Bengston），他總是穿著可以襯托出他古銅色肌膚與衝浪者身材的機車T恤，活脫就是加州休閒風的縮影。安迪想，在洛杉磯，就連藝術家看起來都像是電影明星一樣，帥到不行的艾德．魯沙更是箇中翹楚。這些「費若斯」的男人們甚至拿他們的雄風魅力開玩笑，說他們自己是「種馬」。安迪當然不屬於「那個」類型，但也沒有任何人因為他蒼白的膚色與假髮造型而排斥他。**「安迪看起來並不比其他我們會遇到的怪人來得更怪（其實或許有那麼一點）、或更不怪。」**[185]雪莉．尼爾森．布魯姆說。畢竟好萊塢到處都是特立獨行的怪人。

且不論安迪奇特的外表，加州的藝術家們對於他所說的話倒是十分買單。舉例來說，他堅持將他的絹版畫稱為「繪畫」。當其他人與他爭辯：「那不是繪畫；那是版畫。」他立刻反駁，「不、不、不，不是這樣的。那是繪畫。」爾文．布魯姆認為[186]，安迪將自己「加工製造」的作品認定為「美術」，這樣的信念「為利用機器工具創作圖像的藝術家們開了一扇門」。他提到華萊士．柏爾曼的**「『維利費（Verifax）技術』（藝術家利用一種柯達公司〔Kodak〕早期出品的複印機創作拼貼作品）就是他受到安迪的絹印圖像影響所直接產生的結果。」**

「費若斯」藝廊裡，觀眾對於展覽表現出熱烈卻又平靜的反應。好萊塢兩大巨星——艾維斯與伊莉莎白——的圖像就掛在牆上。在銀色背景的襯托下，他們

185　與雪莉．尼爾森．布魯姆進行的訪談，二〇一三年十月十八日。
186　高古軒藝廊（Gagosian Gallery），《費若斯》（*Ferus*. New York: Rizzoli, 2002），第三十頁。

的頭像看起來就像是被投影在銀幕上一樣。**觀眾們仔細地欣賞——甚至誇讚——這些作品，但可惜的是，沒有人有意願購買。**這些人每天都和艾維斯、伊莉莎白生活在一起。在他們的世界裡，名流的身影對他們來說太過熟悉，不會有人把它們當成是藝術。**到最後，只有一件作品——《銀色的莉茲》——賣出。**

爾文・布魯姆回想起這位唯一買家的故事[187]。他說當時有一位穿著高雅的女士來到藝廊，纏著他問了許多關於展出作品的問題。**「這肯定是某種玩笑吧，」她說，她不相信這些圖像竟然被視為一種藝術。**但是布魯姆以充滿熱情的口吻對安迪的作品大加讚譽，她聽完之後便同意買下一幅畫。**兩星期後，這位女士回到藝廊裡，看起來幾乎要抓狂似的。「我老公討厭這幅畫，我小孩討厭這幅畫，我的朋友們也討厭這幅畫。」**她說。布魯姆試著要說服她重新考慮，但她一個字也聽不進去。後來布魯姆拿回了那幅《銀色的莉茲》，並且把錢退還給那位女士。

儘管這場開幕活動沒有帶來什麼金錢上的收益，但安迪還頗能自得其樂，也覺得觀眾們對於他的作品不冷不熱的反應相當有趣。**「每次只要我一想到好萊塢的人說普普藝術是一種粉飾和包裝，我就忍不住想笑。『好萊塢』？我的意思是，你看他們拍的那些電影——那些又是『真實』的嗎？」**[188]老實說，他的期望並不是太高，尤其這場開幕活動又緊接在霍伯家的派對之後。**「在參加過那麼精**

187 同186，第二十八頁。
188 沃荷、哈克特，《普普主義》，第五十四頁。

彩的派對之後，我的展覽開幕活動肯定會顯得很乏味。」[189]他找到一個合理的解釋。但明天又是嶄新的一天。假使真如安迪之前所打定的主意，他上床睡覺時或許是個略感失望的藝術家——但明天醒來時他就會是好萊塢的電影導演了。

28《泰山回來了……算是啦》（Tarzan Returns…Sort Of）

星期二一整個早上他都在忙。他先在飯店咖啡廳裡吃完早餐，然後便開始打電話，一通接著一通。安迪特別訂了花束要送給霍伯夫婦，感謝他們對他殷勤的接待。他直接與明星們愛用的花藝師貝蒂・愛倫（Betty Allan）通話，他說他訂的花束要包含「各種顏色」的花朵，把它們排列成心形並且擺放在畫架上。另外，為了增添一點普普的趣味，他要求這把花束上要綁一條寫著「祝好運」（Good Luck）的緞帶。當貝蒂・愛倫問他住在哪間飯店的時候，他語帶得意地回答：「比佛利山莊飯店。」就如同布魯克之前所承諾的，她已經得到她父親的同意，讓安迪使用他的房間。雖然安迪隔天才能正式入住，但他覺得對於像他這樣的大人物來說，這間豪華飯店的地址要比「衝浪者旅店」來得稱頭多了。

安迪打了幾通長途電話，或許是打給他媽媽（這段期間她經常和住在布朗

189 同188，第五十三頁。

克斯的傑拉德的母親通電話，兩個人老是擔心著她們的「寶貝」一路上不知道過得怎麼樣），還有亨利・戈爾達札勒，和他們分享這趟好萊塢冒險之旅的點點滴滴。接著他聯絡了幾個當地的朋友，安排一些拜訪行程。當天晚上他會在克雷斯的開展活動上見到歐登伯格夫婦，簡單當個來賓要比擔任主客來得輕鬆多了。他也聯絡到了塞西爾・比頓，此刻他正因為替「華納兄弟」的電影《窈窕淑女》擔任製作設計、藝術指導、和服裝設計而住在洛杉磯。這部電影在「華納兄弟」的外景片場拍攝，比頓忙得不得了，但他還是邀請安迪與他的朋友們在這個星期稍晚到他「貝爾艾爾飯店」（Bel Air Hotel）的房間裡喝茶聊天。安迪已經仰慕比頓多年，他認為這次的相約是他們之間關係的一大躍進。

安迪也很期待能夠拜訪他的朋友路易斯・畢區・馬文三世（Lewis Beach Marvin III），他正在托潘加的僻靜山頂建造一間可以俯看海洋的豪宅。當時來自紐約的雕刻家約翰・張伯倫也住在托潘加，他很喜歡在當地的生活。

安迪興奮地告訴所有人，他打算把「孩子們」找來，以茱蒂嘉蘭（Judy Garland）／米奇・魯尼（Mickey Rooney）的風格「拍一部戲」——一部關於泰山的戲，但會有大大的改編。就像安迪的濃湯罐頭、美元鈔票、和名人肖像，他採用了一個大眾熟悉的元素——泰山，備受喜愛的叢林英雄——並且以前所

未見、冒犯無禮的角度來重新詮釋。過去的泰山，像是強尼．韋斯穆勒（Johnny Weissmuller）和雷克斯．巴爾克（Lex Barker），都是體格精壯健美的類型（也是男同志們的偶像）；但泰勒身材瘦小，眼睛下垂，而且身上根本秤不到幾兩肉。讓泰勒來扮演泰山實在是太有趣了，聽到這個點子的人無不哈哈大笑。

為了要讓拍片的感覺更加正式，安迪到「好萊塢攝影專門店」（Hollywood Camera）花了七美元三分買了一塊場記板，也就是傳統上導演們會在每個鏡頭開拍前使用的記號板。**接著他再去「薛佛照相館」（Schaeffer Photo）買了「寶萊」攝影機使用的十六釐米底片，花了二十九美元**。回到「衝浪者旅店」，安迪和其他夥伴們散步到海邊晃晃，順便探勘一下拍片場景。他們發現沙灘上滿滿的都是觀光客和做日光浴的人。向右走是往知名的聖他莫尼卡碼頭而去，那裡有一座漂亮的歐式旋轉木馬，有許多電影都曾經在這裡取景。往左邊望去，可以遠遠看見「太平洋海洋公園」閃閃發亮的輪廓。在他們正前方的是生氣勃勃、充滿陽光健美色彩的「肌肉海灘」（Muscle Beach），加州聞名全球的健美運動員便發源於此，汗水淋漓、性感陽剛的男性美在此展露無遺。

一九三〇年代，「地方公共事業振興局」在聖他莫尼卡海灘上裝設了一整套木製平台與健身器材，就離碼頭幾百呎遠而已。對運動文化有興趣的年輕人會聚集到此，利用免費的器材健身。到處都是正在舉重鍛鍊的大塊肌肉，這也正是「肌肉海灘」一詞的由來。許多人聚集在此，就為了欣賞這些健美運動員們從事他們日常的例行鍛鍊，進行彎曲伸展、下拉上舉等各種動作展示。其中有些人——例如傑克・拉蘭內（Jack LaLanne）、史帝夫・里夫斯（Steve Reeves）、和喬・戈爾德（Joe Gold）——都因為他們雕塑出來的體格而聞名。

這些健美運動員在聖他莫尼卡打造了一個實體社區。他們有些人住在一個叫做「肌肉屋」（Muscle House）的地方，一位好心的女房東將房間便宜租給他們（還為他們準備三餐）。天候不理想的時候海灘不適合停留，他們就會在一間附屬於「衝浪者旅店」、類似車庫的建築物裡健身。附近有個由職業摔角手經營的漢堡餐車「老實約翰」（Honest John's）非常受到歡迎，他們在休息的時候都喜歡去那裡晃晃。

看著這些健美運動員和健身器材，安迪有了靈感——「肌肉海灘」就是泰山的叢林。至於其它取景地點，安迪打算要把電影拍攝工作與觀光行程結合。許多他人推薦的「必遊」景點——威尼斯、托潘加峽谷、甚至是比佛利山莊飯店——都會是電影情節發生的背景，雖然情節究竟是什麼還未可知。泰勒的即興表演是出了名的，安迪覺得他演得愈誇張愈好。

他們給這部電影取了一個片名：《泰山回來了……算是啦》（*Tarzan Returns… Sort Of*）。**「算是啦」是片名當中最重要的幾個字，安迪拍的「也算是電影」的電影，與正統好萊塢電影的製作方式大不相同。**首先，它的拍攝預算很低——或正確地說，是沒有預算——不隸屬於工會或聯盟、使用十六釐米底片、而且是默片。**這部電影沒有明星、腳本、布景、燈光、或服裝設計。**現在他有個垂眼的搞笑大王擔任他的男主角、有瘋狂現代的洛杉磯做為拍攝背景，再來就是看安迪如何想辦法拍出他的泰山電影了。

Town House
MOTEL
VACANCY

出發

第十四章

任何人都可以拍出一部好電影，但假使你是刻意試著去拍出一部爛片，那你就是在拍一部好的爛片。——安迪．沃荷

Anybody can make a good movie, but if you consciously try to do a bad movie, that's like making a good bad movie.

29在海邊的「索多瑪」（Sodom）[190]過著快樂又背德的生活

根據安迪在他新買的場記板上草草寫下的日期，他的《泰山回來了……算是啦》在十月二日星期三開拍。第一個取景的地點是在「肌肉海灘」，泰勒在這裡對這個知名的角色做了許多個人的詮釋。**他爬上單槓，在上頭晃來晃去，同時和一群孩子們玩著遊戲，這些孩子們似乎搞不清楚他到底是個大孩子、還是頭腦有問題的大人。**為了讓大家都知道他是泰山，這位弱雞明星不斷反覆地搥著他的胸膛，並且扯開喉嚨大聲吼叫。拍攝的過程中，泰勒曾經在健美運動員最喜歡流連的「老實約翰」餐車前脫去他的上衣，就為了證明他瘦骨嶙峋的身材和他們健美結實的體格完全是兩回事。

離開聖他莫尼卡，安迪和他的劇組沿著馬路移動到另一個新的場景——威尼斯海灘，這裡是屬於放浪文青、藝術家、詩人、和社會邊緣人聚集的社區。之前泰勒在那裡住過幾年，他跟夥伴們聊起了當年的故事。他說他帶著一台購物車的家當過日子，也曾經在「煤氣房」（Gas House）讀詩，這間反傳統文化的咖啡館以它的非洲手鼓（bongos）演奏、與艾倫・金斯堡（Allen Ginsberg）等垮世代作家們經常流連而聞名。**這些日子以來，威尼斯破敗的程度讓它被視為「海邊的貧**

190 《舊約聖經》中所記載的好色淫亂之都。

民窟」，但在一九〇四年，當時這座精彩的小城可是以觀光名勝的姿態出現在世人面前的。

那一年，煙草大王兼自然保育人士阿伯特・金尼（Abbot Kinney）從歐洲遊歷回國。經過這趟旅行，他認為義大利威尼斯的風情能夠讓南加州這種窮鄉僻壤與全世界接軌。於是他投入鉅資，把聖他莫尼卡週邊原本毫無價值的沼澤鹽地改造成美國的威尼斯，這裡有運河、有橋、有貢多拉船和船伕，甚至海灘旁還有一個複製版的聖馬可廣場（Piazza San Marco）。有電車行駛於這座水上城市與大洛杉磯地區之間，但遊客一抵達威尼斯之後，他們就要改以走路的方式——或搭貢多拉船——到他們想去的地方。

金尼是個很有理念的國際旅行家，他期望這個複製自歐洲的景點可以吸引對世界文化有興趣的人前來——他甚至打算提供一些課程，讓遊客們可以得到更深入的體驗。但遺憾的是，大部分遊客對於自我提昇興趣缺缺；他們來到這個有如童話故事般的場景，為的是要在主題樂園和遊樂場裡開心嬉戲。驚險刺激的遊樂設施、人行道上的遊戲機台、和各種街頭的娛樂表演強過文化的訴求，威尼斯變成了太平洋岸的「康尼島」。

到了一九二〇年，原本廣受喜愛、如詩畫般的運河卻成了拖累這個地區的問題所在。汽車已經在洛杉磯地區滿街跑，只能徒步的限制勢必會影響城市的發展。更糟糕的是，威尼斯美麗的水道與義大利風格建築都已日漸殘破。剛建成的時候，這裡看起來就像真實的義大利威尼斯，但由於這些建築都是以替代素材建成，禁不起空氣中鹽份的侵蝕與歲月的摧殘。一九二九年，洛杉磯市將大部分深受金尼喜愛的運河填滿，改建為一般道路。金尼當年所打造的雄偉廊柱雖然逃過被拆除的命運，但它們卻成了低級酒館的庇護所，街上到處都可以看到這樣的小酒館。

同年，威尼斯展開了歷史上新的——也不太真實的——一頁。有投機商人在距離海邊兩個街區的土地上探採到石油，專家們認為這座城市正座落在一大片蘊藏量豐富的油田上方。一九三二年，這裡有三百四十口油井同時運作開採，採出了一桶桶原油，也為地方經濟賺進大把大把的鈔票。居民們先是因為這片新興的榮景狂喜不已，但當他們正眼面對醜陋的事實時，卻發現自己居住的地方早已受到難看的油井鑽探架與污染破壞而日漸破敗。到最後，油井枯竭了，現金不再進來了，只留下一個深受污染廢棄物所苦的貧窮社區，當地的房地產價格也從此一蹶不振。

諷刺的是，小城的衰敗卻是另一群人的福音：生活困頓的藝術家們，包括

畫家、作家、詩人、和其他創意人士開始往威尼斯聚集，因為他們可以在這裡找到有海景、租金又便宜的房子。但只要有放浪文青聚集的地方就有放縱的生活（性、或甚至是毒品），於是緊接著他們又吸引了一些非藝術家、但卻嚮往這種生活方式的人前來。漸漸地，威尼斯成了人們享受非法縱慾行為的地方。

作家羅倫斯・立普頓（Lawrence Lipton）本身是當地居民，他在一九五九年[191]的著作《神聖的野蠻人》當中以極其挑逗性的內容詳實描寫了這個邊緣世界，藉此揭露關於**「叛逆的、離經背道的、放浪形骸的、異常的……所有與這個世界格格不入的……迷失的、茫然的、垮世代的、遺世獨立的、受過教育的、失學的、重新接受教育的」**所有以威尼斯為家的人他們的真實故事。這本著作是當時的暢銷書，因為它雖然以社會學研究為名，但其中所探討的主題在五〇年代尚屬禁忌，或坦白說，是相當驚世駭俗的。立普頓在書中直截了當地討論性高潮（這個詞在當時極少被公開使用）、藥物使用、自由性愛、情色詩歌與散文、和爵士樂，讓人聯想到他的威尼斯夥伴們似乎不受任何禮教規範，**在海邊的「索多瑪」（Sodom）**[192]**過著快樂又背德的生活。**

電影導演們很喜歡威尼斯的街道那種邊緣感與真實獨特的氛圍，這裡和電影公司經過整理的外景片場完全不同。一九五八年，奧森・威爾斯（Orson Welles）

191　羅倫斯・立普頓，《神聖的野蠻人》（New York: Messner, 1959），第十七頁。
192　《舊約聖經》中所記載的好色淫亂之都。

在拍攝黑色電影《歷劫佳人》（*Touch of Evil*）出名的開場片段時，便以威尼斯曾經風光一時的廣場來作為片中一座庸俗的墨西哥邊城的替身。威尼斯成了低成本驚悚片的熱門取景地，這裡的灰泥牆、荒涼的巷弄、和廢棄的建築正是醞釀罪惡與黑暗行為的最佳背景。

在歐登伯格夫婦的殷勤推薦之下，威尼斯即將成為安迪的《泰山》電影取景地之一。合理的租金與藝術家雲集，讓那年夏天搬到洛杉磯的克雷斯與派蒂決定在威尼斯定居下來。他們家是在林尼運河街438號（438 Linnie Canal）一間雙併平房的其中半邊，看起來不大，也沒什麼特色，但它的院子和一小條開滿了百合和木槿的帶狀花園，讓這個洛杉磯最貧窮的地區變得十分迷人。派蒂愛極這裡的氣候，**她喜歡一邊坐在戶外（有時穿著比基尼、有時候不穿——反正粉紅色水泥牆夠高，讓他們能保有絕對的隱私）**，一邊手工縫製著克雷斯的大型軟雕塑作品、他的襯衫、和牙膏管這一類的物品；而在此同時，克雷斯則在海邊的舊廣場區另外租下的工作室裡忙碌著。**「洛杉磯到處都帶給克雷斯靈感，」**[193]**派蒂說**。他很喜歡這些與他作品極為相像的建築物，尤其是「小狗尾巴」（Tail o'the Pup）熱狗攤，它的造型就像是一根法蘭克福肉腸加麵包。還有隨處可見的米老鼠（Mickey Mouse），趣味與平庸在它身上毫無違和地並陳，讓人總想要多看它

193 派蒂・穆查，〈六〇年代的縫紉〉（Sewing in the Sixties），《美國藝術》（*Art in America*），二〇〇二年十一月號，第八十五頁。

兩眼，而這也正是克雷斯希望透過他的藝術實現的。

30這部「地下電影」的劇組決定要以「地下工作」的方式暗地裡拍攝他們想要的畫面。

安迪拜訪歐登伯格夫婦的時候，發現「林尼運河街」原本真是條運河，正是當年阿伯特．金尼所建造的其中之一。有一小部分的住宅區水道逃過被改建的命運，它們集中在威尼斯的中心，那裡仍然保留著如畫般的舊橋與步道，讓它自成一方隱於市的化外之地。這裡很難讓人聯想到過去傳說中的那個觀光名勝。**「運河在夜色裡看起來最美，」**[194]**派蒂說。**然而一到了白天，所有毛病全都被看得一清二楚，運河分明是垃圾與老舊設備的廢棄場。每個禮拜會有個男人開著汽艇來巡邏一次[195]，試著清除河面上的垃圾。但是廢棄的電冰箱、購物車、和其他殘骸卻依然陷在醜陋（同時也有害健康）的綠泥裡，不動如山。

就像奧爾森．威爾斯一樣，安迪發現古舊殘破的威尼斯正是他為改版後的泰山取景的絕佳地點。其中一幕的背景發生在歐登伯格家的小後院裡。在這一幕當中，克雷斯成功地扮演一個威脅泰山的角色，和泰勒為了爭奪花園裡的澆花水管

194　同上。
195　同上。

而大打出手，最後這個瘦小的英雄只得爬過粉紅圍牆、跳進惡臭的運河當中才得以脫身。泰勒在這裡展開了這部電影當中的第一個英雄行動，他從爛泥巴當中救起一個又髒又舊的洋娃娃。

才不過幾個鏡頭，安迪已經顛覆了數十年來泰山的形象。泰勒不是英雄，所謂的「叢林」不是茂密的樹叢、而是單調無趣的水泥建築，電影的拍攝方式更不是「米高梅電影公司」原創的泰山電影精雕細琢的那一套。**安迪利用他的「寶萊」拍攝屬於他個人版本的「寫實紀錄片」**（cinema verité），這個名詞是用於描述紀錄片工作者與獨立電影導演們特別具有開創性的作品，如約翰・卡薩維蒂（John Cassavetes）以手持攝影機即興拍攝的實驗電影。安迪做的就是同樣的事，只不過他加進了更多諷刺與幽默的色彩。

把第一天拍攝的內容送到某個工作室做後製處理之後，安迪便和其他夥伴們開車前往「比佛利山莊飯店」，準備入住海華德的房間。高大的棕櫚樹、寬闊綿延的車道、糖果粉的建築外觀、和賓至如歸的服務，在在都讓這棟西班牙修道院風格的地標呈現出與「衝浪者旅店」強烈的對照。能夠從飯店著名的綠白條紋相間的門廊下走進名流雲集的圓弧形大廳，這讓安迪感到非常興奮。**就連泰勒也覺得這個地方令人印象深刻。「三〇年代的電影明星們和霍華・休斯**（Howard

Hughes）就在這個小天地裡流連，這倒是挺令人神往的。」[196]**他說**。休斯在這間飯店裡住了超過二十年以上，他把這裡當成自己的家，甚至在他的小屋裡設置了電話亭。休斯並且要求飯店依照他的需求，固定在深夜時段製作烤牛肉三明治送至小屋附近的樹枝旁，讓他可以享受到屋外搜尋點心的樂趣。

「比佛利山莊飯店」的待客之道非常嚴謹，它們自有一套標誌貴賓的卡片系統。偶爾入住的尋常人物會以白色卡片歸入「一般平民」（commoners）的類別中。常客——非知名電影明星之流，但經常入住、得以享受更好的待遇——會被寫在藍色卡片上（林登・詹森〔Lyndon Johnson〕[197]被歸入「藍色」卡片）。至於像是伊莉莎白・泰勒與李察・波頓這類紅遍全世界的大明星，他們的卡片就是屬於飯店標誌色的粉紅色了。飯店的工作人員只要瞥一眼卡片的顏色，就會知道關於入住房客的資訊。想當然爾，安迪被歸在白色卡片當中，因為在藝術圈外根本沒幾個人聽過他的名字。

在某些情況下，沒沒無名倒是對安迪有利。他在飯店裡逛過一圈之後，替《泰山》選定了兩處水邊的場景——飯店知名的泳池，和他房間裡的大浴缸。自從由查理・卓別林（Charlie Chaplin）和哈洛・羅依德（Harold Lloyd）主演的早期默片經典喜劇開始在「比佛利山莊飯店」取景之後，接著便有許多電影在這

196　威爾考克，《安迪・沃荷自傳及其性生活》，第一百三十四頁。
197　美國第三十五任副總統，於甘迺迪遇刺後繼任為總統，並參選第三十六任總統成功。

裡拍攝。一九五七年文生・明尼利的《風流記者》（*Designing Woman*）在這裡取景，而最近的現代喜劇當中，包括由桃樂絲・黛主演的《移情別戀》（*Move Over, Darling*）和狄恩・馬丁主演的《滿城春色》（*Who's Sleeping in My Bed?*），也可以見到「比佛利山莊飯店」的身影。飯店方面對於這樣的電影拍攝活動十分歡迎，因為這對它們的公共關係有很大助益；**但頭腦清楚的比佛利山莊飯店高層可不會同意授權讓安迪・沃荷導演、泰勒・米德主演的片子在這裡取景。這部「地下電影」的劇組決定要以「地下工作」的方式暗地裡拍攝他們想要的畫面。**

首先他們到游泳池旁拍攝，這是個明智的選擇。演員兼奧運金牌運動員強尼・韋斯穆勒曾經在十二部電影中扮演泰山，其中一回他便是在這座泳池中救起一名溺水的小女孩，而被人「發現」他的身分。安迪挑選了一天當中的某個時段——要不很早、要不很晚——這時候游泳池旁除了少數日光浴愛好者之外，幾乎沒什麼人。在泳池經理斯凡德・彼德森（Svend Petersen）的指揮之下，一組穿著白上衣的泳池男孩已經將躺椅折疊好、把靠枕收起來了。**穿著黑色短泳褲的泰勒看起來很正常——算是啦——而「寶萊」的體積很小，一旦他們的行為引起彼德森或安全人員的注意，安迪也可以假裝是觀光客在自拍家庭電影。**泰勒昂首闊步地走在泳池較深的那一側，好讓「比佛利山莊飯店」的標誌出現在鏡頭裡；接著他站上跳板對著鏡頭做鬼臉。「我是一個在有成群鯊魚出沒的湖泊裡的泰山，」[198]泰勒開玩笑說，他的「鯊魚」指的是每天在那裡進出的演藝圈人士。

海華德的房間是271與272號房，小巧、舒適、房價卻也不便宜。雖然嚴格來說他們算是海華德的客人，但飯店仍然向安迪一行人每人收取一晚十四點五美元的費用。泰勒對於飯店豐盛的早餐印象特別深刻，他發現這裡的麵包捲和柳橙汁尤其美味。**安迪仍然持續掏錢支付著所有的費用……應該說是「幾乎」所有費用**。泰勒說，有人給了他們一組應召牛郎的電話號碼，**「我根本不好意思打那通電話，」**[199]**泰勒坦承，「而安迪那個吝嗇鬼也不打算花這筆錢。」**終究沒有任何騙徒上門來擾亂他們心頭的一池春水。安迪和他的「男孩們」繼續專心拍攝他們的《泰山》。

正當他們在討論要如何拍攝房間裡的大浴缸場景時，外面傳來一陣意外的敲門聲。開門後，站在門口的原來是**娜歐米・萊文**。就像她之前承諾過的，她搭飛機飛來洛杉磯了，而**她的到來讓演員陣容在最後一刻有了戲劇化的發展**。她堅持自己一定要參加安迪電影的演出；畢竟每個泰山都需要有一個屬於他的「珍」（Jane）。**「想都別想。」泰勒立刻提出反擊。「還真不要臉——竟然搭飛機一路追我們追到洛杉磯來——這也太咄咄逼人了吧！」**他想。通常娜歐米會堅持到底，

198　對泰勒・米德進行的訪談，二〇一二年五月二十一日。
199　同上。

直到她得到自己想要的東西。泰勒只好跟著她進了浴缸裡，心裡頭暗自希望試鏡之後就能甩掉她。**安迪拍了一段「泰山」和「珍」與塑膠小鴨玩耍、單純愉快地享受肥皂泡與水的快樂時光。**所有人原本都認為娜歐米的演出一定糟透了，但試鏡之後泰勒驚訝不已，他首先跳出來承認娜歐米是完美的「珍」代言人，不但上鏡頭，而且活力十足。

他們在浴缸裡待了相當長一段時間，而且期間叫了好幾次客房服務的餐點，好讓他們能繼續保持高昂的精神。**除了偶爾的「娜歐米，往這裡看一下，」之外，安迪沒有下太多的指令。**和泰勒一樣，愈是能夠完全自由發揮，娜歐米的表現就愈好。她對於自己可以完全不受拘束地展現自我感到相當自豪，而且她也喜歡看見人們對於她難以捉摸的行為感到震驚——或至少是驚訝——的樣子。

娜歐米和男孩們現在成了一個五人小組。**她就像一隻熱情的小狗，只要有安迪的陪伴，她走到哪裡都開心。**雖然她暫時住在約翰・張伯倫與他太太伊蓮位在托潘加峽谷的家，但其實她與他們相處的時間並不多，因為和安迪在一起東晃西晃要來得有趣多了。

在這趟旅行中，與塞西爾・比頓在「貝爾艾爾飯店」喝茶是安迪重要的社交活動之一。比頓的飯店小屋是好萊塢數一數二的漂亮建築。剛開始的時候，比頓對於是否要住進這間飯店裡有些猶豫，他覺得這裡的天鵝裝飾、蟋蟀與青蛙的鳴聲錄音、繪本故事書般的布景、和賓至如歸的服務似乎有點太過頭了。然而當他在「華納兄弟」有如戰地壕溝的片場待上幾個禮拜之後，他便發現這種極致的尊寵正是他所需要的。

31 這已經不是過去那個「邋遢安迪」

十月四日星期五——那是工作行程滿檔的比頓當週唯一有空的時間——他邀請安迪和他的朋友們一起過來飯店裡坐坐。他們大部分人對於這位名氣響噹噹的主人與飯店優雅高貴的氣氛都感到印象深刻，但泰勒卻覺得這個傢伙的態度相當傲慢[200]，而這位英國佬以小罐裝的番茄汁招待他們更是讓他不以為然。他認為，**比頓如果不是想巧妙地對安迪的金寶湯濃湯罐致敬、並藉此展現他的機智或魅力，那麼他就是太懶了。**

拉德發現這位傑出的攝影家非常迷人，他對於比頓剛為《時尚》雜誌拍攝的一系列照片特別感興趣。就像時尚編輯黛安娜·佛里蘭（Diana Vreeland）所說的，**比頓總是有辦法替他所拍攝的每個鏡頭都加上「聲響與令人興奮的元素」。**

200 同198。

九月號的雜誌裡特別介紹了詩人奧登（W. H. Auden）和艾略特（T. S. Eliot），以及女演員安娜・馬格納妮（Anna Magnani）和葛麗泰・嘉寶，報導由克里斯多夫・伊修伍德（Christopher Isherwood）撰文，比頓攝影。這些照片看起來很特別，因為比頓使用了影像重疊的技巧，讓他照片裡的主角看起來具有超現實感。**巧合的是，安迪與傑拉德也利用了相同的技巧，以絹版印刷的方式製作了幾張此刻正在「費若斯」藝廊中展出的《艾維斯》**系列作品。

在他們拜訪的過程當中，安迪試著向比頓解釋普普藝術的概念，因為比頓覺得新藝術很難懂，他也完全不能理解為什麼泰勒和娜歐米是明星，或甚至被安迪稱為「超級巨星」。在比頓心目中，只有像是奧黛莉・赫本（Audrey Hepburn）和雷克斯・哈里遜（Rex Harrison）這樣的演員才算得上是明星。**但令人意外的是，安迪和比頓對於電影的看法竟然有部分是一致的。那一週稍早的時候，比頓和法國名導演尚・雷諾瓦（Jean Renior）一起用餐，他們對話的主題之一便是好萊塢電影的末日。他們都同意，電影已經被做得太大、太狂了[201]，就像他們的朋友克里斯多夫・伊修伍德的觀察：「好萊塢為了做鉅片而沒落。」**大家一致認為該是要有些改變的時候了，只是這改變未必就是安迪所正在做的事。

比頓的舉止似乎非常得宜——就像安迪喜歡說的，「很高尚」。但當他們一

201 比頓，《塞西爾・比頓的窈窕淑女》，第九十七頁。

行人離開「貝爾艾爾飯店」之後，這個神話般的形象馬上就被八卦消息給戳破了。根據泰勒所說，安迪事後告訴他的同伴們——他聽說比頓最喜歡的做愛方式是自己假扮為一具屍體，然後讓男伴挑逗他直到他起死回生。**「而且他覺得我們很奇怪，」泰勒語帶挖苦地提出他的觀察**[202]。

此行另外一個重要的社交活動是丹尼斯·霍伯——最認真的東道主——在好萊塢一處夜總會舉辦的晚宴。**那一晚讓娜歐米對安迪留下特別深刻的印象，因為坐在她身邊的安迪突然打開一包糖，把糖粉灑在她的手臂上。**這個動作讓娜歐米覺得安迪實在是太討人喜歡了。「老天，他真是貼心，」[203]她這麼想。她把安迪的舉動視為對她感興趣的表現，也希望浪漫愛情會就此發生。

安迪興高采烈地談論著他接下來的計畫。他還要去好幾個精彩的的地方替《泰山》取景，他還有些朋友要拜訪、有幾個派對得參加；而且他非常期待帕沙迪那藝術博物館的馬塞爾·杜象展覽開展，這個展覽是由「費若斯」藝廊的前老闆瓦爾特·霍普斯負責策展。**安迪就像是個初入社交界的年輕女孩，舞蹈卡（dance card）上寫滿了不同舞伴的名字。他在「費若斯」的畫或許乏人問津，但大家倒是都挺買安迪本人的單。**

當天晚上丹尼斯就坐在安迪對面，他拿起他的相機從桌子這一頭拍了好幾張

202　對泰勒·米德進行的訪談，二〇一二年五月二十一日。
203　威爾考克，《安迪·沃荷自傳及其性生活》，第一百零八頁。

照片。安迪的打扮相當時髦，他穿著夾克上衣、打著領帶、戴著一副電影明星式的太陽眼鏡、露出一抹會意的微笑，部分的臉龐則被桌上的花朵遮掩住了。**這已經不是過去那個「邋遢安迪」；現在這個與名流社交往來、在好萊塢拍電影的安迪看起來既酷又充滿自信——甚至散發著迷人的魅力。**現在正是安迪畢生夢想追求的一刻。終於，他準備好要拍攝他的特寫鏡頭了。

Town House
MOTEL
VACANCY

出發

第十五章

這是我最喜歡說的句子之一。「那又怎樣。」——安迪．沃荷

That's one of my favorite things to say. "So what."

32 妒火中燒的安迪——他對於傑拉德竟然帶了一個女孩回來「他們的」房間感到非常憤怒。

安迪的興致非常高昂，他決定要為他洛杉磯的所有朋友們，不論是新朋友還是舊朋友，舉辦一個派對。**他不要傳統的雞尾酒與開胃小菜那種派對；他要的是就連最不耐煩的洛杉磯人都難以忘懷的一個夜晚。**洛杉磯郡立博物館（Los Angeles County Museum）的研究員詹姆斯・艾略特（James Elliott）跟安迪提到聖他莫尼卡碼頭旁的「**魯夫遊樂園**」（Looff Hippodrome）。這間占地兩萬平方呎的建築裡有一座漂亮、古典的旋轉木馬和幾間面海的公寓，艾略特自己就是住在遊樂園二樓的幸運住戶。這裡的布置裝璜很華麗，只是當旋轉木馬在運轉的時候不斷放送的風琴音樂聲響有些惱人。

艾略特告訴安迪，「魯夫遊樂園」可以出租場地供辦活動使用。事實上，一九五五年的時候瓦爾特・霍普斯便曾經在這裡辦過一次前所未見的藝術展覽。安迪記得曾經在霍伯的電影《夜潮》（*Nigt Tide*）當中看過這裡的旋轉木馬台和古色古香的木馬，他認為這裡非常適合做為他舉辦派對的場地。這場宴會的時間安排在十月五日星期六晚上，當天也剛好是他們搬出「比佛利山莊飯店」的日子。

泰勒的說法是[204]**，「我們在那裡住了幾天之後，覺得實在是太無聊了，於是我們便決定離開。」**安迪很高興能有機會體驗這間經典地標的老好萊塢風情，但他也發現洛杉磯的西邊——包括威尼斯、聖他莫尼卡、馬里布、托潘加等地——有更多讓他大開眼界的時髦事物。於是「男孩們」回到了「衝浪者旅店」，他們迫不及待要奔向海灘，感受讓好萊塢年輕男女為之著迷的陽光、細沙、與衝浪板。

「魯夫遊樂園」的場地夠大，要容納為數眾多與各式各樣的賓客不成問題，於是安迪邀請了他所認識的每一個人——爾文・布魯姆、歐登伯格夫婦、霍伯夫婦、和他旅途中遇到的所有朋友與朋友的朋友。他甚至還邀請了塞西爾・比頓，但毫不令人意外的，比頓婉拒了。當泰勒看到安迪的邀請名單時，他決定跳進來和安迪一起主辦這次的派對，他要讓這群沉悶自持的比佛利山莊來賓活躍起來。泰勒回想起過去，他有些故舊還住在威尼斯海灘那裡。**「我從威尼斯那邊邀請了我『最要好』的朋友們來，有黑人也有白人；而安迪邀請的則是穿著黑白西裝禮服的那些比佛利山莊朋友們。」**[205]**泰勒開玩笑說**。這兩個族群的社交圈原本都相當封閉，他認為這場派對或許開了讓這兩群人合併舉辦活動的風氣之先。

泰勒也負責當晚的餐飲。他已經受夠了喝酒、喝酒、再喝酒的派對，這次他要確保宴會上有足夠的食物可以吃；還有另外一個問題是——他吃素。他和安迪

204 威爾考克，《安迪・沃荷自傳及其性生活》，第一百三十四頁。
205 對泰勒・米德進行的訪談，二〇一二年五月二十一日。

到旅館對街的「諾姆超市」（Norm's Market）買了成堆的酒精飲料和各種搭配的小吃。**他們買了六夸脫（約五點七公升）的伏特加、六瓶蘇格蘭威士忌、和三加侖（約十一公升）的酒**——這些應該夠來賓們好好享受了——同時也訂購了豐盛的起司與蔬菜盤，好讓他們的菜單更加完美。

五彩繽紛的旋轉木馬台和輕快的音樂讓所有來賓童心大發。安迪的賓客們紛紛跳上木馬，一圈又一圈、上上下下地繞著，每個人都伸長了手想要拿到黃金指環（gold ring）[206]。大家喝得愈多——還有藥嗑得愈多——就愈不容易在馬鞍上坐穩。**爾文・布魯姆和克雷斯・歐登伯格兩人在木馬上試著平衡身子的畫面經典到不容錯過，於是安迪拿出他的「寶萊」開始在現場攝影。**當時的光線很暗，木馬也跑得很快，以致於影像一片模糊。但安迪有試著把一張張閃過眼前的開心臉龐捕捉下來，這些鏡頭後來都被收錄在他的《泰山》電影當中。

當泰勒看到來賓們情緒高漲到不顧木頭地板上的碎屑、打翻的飲料、和從盤子裡掉到地上而融化的起司泥，紛紛在地上爬行扭動時，他知道這個派對成功了。**「天氣很熱，起司都發出臭味了，而且還沾得到處都是。」[207]安迪抱怨道。塞西爾・比頓聽到了小道消息[208]，說那天晚上的宴會後來變成「一場瘋狂的性愛派對，有人爬到旋轉木馬上做愛，過程還被拍下來做為某部前衛電影的片段。」**但

206 傳統旋轉木馬的設計上，內圈木馬會上下搖動，但外圈木馬是固定的。為了鼓勵遊客搭乘外圈木馬，通常會在外圈木馬旁設置一個發送指環的裝置，讓乘客行經時抽取。抽到黃金（或黃銅）指環者通常可以憑指環兌換「免費搭乘一次」，或將指環帶回家做為紀念。

207 沃荷、哈克特，《普普主義》，第五十七頁。

208 弗瑞德・勞倫斯・吉勒斯（Fred Lawrence Guiles），《舞會裡的獨行客：安迪・沃荷的生活》（*Loner at the Ball: The Life of Andy Warhol*, Great Britain: Black Swan, 1990），第七十一頁。

是這種說法或許有些誇大其詞。話說回來，當天警察的確有過來派對現場關切，因為他們所製造的噪音連聖他莫尼卡碼頭那裡鬧烘烘的群眾都覺得受不了了。

在此之前，傑拉德注意到會場裡有個名叫安卓雅（Andrea）的可愛加州女孩。她個頭嬌小，深褐髮色，是某個朋友的朋友，而那位朋友是風聞這個派對絕對夠狂野才特別慕名而來的。安卓雅發現這個熱情的紐約年輕詩人充滿令人難以抗拒的魅力，因為他不但長得極為英俊，而且和她所認識的那些無聊的金髮海灘男孩完全不一樣。

光是調情還不夠，安卓雅和傑拉德走回他在「衝浪者旅店」的房間，好避開人群。他們把門鎖上，開始親熱，反正其他所有人都在派對裡玩瘋了，他們有的是時間——和隱私。過了四十分鐘，房門的門把發出了咯咯聲，同時他們也聽見了猛力、急促的敲門聲。傑拉德匆匆穿上他的衣服，開了房門，發現站在門外的是安迪——**妒火中燒的安迪——他對於傑拉德竟然帶了一個女孩回來「他們的」房間感到非常憤怒**。傑拉德沒有考慮太久，便說他要跟安卓雅回她家共度夜晚。他們很快地離開了，將氣沖沖的安迪留在他們身後。

安卓雅住在比佛利山莊，她的父親是一名成功的牙醫，許多電影明星都是他的病人。特別的是，他同時也是一位相當有名的數學家，專長領域是深奧的「平式幾何」（flat geometry）。由於時間已經很晚了，這對年輕愛侶便繞過主屋，躡手躡腳地躲進車庫上方的小房間，在那裡度過一夜春宵。這是十二天以來傑拉德第一次離開安迪和其他人單獨行動[209]，他的確很喜歡安卓雅，但他更珍惜的是這短短幾個小時的自由時光。

第二天一早，傑拉德搭乘大眾交通工具回到聖他莫尼卡。「衝浪者旅店」的櫃檯人員告訴他安迪人在海邊，後來傑拉德看到安迪時，他一個人坐在那裡，正在閱讀著關於「費若斯」展覽的評論報導。**安迪努力避免提起任何關於前一晚他情緒大爆發的事情；他讓自己專注在媒體的評論報導上。**亨利・塞爾迪斯（Henry Seldis）是《洛杉磯時報》的藝術評論家，同時自稱是「普普的敵人」，他果然一如預期地對《艾維斯》系列作品提出輕蔑的看法（他甚至沒有提到《莉茲》）。他說安迪的名人肖像是在畫「扭臀爵士」（Sir Swivel），在報界這是對艾維斯（和他的招牌扭臀動作）貶抑的稱呼；他還將所有對展覽有興趣的粉絲們稱為**「庸俗普普藝術的崇拜者」**。安迪對於塞爾迪斯的冷嘲熱諷淡然以對，但要忘記傑拉德前一晚的所作所為可就沒那麼容易了。

安迪認為自己**「熱愛交際，也期待能建立深刻知心的友誼」**[210]**，所以他苦思不得其解，為何真正的親密關係似乎總是與他無緣。**於是他想，或許這麼做是比

209 對傑拉德・馬蘭嘉進行的訪談，二〇一二年七月十二日。
210 沃荷，《安迪・沃荷的普普人生》，第二十三頁。

較好的吧——接受自己是個獨行客、不再刻意追求親密關係、不去在意該發生的沒發生，同時表現出漠然、疏離的樣子，彷彿這一切他都不放在心上。**「有些人會讓同樣的問題困擾他們許多年，只能一直說著：『那又怎樣？我媽不愛我。那又怎樣……我功成名就，但卻仍然還是孤身一人。那又怎樣？』」**[211]基於這樣的人生觀，安迪讓自己練習對傑拉德刻意保持冷漠。這時候《泰山》似乎是個安全的話題。

安迪對這部電影有非常旺盛的企圖心，但他們距離殺青只剩下五天的時間了。為了更有效地利用時間，他打算走到哪裡都把他的劇組和攝影機帶著，這樣他就可以社交、觀光、拍片一次搞定。**「這幾乎就像是在寫日記一樣，」**[212]**傑拉德這樣描述《泰山》的拍攝過程**。安迪利用這部電影做為他在洛杉磯活動的影像紀錄。

33就這樣，一種導演技巧誕生了。

他在風光明媚的馬里布度過的一天就是一個絕佳例證。韋恩把安迪介紹給一位親切的年輕人丹尼斯·迪根（Denis Deegan），而迪根與約翰·豪斯曼（John

211　同上，第一百一十二頁。
212　威爾考克，《安迪·沃荷自傳及其性生活》，第一百一十五頁。

Houseman）和他的太太瓊恩（Joan）是好朋友。豪斯曼最為人所知的事蹟便是與奧爾森・威爾斯在電影事業上面的合作，例如《大國民》和《宇宙戰爭》（*The War of the Worlds*）就是他們共同出品的電影。最近以來，豪斯曼都在拍攝安迪喜歡的那種好萊塢大片，包括寇克・道格拉斯（Kirk Douglas）的《玉女奇男》（*The Bad and the Beautiful*）。**託迪根的福，安迪和他的朋友們也一同受邀到豪斯曼的海邊豪宅作客，他們可以在那裡拍攝《泰山》，同時欣賞獨一無二的馬里布美景。**

安迪那天的興致非常高昂，因為他的陣容當中加入了一位令人興奮不已的人物。丹尼斯・霍伯同意參加這部電影的演出。丹尼斯和泰勒不一樣，是個貨真價實的明星，而且精壯結實的體格讓他更符合片中主角的形象。**安迪讓丹尼斯在片中飾演泰勒的替身演員，將俊俏、健美的電影明星與乾癟的泰勒擺在一起，這樣的安排本身就非常具有喜感。**當泰勒原本要爬上棕櫚樹摘取椰子的時候，丹尼斯立刻自告奮勇跳進鏡頭，替他完成這件任務。這兩位演員對於他們的即興創作似乎頗能自得其樂，而且泰勒對於丹尼斯表現出來的自在相當意外。他平常所看到的這位憂鬱小生大部分時候是有些死板的。**「這是我看過他在鏡頭前最放鬆的一次。」泰勒注意到這點，並且說光是參與沃荷的電影演出一天，便讓丹尼斯完全改頭換面了。**

丹尼斯絕對讓《泰山》更加星光熠熠，但當天的表現最出意表的卻是娜歐米·萊文。這時候的洛杉磯依舊炎熱，為了讓自己更涼快一點，娜歐米身上的衣服總是能少穿就少穿——大多數時候，她只拿一條紫色的薄披巾將赤裸的身體包裹起來。在豪斯曼家裡拍攝電影的過程中，娜歐米不顧羞恥地褪下她的披巾，赤身露體全無遮掩，接著一躍而入泳池當中，毫不難為情地對著鏡頭微笑。

當她仰躺在水面上時，裸露的胸部完全呈現在鏡頭前，她就是要特別引起安迪的注意。有趣的是，安迪發現他愈退縮、愈不回應娜歐米古怪的行徑，她就表現得愈誇張。這點觀察在其他演出者身上也獲得驗證；他們一定會愈演愈誇張，為了讓安迪對他們有所回應而做出一些驚人之舉，這是早晚的事。**於是安迪了解到，他最大的天份在於他能夠以高深莫測的姿態淡然地站在一旁，讓他的主角們完全展現他們自己。**不論是娜歐米挑逗的裸露、或泰勒惡搞的演出，都是他們在面對安迪令人惱火的疏離時所產生的反應。**就這樣，一種導演技巧誕生了。**

每一回安迪拿起他的「寶萊」攝影機，他就變得愈發經驗老道、也更熟練於操作。他在豪斯曼家裡嘗試使用彩色底片，泳池的深藍色與娜歐米閃閃發亮的古銅色皮膚很相襯。他還讓自己出現在他的叢林歷險故事當中，為影片增添了一點「布萊希特式」（Brechtian）[213]的風格。其中有個鏡頭便是安迪拿腳本給泰勒看，

213 貝爾托·布萊希特（Bertolt Brecht），德國著名劇作家、導演、與詩人。

接著以棕櫚葉拍打泰勒，表示自己不願意繼續導演下去了。

安迪在下一個取景地點——驚人的「瓦茲塔群」——更加善用了他的彩色底片。與其如其名說它們是「塔」，其實它們更像是一群巨大的雕塑品，奇妙地矗立在洛杉磯南區的某處後院裡。安迪帶著他的劇組和演員，另外又帶了幾張面具和一支巨大的棒棒糖，便開車前往這十七座建築物的所在地。它們被紐約現代美術館」稱為是「絕美與充滿想像力的作品」，藝術史家威廉・塞茲（William Seitz）也形容它們是「鼓舞人心的力量與美麗兼具的獨特作品」。

「瓦茲塔群」的建造者是一位二十世紀初期來自義大利的移民，薩巴托・「賽門」・羅迪亞（Sabato "Simon" Rodia）。一九二一年，他在瓦茲定居下來，這裡是位在洛杉磯與長灘（Long Beach）之間的一個小型藍領階級社區。羅迪亞是一名專業的泥水匠與磚瓦製造師傅，但他有空的時候就會利用自己的專長設計並建造各種不同外形的建築——有好幾座高大的尖塔、有涼亭、有魚池、有小船、和連接建築物的蜿蜒小道——聚集而成大家所熟悉的「瓦茲塔群」。他在四十二歲那年開始進行他的建築計畫，其後他花了三十四年的時間，在這個都會貧民區的死巷子裡、一塊小小的三角地上，創造出驚人的曠世鉅作。

乍看之下這些塔群的興建似乎有賴於大規模的計畫與資源才得以完成，但實際上羅迪亞的作法非常簡單。他先將薄薄的灰泥覆蓋在鋼絲網上[214]，然後再用他所能找到的物品來加以裝飾，這些裝飾物包括有「**一萬一千片完整或破碎的陶片；一萬五千塊玻璃磚；六千個彩色玻璃瓶；數十打的鏡子；一萬片貝殼、鮑殼、蚌殼；數以百計大大小小的石頭；大理石、油布、和電話線礙子，**」還有一些其它的素材。靠近仔細看的話，還可以辨識出這些閃亮的玻璃片是來自七喜汽水的綠色瓶身、還是瀉藥的藍色藥罐。他會到處撿拾廢棄物，並且把它們運用在自己的雕塑作品上[215]。藝術史家塞西爾．懷汀認為羅迪亞「**將工業社會所生產的大量廢棄物轉化成高聳壯麗的建築。**」——這和安迪與他的藝術家夥伴們進行普普創作的概念非常相近。

羅迪亞的鄰居經常看著他工作到三更半夜。他不辭辛勞，一吋一吋地做，慢慢替他的建築物增加高度與細節，到最後主塔群的高度已經將近有一百呎（約三十點五公尺）高了。「**全都是我自己做的，」他自豪地說，「從來沒有一個人幫過我。**」同時他也沒有任何精密的工具和經費。羅迪亞的裝置完全是手工打造的，他在製作的過程中沒有使用螺栓、鉚釘、焊槍、或甚至是鷹架。然而這些建築不但堅固，更是美得驚人。羅迪亞在形狀、圖樣、和色彩的組合運用上所展現的純熟技巧，在在顯示了他擁有道道地地藝術家的眼光、直覺、風格、與靈魂。

214 巴德．戈爾登史東（Bud Goldstone）與阿爾蘿．帕昆恩．戈爾登史東（Arloa Pacquin Goldstone），《洛杉磯瓦茲塔群》（*The Los Angeles Watts Towers*, Los Angeles: Getty Conservation Institute, 1997），第五十六頁。
215 塞西爾．懷汀（Cecile Whiting），《普普洛杉磯：一九六〇年代的藝術與城市》（*POP L.A.: Art and the City in the 1960s*, Berkeley: University of California, 2006），第一百五十一頁。

他也是個謎一般的人物。一九五四年，羅迪亞在完成塔群的建造之後突然將他的土地轉讓給一位鄰居。不知道是什麼原因，他拋下了窮畢生之力進行的創作。他搬到加州馬丁尼茲（Martinez,California），十年後過世。**這塊空地淪為垃圾場，變成一些蓄意破壞者的目標，但同時也出現了一群忠誠的粉絲。**一九五五年，當時還是藝術科系學生的瓦爾特・霍普斯與雪莉・尼爾森，便在當地完成他們的婚禮。後來有兩位關心後續發展的人士買下了這塊土地（這裡原本差一點要變成販賣墨西哥玉米餅的攤位），他們打算把這些塔群轉變為紀念塔。但他們驚訝地發現，市政府官員竟然認為這些雕塑作品會危及公共安全，並且計畫在它們倒塌傷人之前先加以拆除。撇開安全議題不談，「城市建築與安全部門」的稽查長也以藝術評論家之姿發表了意見，**他說「瓦茲塔群」「是我所見過最巨大的垃圾……它的存在有如眼中釘一般，應該把它拆掉才是。」**

這些話對於洛杉磯藝術社群的成員們——包括知名建築師菲力普・強森和巴克敏斯特・富勒——來說無疑是一種挑釁，他們都認為羅迪亞純真的作品是真正的傑作。於是搶救「瓦茲塔群」的委員會成立了，正反雙方的戰爭也在一場戲劇性的現場「負載力測試」當中達到高潮。一邊是羅迪亞最高的尖塔，另一邊則是施壓達一萬磅（約四千五百三十六公斤）重的機器。數百名支持者全程緊盯，莫不暗暗祈禱這些尖塔可以順利通過測試。經過一分半鐘的全力施壓之後，支撐測試鋼索的吊桿已經開始彎曲了，但羅迪亞的高塔依然紋風不動。這塊地與地上的雕塑作品因而被搶救與順利保留下來，也立刻成為藝術家與藝術科系學生們的必到之處。

安迪對羅迪亞色彩繽紛的建築深感著迷。透過他不斷放大再放大的攝影鏡頭，他仔細地觀察了各種五花八門的素材與所有精彩的細節。從某些角度看，纏繞的金屬絲線與水泥看起來就像是叢林裡的藤蔓——這絕對是他新版《泰山》的絕佳場景。當天安迪的演員陣容包括有娜歐米、泰勒、和幾個新朋友——演員傑克．拉爾森（在《超人》〔*Adventures of Superman*〕電視影集中飾演吉米．歐爾森〔Jimmy Olsen〕）、與年輕導演吉姆．布里吉斯（Jim Bridges）（後來他拍攝了《都市牛郎》〔*Urban Cowboy*〕和《大特寫》〔*The China Syndrome*〕）——他們戴著面具，在這些建築上擺出各種姿勢，而娜歐米負責以極其挑逗的姿態吸吮著那支巨大的棒棒糖。

安迪的小型電影已經差不多要拍成旅遊紀錄片了，洛杉磯在片中呈現出的多元風貌，遠超越大部分觀光客所體驗到的好萊塢。或許其中風貌最殊異的地方（與生活方式）就數安迪的朋友路易斯．畢區．馬文三世的住處，安迪喜歡叫他

「古怪的綠色酬賓券小開」。馬文是含著金湯匙出生的——他的父親是「斯佩里哈欽森公司」（Sperry Hutchinson Corporation）的董事長，這間公司開風氣之先，發行了風靡一時的S&H綠色酬賓券——消費者在購物的時候會得到酬賓點券，他們將點券貼在冊子上，並且於收集到必要的點數之後憑點數兌換禮物（就像今天銀行與信用卡公司的「點數」獎勵活動）。

雖然出身豪門，馬文卻總是走在他自己想走的道路上。他在完成牛津大學的學業後，為了追求更健康、更個人主義的生活方式，便於一九五七年搬到加州。他花了一萬五千美元買下這處終極的隱居所——一塊位在托潘加的圖納峽谷（Tuna Canyon）、占地六十畝的土地——並且將這裡命名為「月火」（Moonfire）。一位記者看到這片壯闊的私人土地，開玩笑說：**「既然他是綠色酬賓券小開，這裡肯定是終極的點數兌換中心了。」**[216]

海拔一千五百呎（約四百五十七公尺）高的地理位置，讓這間房子可以居高臨下俯瞰太平洋、與洛杉磯從聖他莫尼卡到帕洛斯佛迪（Palos Verdes）之間的海岸線。這片土地完全未經開發，馬文也打算就讓它保留原來的樣貌。這裡沒有自來水、也沒有電，他只能靠自己的雙手慢慢打造他的住宅。他**「像梭羅那樣深愛著自然（Thoreauly in love with nature），」**[217]**《洛杉磯時報》在早期描述這位反傳**

216 阿爾特・賽登鮑姆（Art Seidenbaum），〈月火的馬文——異想天開，腳踏實地〉（《洛杉磯時報》，一九六五年九月十九日，B 3版）。

217 這裡指的是美國自然主義作家亨利・大衛・梭羅（Henry David Thoreau）。

統人士時如此寫道。馬文茹素，同時也是動物保護主義者，他就像是現代的諾亞（Noah），身邊有許多外來種的動物圍繞著，**包括一隻名叫「總統先生」的猴子**、十四隻德國牧羊犬，還有綿羊、山羊、數百隻鳥類（從雞到孔雀都有），最了不起的是竟然有一隻駱駝名叫「波尼香蕉」（Boney Banana）。他認為人應該在與自然合而為一的環境中保持身體的純淨，因此他也拒絕食用動物或傷害牠們。他甚至不會去拍打蒼蠅，雖然他的動物們走到哪裡，成群的蒼蠅就會跟到哪裡。

馬文邀請安迪來「月火」坐坐，他說這裡對《泰山》來說會是個相當有意思的取景地點。**安迪接受他的邀請，但他完全沒料到這將是他們這趟旅行以來最驚險、最令他擔心害怕的一段路。**通往「月火」的兩哩路順著山勢蜿蜒而上，全是狹窄的泥土路——完全沒有路肩，坡度陡到不行。笨重的「獵鷹」車身占滿了路面，在一路陡升的爬坡過程中，坐在駕駛座後方的倒楣乘客看著窗外的峭壁懸崖只覺得陣陣反胃。然而，當他們通過「月火」古色古香的大門之後，一處充滿魔力的天地就在前方等著他們。馬文正在建造一座可以俯瞰大海的混凝土聖殿。這棟座落在大自然裡的豪宅配備有一個儀式性的火坑，還有一台搭配滑輪組件的平台鋼琴，擔心它遮擋住視野的時候便可以隨時升降。他同時還打造了一個露天臥室，並且將床墊擺在一個可以抬升四十呎高（約合十二公尺）的鋼架上——這確實是驚人之舉，但對於睡覺時會翻來覆去的人來說或許太危險了點。

安迪以「月火」奇妙的環境作為背景，拍攝了泰山在這裡開心跳躍的畫面，他並且說服馬文與「總統先生」一同入鏡。儘管馬文是豪門之後，但他的生活非常簡單，他秉持的生活態度就如同後來人們所說的「回歸土地」。**「他在建造這棟令人瞠目結舌的房子時，」**[218]**安迪語帶消遣地說，「可是睡在髒衣服丟得到處都是的拖車地板上呢。」**他們以一顆大眼睛和「世界大同」（Uno Mundo）的字樣裝飾這台拖車，在他們拍攝的一幕中，泰勒從這台拖車上一躍而下，接著開始跳起瘋狂的愛爾蘭吉格舞（jig），馬文則在一旁打鼓。在另外一幕裡，泰勒則是假裝在演奏那台露天的平台鋼琴。

當天正巧有位重量級人物也來到「月火」。當馬文招呼大家稍事休息，請賓客們在雜草叢生的花園裡享用小黃瓜三明治時，反烏托邦經典小說《美麗新世界》（*Brave New World*）的作者阿爾道斯・赫胥黎（Aldous Huxley）不知道從哪裡冒了出來。他服用了LSD[219]，正適合加入安迪這個門外漢樂團。在他們拍攝完畢之後，這趟古怪、有如鏡中奇遇[220]般的「月火」之旅就在一路從山上往下急滑的緊張刺激中畫下句點。下山這趟路比上山更為驚險，因為不論開車的是泰勒還是韋恩，他們倆都已經茫酥酥、差不多要飛上天了。

218 沃荷、哈克特，《普普主義》，第五十八頁。
219 Lysergide，中文名稱為麥角乙二胺，被列為第二級毒品。
220 《愛麗絲鏡中奇遇》（*Through the Looking-Glass*）是《愛麗絲夢遊仙境》作者路易斯・卡羅（Lewis Carroll）於一八七一年出版的兒童文學作品，描述愛麗絲進入鏡子當中的世界後所經歷的各種奇妙遭遇。

Town House
MOTEL
VACANCY

出發

第十六章

我真的很怕感到快樂，因為快樂總是稍縱即逝。——安迪．沃荷

I'm really afraid to feel happy because it never lasts.

34「安迪和我就像兩個毛小孩，圍著馬塞爾・杜象蹦蹦跳跳的。」

在安迪萬分緊湊的行程當中有一件重要活動，那就是十月七日星期一在「帕沙迪那藝術博物館」為二十世紀最受爭議的藝術家馬塞爾・杜象所舉辦的派對。杜象致力於倡導一種革命性的思維——將某件物品稱之為藝術，它就是藝術。或許最為人熟知的例子便是他在一九一七年購買了一個小便斗，並且在為它加上《噴泉》（*Fountain*）的標題之後將它送至藝術展覽上展出。他希望挑戰大眾對於藝術先入為主的偏見，將焦點從物件本身轉移至觀眾詮釋物件的觀點上。杜象的藝術作品所產生的爭議（**是藝術，還是在開玩笑？**）與安迪在創作上遭遇的議論十分相似。

隨處可見草木修剪整齊的花園與上流社會的氛圍讓帕沙迪那顯得高貴優雅，似乎不像是會對前衛藝術家致敬的地區。然而這裡卻有一座出色的現代藝術博物館，館中收藏了價值百萬美元的德國表現主義與其他當代藝術家的作品。最近博物館新聘瓦爾特・霍普斯擔任代理館長，並請他策畫杜象的第一個回顧展——《馬塞爾・杜象或霍斯・塞拉維》（*By or of Marcel Duchamp or Rrose Sélavy*）[221]。霍普斯早在一九四〇年代的學生時期起就接觸杜象的作品。他曾經拜訪瓦爾特與

221 霍斯・塞拉維（Rrose Sélavy）是杜象的一個別名，發音在法文中同於「Eros, c'est la vie」，意即「愛神，這就是生活」。

露易絲・艾倫斯堡（Walter and Louise Arensberg）兩位杜象藝術收藏者的家，並且培養出對這位充滿爭議性的藝術家一輩子的興趣。現在霍普斯傾全力策畫這場開創性的展覽，而這場展覽也將讓這間小小的「帕沙迪那藝術博物館」揚名國際。

名門貴婦與博物館贊助者大家出錢出力，打算要為這位法國名人舉辦一場限定邀請對象的歡迎會。首先安排的是一場貴賓專屬的杜象經典名作導覽——如《下樓梯的裸女》（*Nude Descending a Staircase*）（這張畫一九一三年於「紐約軍火庫藝術展」〔New York Armory Show〕中展出時，因為其極端的畫風而引起猛烈的批評聲浪），緊接著在歷史悠久的「格林飯店」（Hotel Green）舉辦派對。受邀參加宴會的大部分是展覽作品的出借者，帕沙迪那當地的名流，或法國外交官員。但霍伯夫婦、爾文・布魯姆、和一些藝術家們——比利・艾爾・班斯頓、華萊士・柏爾曼、克雷斯・歐登伯格、艾德・魯沙、和安迪等人——也在受邀之列。

安迪對於要與這位被認為是普普藝術教父的人士見面感到非常興奮（雖然他開玩笑說普普藝術之父比秀蘭・鄧波兒在她電影裡的爸爸還要多），他決定要帶傑拉德、泰勒、和韋恩一起去。他自己穿了一套西裝禮服，但泰勒哀嘆著自己根本沒有適合赴宴的服裝。在最後一刻，他向韋恩借了件昂貴的白色開襟羊毛衫來穿。但這件毛衣對泰勒瘦弱的身軀來說實在太大件，安迪說他兩手捲起來的袖子看起來彷彿「救生臂圈」一樣。就連泰勒都承認自己穿得像個「隨性的高爾夫球員」或是「海邊閒晃的遊客」，根本不像是要去和滿屋子的「洛杉磯社交名流」打交道。

他們到了帕沙迪那之後，安迪和傑拉德剛好在博物館外的花園雞尾酒派對上巧遇杜象本人，這一晚因而有了個幸運的開始。「安迪和我就像兩個毛小孩，圍著馬塞爾・杜象蹦蹦跳跳的。」[222]傑拉德回憶道。每個人都為杜象傾倒，《洛杉磯時報》便形容他「是一位瘦小、和藹的法國紳士，帶有迷人的幽默感。」安迪在展場裡過得相當愉快，而且在拍攝《泰山》一個星期之後，他對於使用「寶萊」已經比較放得開了，因此他在開幕活動上拍了一些朋友們的鏡頭。布魯克・海華德與爾文・布魯姆都開心地擺起姿勢，到後來布魯克還因為安迪不斷拍攝她的特寫而伸手擋住鏡頭。當天晚上在現場為《時代》雜誌拍照的攝影師朱利安・瓦瑟爾拍下班斯頓輕捏著開心的安迪的臉頰、而丹尼斯・霍普在一旁觀看的照片。這群人都玩得很開心。

華萊士・柏爾曼是個很有個人見解的藝術家與父親，他帶了八歲的兒子托許（Tosh）一起來參加這場具有歷史意義的杜象展覽活動。這是托許人生第一場大

222 對傑拉德・馬蘭嘉進行的訪談，二〇一二年七月十二日。

型藝術展覽開幕活動。**「我完全搞不清楚杜象到底是誰。」**他回想起當時的印象說，**但他記得他很喜歡那位藝術家做的腳踏車雕塑。**大人在欣賞杜象令人費解的作品——尤其是那個小便斗——時[223]，會去思索其中的「理論、幽默感、和藝術與非藝術的概念」，但托許只是個喜歡看腳踏車車輪的小孩子。那天晚上安迪見到托許之後，他知道自己已經找到飾演「男孩」，也就是泰山和珍的兒子的最佳人選，這個角色的加入可以讓他的演員陣容更加圓滿。於是他安排在當週稍晚到柏爾曼位於比佛利格蘭（Beverly Glen）的家中進行拍攝。

開幕活動結束之後，宴會轉往「格林飯店」舉行。**丹尼斯在那裡耍了一個「杜象式」的惡作劇——他偷了一塊指示宴會地點方向的指示牌，然後請杜象在牌子上方簽名。之後，他把這件藝術品掛在他家的客廳裡（和展覽海報一起），成為他珍藏的一部分。**

當泰勒發現自己的名字不在賓客名單上的時候不禁大發雷霆。泰勒心裡頭那個超級巨星開始作祟，他高姿態地堅持自己就是「那個」泰勒．米德——雖然帕沙迪那社交圈裡根本沒人知道那是誰——企圖藉此進入派對現場。好心的馬塞爾．杜象救了他——他曾經聽說過這位地下明星，也堅持要將泰勒的座位安排在他那一桌，這下可讓泰勒更自以為了不起了。韋恩本來以為安迪會因為泰勒受到

223 對托許．柏爾曼進行的訪談，二〇一三年一月三十一日。

主客的特別待遇而心生不悅，但安迪自己玩得太開心了，他根本不在意這件事。

看在當天晚上所有人眼裡，杜象真是一位翩翩君子。傑拉德上前與杜象討論詩作，從他那裡得到了讓傑拉德畢生難忘的建議。**杜象說詩歌就像藝術作品一樣，它未必要是完全原創的：也可以利用既有素材加以改作——或直接撿「現成品」**（readymade）**——但透過新觀點加以詮釋。**他說，**「寫一首不是詩的詩給我，」**交給傑拉德一項挑戰。在他們對談之前，傑拉德從來沒有過這樣的想法，他非常渴望進行這項新實驗。「他算是把球丟給了我，而我必須把球帶好。」[224]傑拉德若有所思地說。

當晚另外還有一個不是太具有美感的焦點——泰勒與派蒂・歐登伯格兩人大刺刺地移動到舞池中間，開始跳起極其誇張的舞步。他們狂野的動作吸引了眾人的目光[225]，讓泰勒自豪地說：**「我是派對裡最耀眼的明星！每個人都在談論我。」**安迪覺得這個夜晚太讓人興奮了，他不由得多喝了幾杯粉紅香檳，以至於他還等不及回到旅館便在路上吐了。他後來開玩笑說：**「在加州微涼的夜裡，你就算吐了都還是覺得自己健康清醒得很。」**[226]

224 對傑拉德・馬蘭嘉進行的訪談，二〇一二年七月十二日。
225 對泰勒・米德進行的訪談，二〇一二年五月二十一日。
226 沃荷、哈克特，《普普主義》，第五十五頁。

35安迪不論在這件藝術作品或是在生活中都像是一面鏡子，它是一個會反照的表面，但卻讓你無從得知在這個表面下方到底——如果有的話——藏了些什麼東西。

安迪已經沒有時間不舒服了，因為他打算星期五離開洛杉磯。他只剩下三天的時間可以完成《泰山》的拍攝，和所有觀光、社交的計畫。他也還有一些關於「費若斯」藝廊展覽的工作得進行，其中最重要的就是接受KPFK廣播電台藝術總監露絲．赫希曼（Ruth Hirschman）的訪問。安迪帶著泰勒一起前往錄音間，抵達之後，卻驚訝地發現赫希曼竟然把她五歲大的女兒帶在身邊，因為她那天生病無法上學。赫希曼看見他們臉上的表情[227]。**「簡單來說，他們不是很滿意。」她說。「很顯然他們得要接受這個黃臉婆的訪問……」**但她仍然神色自若地切入她的問題，假裝自己沒有注意到安迪和泰勒根本不把她當一回事。

安迪一開始就明顯撒了個謊，他說他來自俄亥俄州的揚斯頓（Youngstown），接下來對於赫希曼的提問他也大多以簡短的回答帶過，不是「是的」，就是**「噢，不」。他試著表現出難以捉摸的個性，隱瞞部分資訊，並且模糊事實與虛構之間的界線，好讓人家以為他深不可測。**但赫希曼也非省油的燈，她非常努力

227 戈德史密斯編，《我會做你的鏡子：安迪．沃荷訪談精選集》，第二十八頁。

地讓對話持續進行。這時候泰勒加入了他們的對談——安迪說服他一起前往時就期待他這麼做——他也確實替每個人都說足了話。他無所不談，從新電影到他們的橫越美國之旅，還有他們眼裡看到的所有一切是如何地「普普」。**「我們兩個都會說：『噢，那個可口可樂的廣告看起來真棒，或那個餐廳的招牌看起來真酷……因為普普藝術的關係，』」**[228]**他告訴聽眾。**

到後來，安迪了解到赫希曼實際上不但聰明而且有備而來，於是他開始積極地回應她的提問。當他被問到每個金寶湯濃湯罐對他來說是否各有不同的意義時，他思考了一會兒，說：**「不，我只是想人們每天做的都是同樣的事，這就是生活。不論你做什麼都是同樣的事。」安迪的內心正在經歷一場交戰：儘管他希望擺出高深莫測的姿態，但也總在不經意間流露出他的真誠坦率。**

在比利・艾爾・班斯頓的推薦下，安迪前往離瓦茲不遠的「阿斯卡特公園」（Ascot Park）參觀，那裡是一處泥土路面的賽車場。班斯頓除了是一位天才型的藝術家與傑出的衝浪手之外，他也是名摩托車狂熱騎士，曾經參加過幾年職業比賽，一直到他在阿斯卡特出了場嚴重的意外、並且開始認真思考死亡這件事為止。班斯頓仍然熱愛自行車與賽車運動，他也很鼓勵安迪找個晚上時間到賽車場看看。當然，安迪把他的「寶萊」帶在身上，朦朦朧朧地在微光下拍了一些汽車

228 同上。

高速行駛的鏡頭。他也將這些畫面放進《泰山》電影當中，即使賽車和電影情節一點關係也沒有。

安迪也和他的朋友們去了趟「太平洋海洋公園」，這裡比迪士尼樂園近多了。娜歐米一路跟著他們，一直試圖要讓他們兩個之間產生一些「火花」。她在拍片的過程當中不斷地對安迪調情，而且行徑一天比一天大膽。**安迪一直都很友善、體貼，但卻從來沒有讓他們的關係更親密一步**。如果說娜歐米是想藉機逼安迪表現出他的情感，那麼她肯定挑了一個最糟的方法。當他們在「太平洋海洋公園裡」開心地搭著雙人遊園車的時候，娜歐米竟然犯下最無可饒恕的錯誤——她開玩笑假裝要扯掉安迪的假髮。安迪不但沒有被逗樂，而且還奮力反抗，這讓娜歐米惱羞成怒。

那天晚上娜歐米回到張伯倫家中之後，說了很多關於安迪的話。花時間和安迪相處讓她得出一些不太愉快的結論：「我開始了解他的被動是會如何把人逼瘋，」她說。張伯倫覺得娜歐米的觀察相當有趣，也來得正是時候，因為他正在創作一座「安迪」的雕塑作品，他稱之為**「安迪蜜糖」**（*Andy Candy*）[229]。這件作品是由彎曲的紅色、白色、和藍色金屬所構成，採用的正是美國的標準色。這其中似乎隱含了一個意義——對名流、死亡、與消費主義深感著迷的安迪與美國兩

229 經查該作品名稱應為《蜜糖安迪》（*Candy Andy*）（http://www.artnet.com/artists/john-chamberlain/candy-andy-zvCeCN-Ek1KS8vQ5_fRvUQ2）。

者實為一體。

《安迪蜜糖》和張伯倫的其他作品比較起來更為擬人，它有強壯的「手臂」，看起來好像正準備要以超級英雄的姿態給人重重一拳，同時也暗示安迪巨大的拳頭正對傳統藝術使出致勝的一擊。這個塑像的頭部有張由閃亮的金屬做成的「臉」——觀眾看到的不是「安迪」的五官，而是自己的倒影。安迪不論在這件藝術作品或是在生活中都像是一面鏡子，它是一個會反照的表面，但卻讓你無從得知在這個表面下方到底——如果有的話——藏了些什麼東西。

Town House
MOTEL
VACANCY

出發

第十七章

我們循著《逍遙騎士》（Easy Rider）的路線往回開，經過拉斯維加斯，然後橫越南部各州。

——安迪．沃荷

We took the Easy Rider route back, through Vegas, then down through the southern states.

36是發動「獵鷹」，向好萊塢道別的時候了。

自從安迪和娜歐米在雙人遊園車上起了口角之後，他們兩個人的關係便緊張起來，這種不愉快的氣氛也感染了其他人。**旅行四人組開始有了爭執**。泰勒很惱怒，他指控安迪和韋恩趁著他在為一場威尼斯的詩歌朗誦會做準備時，以暴力要脅他替他們兩個口交（韋恩在這趟旅行結束後曾極力否認這件事）——實在很難想像泰勒會因為別人向他求歡而被激怒。傑拉德仍然因為安迪在旋轉木馬派對之夜醋勁大發而飽受折磨。而韋恩也百思不解，到底當初自己為什麼會答應要加入這趟沒完沒了的旅行。該是啟程回家的時候了。

十月十日星期四，安迪的《泰山》在華萊士．柏爾曼家中殺青了。就如同之前說好的，小托許飾演了劇中小男孩的角色，「寶萊」拍下他許多活潑可愛的鏡頭。**托許對於會和他說笑、玩牌的泰勒記憶非常清晰；但他完全不記得安迪，安迪對於放任、隱身幕後的導演手法已經駕輕就熟了**。電影的最後一幕描寫珍被獵人（其中包括了戴著一頂白帽子的柏爾曼）綁架並打昏過去，後來泰山靠著一瓶「戈爾德芥末醬」（Gold’s Mustard）讓她甦醒。最後他們在一座典型的好萊塢熱狗攤旁慶祝美好快樂的結局。

這部電影後來改名為《泰山與珍重聚首……算是啦》，現在「算是」拍完了，安迪也決定讓泰勒負責在紐約剪輯這部片子。這是他們打算回家的原因之一。另外一個原因則是**安迪必須回去找尋新的工作室，因為他被迫要搬出「消防站」了**。最重要的一點，風塵僕僕了兩個禮拜，安迪覺得該換換舞台上的布景和角色。是發動「獵鷹」，向好萊塢道別的時候了。

星期五早上，安迪打了幾通電話，在「衝浪者旅店」的咖啡廳吃了早餐，接著以他的布蘭奇信用卡支付了旅館帳單——總共是兩百二十三點二七美元，包括這六天以來兩個房間、零零星星的餐點、以及電話帳單的費用。冗長的汽車旅行對於改善旅人之間日漸惡化的關係恐怕沒有太大的幫助，所以他們最好趕快動身。但在取道南部各州的公路回家之前，**他們決定要先在拉斯維加斯短暫停留——這也是安迪第一次來到拉斯維加斯**。

一九六三年時的拉斯維加斯正是新潮流行的縮影。一九六〇年，賣座電影《十一羅漢》（*Ocean's 11*）在這裡拍攝之後，法蘭克．辛納屈和他的鼠黨夥伴們——狄恩．馬丁、小山米．戴維斯、喬伊．比夏普、和彼德．勞福德——就把拉斯維加斯當成他們的私人遊樂場。只要他們其中有人在「金沙飯店」或其它頂級賭場領銜演出，鼠黨的夥伴們就會不期然出現，一起來段即興表演。**「狄恩．**

馬丁——說不定有法蘭克——說不定有山米」，賭場入口遮頂上的大招牌以這樣的說法吊人胃口，希望能夠刺激票房。

拉斯維加斯的常客們都知道老規矩。在「金沙飯店」的「科帕廳」（Copa Room）裡，只要服務生將吧檯車推上舞台，就表示法蘭克和他的弟兄們即將到來（自從上次因為約翰・甘迺迪的棕櫚泉事件而搞得不愉快之後，勞福德已經被他們剔除在外了）。這些明星們在台上自己調起酒來，並且立刻開始說笑、耍嘴皮子冷嘲熱諷、表演拿手音樂曲目。這些表演看似即興，實際上通常是由聰明機智的喬伊・比夏普所精心設計。他們的談話主題百無禁忌。狄恩・馬丁讚揚酒精帶來的樂趣，而山米・戴維斯對於拿種族膚色開玩笑也經常不以為意地應答（有時候甚至是他先起頭的）。有天晚上，馬丁伸出手臂一把攬住戴維斯，說他要「感謝全國有色人種協進會（NAACP,National Association for the Advancement of Colored People）頒發這個獎品給我。」

安迪和他的夥伴們開了兩百六十五哩（約四百二十六公里）路，大搖大擺地晃進拉斯維加斯想要一睹鼠黨演出的風采。他們或許知道、或許不知道馬塞爾・杜象同一時間也正在拉斯維加斯。杜象的老朋友比爾・柯普利（Bill Copley）知道杜象對於西洋棋、博弈、和蒙地卡羅的賭場很有興趣，於是他安排了一架私人專機將杜象、他的太太蒂妮（Teeny）、瓦爾特・霍普斯、和一些洛杉磯的收藏家送到拉斯維加斯過週末。

37 在安迪看來，拉斯維加斯就像是一座迷人的普普藝術博物館。

他們一行人入住「星塵飯店」（Stardust Hotel），並且在那裡觀賞了仿效「女神遊樂廳」（Folies Bergère）[230]風格、以大量羽毛和亮片展現華麗氣勢的歌舞秀《麗都夜總會》（*Le Lido de Paris*）。杜象若是知道拉斯維加斯正在圈內人所謂的「法國戰爭」中痛苦掙扎，恐怕也會覺得好笑。**不知怎地，一般大家總認為法國的娛樂活動比起美國本土的口味要來得更羶腥一些（更不消說被奉之為國寶的康康舞，這可是會露屁股的）**。頂級夜總會爭相從歐陸引進表演秀與美女，意圖一較高下。「熱帶飯店」（Tropicana）有道地的「女神遊樂廳」歌舞秀；「莊園飯店」（Hacienda）有《巴黎娃娃》（*Les Poupées de Paris*）成人木偶秀；「銀拖鞋酒店」（Silver Slipper）請來一位「法國」脫衣舞孃莉莉・尚・希爾（Lili St. Cyr）（雖然這位脫衣舞女王出身自明尼蘇達，但至少名字聽起來像個法國人）；而「新疆界酒店」（New Frontier）則推出了讓人瞠目結舌的節目《巴黎！嗚拉拉！》

230 位於法國巴黎第九區的咖啡廳，於一八六九年開業。店內歌舞演出以華麗的排場聞名，並且經常有裸體表演。

（*Paree! Ooo LA LA!*），杜象的一位朋友（他是道地的法國人）去觀賞了這項表演，連他都看得目瞪口呆。

當天稍晚，杜象到市中心閒逛，欣賞五光十色的夜景（他說這裡像是「仙境」一樣），接著再到「金塊賭場」（Golden Nugget Casino）賭博。根據霍普斯的觀察，杜象以他的「現成品」哲學發展出一套玩輪盤的方法。**「這四十八小時之內，他完全沒有去觸碰任何一項設備，也沒有直接加入任何賭局。」**[231]霍普斯解釋。杜象只是給他一些看似隨興、不經意的玩法建議：「在那張桌子上放些籌碼，看看結果會如何，」他說。或者，「為什麼不試試看將七個籌碼放在大數字的那個角落上呢？」有時候他則會建議大家「休息一下，聊聊天」。杜象這套「方法」讓霍普斯有些摸不著頭腦，**但顯然杜象自己很清楚他在做什麼，因為原本大家投入的賭金只有二十美元，最後竟然增加了「一百倍」**。杜象送給霍普斯一個簽了名的輪盤複製品，以紀念他們在賭場內的斬獲。他也和朋友們拍了一張大合照，就像一名尋常觀光客一樣。

安迪選擇入住「布萊爾豪斯飯店」（Blair House Hotel Apartments），這間汽車旅館擁有九十二間自稱「奢華」的房間與一個溫水游泳池。這裡距離賭城主街大約有一點五哩（約二點四公里）的距離，因此房價上也較大型酒店來得便宜。而

231 www.dgp.toronto.edu/~stam/suomi/stam/duchamp.html（網頁於二〇一四年十月五日擷取。）

且這裡對於來拉斯維加斯工作、作短期停留的演藝工作者來說，似乎是個理想的住宿地點。它們在音樂界的聖經《告示牌》雜誌上刊登廣告，自稱「對來自各地的演藝人員而言，布萊爾豪斯以其賓至如歸的服務聞名。」

或許安迪在房間上做了節約的選擇，但對於安排夜間的娛樂活動他可是花錢不手軟。拉斯維加斯吸引了當紅的天才藝人前來演出，忠實的粉絲觀眾也隨之湧入，他們一邊賭博、一邊享受娛樂節目，快活極了。艾維斯是這裡的固定班底（他和安瑪格麗特〔Ann-Margret〕合演的電影《通宵樂》〔*Viva Las Vegas*〕九月份才在這裡殺青），另外像是佩蒂．佩姬（Patti Page）、羅伯特．古雷特（Robert Goulet）、巴比．達林（Bobby Darin）、利柏瑞斯（Liberace）、和芭芭拉．史翠珊等人也都經常在這裡演出。《拉斯維加斯演出節目表》（*Las Vegas Show Sheet*）——每週各大表演場地的主秀時間表——詳列了當週的表演者名單，包括在「沙漠旅店」（Desert Inn）演出的艾迪．費雪、在「佛朗明哥」（Flamingo）的艾拉．費茲傑拉（Ella Fitzgerald）、在「里維埃拉」（Riviera）的哈利．貝拉方提（Harry Belafonte）、在「撒哈拉」的鮑伯．紐哈特（Bob Newhart）和賽吉歐．法蘭奇（Sergio Franchi）、以及在法蘭克．辛納屈的地盤「金沙飯店」演出的鮑比．萊德爾（Bobby Rydell）。安迪很喜歡萊德爾，這位青春偶像最近的歌曲

《飛翔》（*Volare*）已經爬上排行榜榜首，而且他才剛在賣座音樂電影《歡樂今宵》（*Bye Bye, Birdie*）當中演出安瑪格麗特的完美男友雨果（Hugo）。當天晚上為萊德爾的表演暖場的是風格辛辣、機智、典型的紐約喜劇演員，艾倫・金（Alan King）。「金沙飯店」的夜總會來賓們總是期盼著節目最後會出現由法蘭克與他的朋友們所帶來的驚喜演出。雖然那台知名的吧檯車或鼠黨的身影從頭到尾都沒有出現，但安迪和其他人都很喜歡當晚精彩的表演。接下來的時間，他們便在拉斯維加斯到處閒逛。

就和杜象一樣，安迪也相當驚訝於他所見到的景象。假使他喜歡六十六號公路上的廣告招牌，那麼他更愛賭城主街上的霓虹天際線。湯姆・沃爾夫大約也在一九六三年的同一時間造訪拉斯維加斯——他所見到的景象正是安迪所看到的——並且寫下了一段充滿陶醉的文字形容這座城市獨具的璀燦光華。「從一哩外的九十一號公路上望向拉斯維加斯，看不到建築、看不到樹木，只有招牌。但瞧瞧這些招牌！它們高聳入雲。它們旋轉著、搖擺著，它們在空中各顯千姿百態，藝術史的所有字彙在它們面前都相形見絀。」[232]他驚嘆道。單調的兩層樓建築上方竟然架著高達十六層樓的招牌，為了因應如此龐大的需求，拉斯維加斯因而發展出完整的招牌製作產業，其中尤以「楊電子招牌公司」（Young Electric

232 湯姆・沃爾夫，《糖果色橘子片流線寶貝》（*The Kandy-Kolored Tangerine Flake Streamline Baby*, New York: Bantam, 1999），第七頁。

Sign Company）為其佼佼者。

安迪看到一只巨大的銀拖鞋（模樣與他某張插畫中的鞋子十分相像）在同名的賭場高處旋轉著。一匹躍起的野馬就站在「莊園飯店」上方。一只巨大的馬丁尼酒杯歡迎著來到「紅穀倉」（Red Barn）的貴賓們。「金沙飯店」的招牌字樣特別高聳吸睛。「星塵飯店」的招牌更是傑作，那是一個霓虹燈太陽系，看起來就像一個巨大的太空時代風格吊燈。拉斯維加斯的招牌結合了五光十色的廣告與新潮的造型結構，對於觀光客的吸引力絕不亞於賭博。**在安迪看來，拉斯維加斯就像是一座迷人的普普藝術博物館。**

在離開賭城之後，這群男孩們先到胡佛水壩（Hoover Dam）稍事觀光。接下來他們的計畫是要往南取道貫穿索諾拉沙漠（Sonora Desert）的九十三號公路穿越亞利桑那州，再向東往德州而去。這條公路周圍盡是一片荒蕪，有「美國最孤寂的公路」之稱。沿途高山、峭壁、巨型仙人掌、木焦油灌木叢（creosote bush）、矮灌木叢、開花的熊草（bear grass）、和其他沙漠植物的景象充滿感染力；車行至某處，便可看見姿態扭曲的約書亞樹（Joshua Trees）出現在遠方的地平線上。他們決定在舊日的採礦小鎮威肯伯格（Wikenburg）稍作停留，並且在「七號農場酒吧」（Rancho Bar 7）用餐，他們可以在這間傳統的西部酒吧餐廳裡喝點東西，享用當地美食。這間餐廳裡的酒保「韋斯大叔」伯帝羅加（"Uncle Wes" Bodiroga）是這裡的珍寶。打從一九四二年他二十二歲起，他就開始在「七號農場酒吧」裡工作了。當「韋斯大叔」看著安迪、泰勒、傑拉德、和韋恩走進餐廳、坐在後方的包廂時，或許也曾不以為然地挑起他的眉毛。但畢竟，站在吧檯後方這二十年，他可是什麼樣的世面都見過了。

用過晚餐之後，他們一路開到鳳凰城，打算在這裡過夜。有四條公路——六十號、七十號、八十號、和八十九號——在此交會，為了應付疲勞駕駛們急著找尋棲身之所的需求，這座城市化身成為一條「汽車旅館街」。凡布倫街（Van Buren Street）上有超過一百家以上大同小異的汽車旅館，安迪選了附有泳池與咖啡廳「牛頓旅店」（Newton's Inn）；最重要的是，這間旅館接受他的布蘭奇信用卡。第二天一早，「男孩們」迅速地吃了早餐，回到車上。他們扭開收音機、拿出雜誌，旅行四人組準備開始和漫長的汽車旅行與伴隨而來、逃無可逃的煩悶枯燥搏鬥——尤其他們踏上的是返家的路。

車子駛過新墨西哥州南部。在德州某處，旅人們開始注意到有些汽車保險桿貼紙和告示板看起來不太尋常，與他們在往洛杉磯途中所看到的那些歡樂的文字完全不同。「打倒甘迺迪家族（KO the Kenndys）」[233]這一類充滿惡意的字眼，顯

233 瓦特森，《工廠製造》，第一百一十四頁。

示在美國的保守地區對約翰．甘乃迪和他的弟弟羅伯特愈來愈高漲的仇恨情緒。事實上，**當時正流行一種室內遊戲叫做「你最討厭哪個甘迺迪？」**在德州，甘迺迪家族有太多原因惹人厭了，尤其是約翰．甘迺迪。這位總統是天主教徒；他太有錢；他對共產黨的態度溫和；他刻意偏袒非裔美國人——簡言之，他正在糟蹋這個國家美好的往日榮光，有些人要藉此表達他們可不贊成。私底下，約翰．甘迺迪把這個「孤星州」（Lone Star state）叫做「難搞的鄉下」（nut country）。

差不多就在安迪和他的夥伴們經過達拉斯的前後時間，一名親共產黨的二十四歲前海軍士兵搬進了當地的一間出租公寓，並且循線得知「德州教科書倉庫大樓」（Texas School Book Depository）那裡有份工作在徵人。李．哈維．奧斯華（Lee Harvey Oswald）之前在蘇聯住過一段時間，最近才剛回到美國，他說他想帶著新婚的俄羅斯妻子與剛出生不久的女兒在達拉斯定居下來。後來他得到那份工作，並且立刻開始在教科書倉庫大樓裡上班。

離開達拉斯之後，韋恩和泰勒猛踩油門，要「獵鷹」飆速到極致。但這輛車在駛過近五千哩路（約八千零四十六公里）後已經筋疲力竭，不再像是《小火車做到了》（the little engine that could）[234]繪本故事裡的「拚命小引擎」，**它的氣門塞住了、冒煙了，最後終於在密西西比州的梅里迪恩（Meridian）拋錨。**所幸凱

234 《小火車做到了》（*The Little Engine That Could*）是家喻戶曉的兒童繪本故事，最早於一九三〇年出版發行。故事在講述一個小火車頭懷抱樂觀與努力不懈的精神，拉著滿載貨物的車廂翻越山頭。

利（D. L. Kelley）的德州石油加油站（Texaco Service）可以幫他們解決問題。一位技師幫他們換了電池、燃油泵、消音器，再幫他們把油箱加滿，總共收了他們三十點三五美元。

到了北卡羅萊納州、阿帕拉契山裡的小鎮希爾瓦（Sylva）——這個地方離公路有一大段距離，讓人摸不著頭腦他們為什麼會來到這裡——「獵鷹」再度噴氣罷工，必須進保養廠檢修。安迪把每個人安頓在汽車旅館的房間裡[235]，等待第二輪的檢修完成。或許出於好奇——也或者是無聊——他有意無意地勾引著傑拉德，傑拉德立刻將安迪推開，完全不打算和他的老闆胡搞。

剩下的旅程進展快速。安迪躺在他的床墊上，一邊讀著雜誌，一邊在腦海裡想著電影明星、霓虹燈、告示板、海灘、和他在這趟普普壯遊當中所見到的所有精彩景象。「獵鷹」加速駛過賓州與紐澤西州，兩旁的地景開始充滿令人愉快的熟悉感，終於，曼哈頓的天際線出現在他們的眼前。他們到家了。

235 薛爾曼、達頓，《普普藝術：安迪．沃荷的天才》，第一百七十八頁。

泰勒・米德和娜歐米・萊文登上《電影迷》（Moviegoer）雜誌封面。這本雜誌的評論還「勉強」喜歡《泰山與珍重聚首……算是啦》。

準備就緒

第十八章

好吧，你可以說我對銀色特別偏愛⋯⋯——安迪・沃荷

Well, you might say I have a fondness for silver...

38 他說他會去那裡是因為他「喜歡聽人家以新方法說老東西，還有以老方法說新東西。」

「一到紐約，恐怖行動就立刻開始了，」泰勒說。他是指當「獵鷹」轉向萊辛頓大道、在安迪家的公寓門口停下來之後，安迪所表現出來的行為。這趟旅行下來，傑拉德的行李似乎比出發時來得更大了，而他得帶著它一路搭車回到布朗克斯的家。泰勒眼睜睜地看著傑拉德蹣跚地拖著行李走向地鐵站，他對於安迪沒有拿錢讓傑拉德搭計程車回家感到非常震驚。「別跟我說傑拉德要拖著那一大箱去搭地鐵。」他語帶責難地對安迪說。但安迪沒有任何回應。安迪似乎一點也不在意傑拉德覺得舒不舒服。

第二天，大家如常過日子。傑拉德試著不去理會安迪氣量狹小的冷落態度，返家之後便立刻回到「消防站」工作。除了繼續進行安迪的藝術創作計畫之外，他還要在市區裡四處搜尋適當的新工作室地點。下班後，他照樣陪著安迪到一些地方——像是東村的《地鐵咖啡廳》（Café Le Metro）——參加詩歌朗讀會。這裡總有些有趣的事物，安迪希望自己能夠跟得上新創意的腳步。**他說他會去那裡是因為他「喜歡聽人家以新方法說老東西，還有以老方法說新東西。」**[236]

236 沃荷、哈克特，《普普主義》，第六十五頁。

與馬塞爾・杜象一晤，年輕的詩人傑拉德覺得在他的寫作上深受鼓舞，而且他也開始嘗試創作不是詩的詩。**「杜象的影響是非常具體的，他要你去探索。即便沒有文字，你還是可以在事物裡發現詩。」**[237]他解釋。突然之間，傑拉德在所有地方——從時尚雜誌裡的廣告描述到他科學讀本裡的課程都看到了「詩」的可能性。最後，他根據這些原本不太可能帶來靈感的素材寫下（也出版了）詩作——這也是他對杜象「現成品」哲學的詮釋。

泰勒立刻讓自己投入將《泰山》剪輯成一部完整電影的浩大（有人會說是「不可能」）工程當中。**若要形容他所做的工作，「剪輯」或許是個錯誤的用詞，因為泰勒幾乎沒有從中去掉任何東西**。事實上，他還加進了一些與這個人猿泰山的故事完全無關的畫面，包括布魯克・霍伯和爾文・布魯姆在杜象展開幕活動上的鏡頭。他說他試著要讓他們亂七八糟的加州旅遊紀錄片變成「多少流暢一點的連續畫面，」但這部地下電影《泰山》看起來還是古怪又混亂。

這部電影原來是完全無聲的，然而走到哪兒都帶著電晶體收音機、自詡是流行音樂專家的泰勒，卻挑選了一些他認為適合的歌曲，為電影加上粗糙的配樂，其中包括了《如果你傷了我的心，將永遠上不了天堂》（*You'll Never Get to Heaven if You Break My Heart*）和《南街》（*South Street*）。他同時也在這裡、那裡加了一

237 http:///www.raintaxi.com/the-poetry-in-something-an-interview-with-gerard-malanga/。

些旁白，對電影片段做了一些並不是很巧妙的評論。

泰勒非常驚訝，娜歐米——總是不穿內衣、對脫衣服從不遲疑、謠傳是《地球上的聖誕節》裡的性愛明星的那個娜歐米——在看過《泰山》裡大量的出浴鏡頭之後，竟突然變得保守拘謹起來。**「我們在洛杉磯的時候，娜歐米總是迫不及待要把她的衣服脫掉。她怪天氣太熱，但她其實是喜歡人們盯著她看。」**[238]泰勒說。「但我們一回到紐約之後就完全變了。她不介意在片中露出她的乳頭和一點腿部，但其它部分就一律在禁止之列，因為她怕她老爸看到之後會很生氣。當她試圖要把底片從剪輯台上扯下來的時候，我還揍了她。」泰勒在形容這場激烈的打鬥時，絲毫沒有抱歉之意。他堅持自己的立場，不肯剪掉任何裸露的鏡頭，這讓娜歐米氣到快抓狂。

現在泰勒可是一位「超級巨星」，他的演員天份一時之間大受歡迎。詩人法蘭克・歐哈拉（Frank O'Hara）和雷洛依・瓊斯（LeRoi Jones）請他來參與他們的戲劇表演，他們即將於三月在「作家舞台劇場」（Writers' State Theater）舉辦連場演出。在歐哈拉的《將軍從一個地方回到另一個地方》（*The General Returns from One Place to Another*）當中，泰勒飾演裝模作樣版本的道格拉斯・麥克阿瑟將軍（General Douglas MacArthur），又是一個顛覆傳統認知的角色（他也因此獲

238 對泰勒・米德進行的訪談，二〇一二年五月二十一日。

得「外百老匯劇場獎」（Obie，Off Broadway Theater Award，又稱「奧比獎」」）；而在瓊斯的《洗禮》（*The Baptism*）當中，他則恰如其分地飾演一名同性戀者。

韋恩旅行回來之後，便準備開始嘗試一種全新的畫風。他發現自己經常回想起在加州看到的一些宣揚「裸體」健身運動的有趣雜誌，其中有一本叫做《少年裸者》（*Teenage Nudist*）。《少年裸者》創刊號當中刊載的都是健康活潑的青少年玩樂的景象，他們看起來就和鄉村俱樂部或球類運動當中那些整齊、端正的美國小孩沒什麼兩樣。**韋恩形容他們「就是在尋常的環境裡沒有穿衣服的尋常人。」**

韋恩嘗試要找出方法將這本雜誌充滿活力、天真的美感融入他的創作當中[239]。如他所說，**「要讓人物畫擺脫過去的學院派，到達一個生氣勃勃的新境界。」**這確實是一項挑戰，因為在藝術世界裡，**長久以來「裸體」（nude）與「赤裸」（naked）之間的分界相當明確**。根據藝術史家肯尼斯．克拉克（Kenneth Clark）所說[240]，「裸體」是一種極為理想化的描述，但「赤裸」的人像就比較具現實感，也通常會讓人感到羞恥。「『赤裸』就是脫掉我們的衣服，這個詞也暗示了我們大多數人在這種情況下所可能感到的難堪。」他寫道。**韋恩想要結合這兩者，創造出「赤裸的裸體」人像，具有真實感，但卻不令人難為情**，就像在《少年裸

239 This Long Century: www.thislongcentury.com/?p=5731。
240 肯尼斯．克拉克，《裸體》（*The Nude*，New York：Pantheon 1956），第三頁。

者》雜誌裡那些開心的照片一樣。

他決定要請一些朋友來擔任他的模特兒。毫不意外，他首先便找上了娜歐米・萊文。娜歐米一向對於在攝影機前赤身露體相當自在（以這件事來說，在朋友與陌生人面前也是），所以韋恩想她或許會答應。儘管娜歐米對於《泰山》突然表現出保守的態度，但她仍舊非常樂意為韋恩擺出裸體（或者說赤裸）的姿態。他同時也詢問了安迪的朋友、電影《睡》當中的明星約翰・吉歐諾，藝術家露絲・克利格曼（Ruth Kligman），和垮世代詩人艾倫・金斯堡、彼德・歐爾洛夫斯基（Peter Orlovsky）等人。他將這一系列畫作命名為《赤裸的裸體》，這些作品掌握了新的性意識裡洋溢的純真與熱情，看起來就像加州陽光那樣明亮、充滿生氣。

39 安迪不是狂妄自負的人——他是個喜歡惡作劇、頑皮的傢伙。「他是在裝聾作啞，就跟他的畫一樣，」[241] 亨利・戈爾達扎勒說，「但我們都被騙倒了。」

對安迪來說，回家的意思就是回到對他溺愛有加、自從他離開後便對他朝

241 戈爾達扎勒，《使之為新》，第三十九頁。

思暮想的母親身邊，以及面對成堆的工作。他有好些畫作、和一幅為一九六四年紐約世界博覽會所創作的大型壁畫得完成（他打算將十三名一九六二年重大通緝犯的巨型大頭照張貼在紐約館的外牆上，這個創作的靈感來自於杜象一九二三年的作品《懸賞尋人》〔*Wanted*〕）。至少有兩部電影等著他後製——與泰勒合作的《泰山與珍重聚首，算是啦》以及《睡》——還有更多片子等著開拍，包括《吻》的附加片段。

在泰勒完成《泰山》最後修飾的部分之後，安迪安排了一場在「電影工作者公司」的放映會。為了突顯這部電影的實驗精神，《泰山》沒有按照既定的順序播映，而將電影的結局擺到最前面。當安迪一位態度輕蔑的朋友起身離開放映室的時候，泰勒深深感到自己被羞辱了。但喬納斯·梅卡斯相當支持這部電影，他在他的專欄裡寫道，**「一種新的娛樂電影正在醞釀當中。安迪·沃荷的《泰山與珍重聚首……算是啦》就是其中一例。它的品質不是很穩定，有時候好、有時候壞；它的娛樂效果不輸任何一部毀譽參半的好萊塢電影。」**[242]他同時稱讚娜歐米是「安迪·沃荷的《泰山與珍》當中的性感明星，她演出了『知名』的泡泡浴，表現更勝海蒂·拉瑪（Hedy Lamarr）在好萊塢泳池當中的游泳鏡頭。」[243]《電影迷》雜誌的影評人也在一篇標題為《新美國電影……算是啦》（*New*

242 喬納斯·梅卡斯，《村聲》雜誌，一九六四年二月號。
243 喬納斯·梅卡斯，《村聲》雜誌，一九六四年十二月二十四日。

American Cinema...Sort Of）的文章中表達對這部電影的喜愛。詹姆斯・史托勒（James Stoller）寫道，**「泰勒和沃荷給了我們一個小時甜美又迷人的小清新喜劇。」**他還「挺喜歡」泰勒・米德的，他說，即使這個演員「看起來就像梅・蕙絲（Mae West）[244]的臀部一樣天真無邪。」

說到臀部，一位憤怒的導演向《村聲》雜誌投書，在信中對於泰勒不斷露出的臀部大發牢騷。**他質疑道，誰會想看「整整兩個小時都在拍泰勒・米德屁股的電影？」泰勒也不甘示弱回應：「安迪・沃荷和我已經在沃荷成堆的檔案裡找遍了，就是找不到『光拍泰勒・米德屁股的兩小時影片』。」**然而，他保證：「我們已經著手利用我們無限的資源來修正這個失誤。」[245]不久，安迪便拍了片長七十分鐘的影片《泰勒・米德的臀部》（*Taylor Mead's Ass*）。在片中，光著身子的泰勒在漂亮的燈光下以他勻稱的臀部演出帶有喜劇效果的「小花招」，然後再利用他的臀部將一些具有特殊意義的物品——例如「紐約電影節」的節目單與伊莉莎白・泰勒在《一代情侶》當中的劇照——一一推開。

如果安迪不在工作，他便是在建立他的人脈。他的新朋友似乎來自四面八方。「空中飛人」（jet-setting）一詞就經常被用以形容六〇年代旅人在世界各地輕鬆往來的情景，尤其是美國與歐洲之間。**「每個人不是剛回來，就是正要去，或**

244 美國早期性感明星。
245 凱利・M.克利塞普（Kelly M. Cresap），《普普騙子傻子：沃荷表現天真》（*Pop Trickster Fool: Warhol Performs Naivete*, Urbana; University of Illinois, 2004），第一百九十六頁。

正打算要去，不然就是在試著解釋他們為什麼還沒去。」[246]**安迪驚嘆道。**尼克．海斯雷姆（Nick Haslam）的曾祖父是一名英國伯爵，他本身便是頻繁往來各地的「空中英國人」，可以說是集貴族氣質與時尚摩登於一身的最佳範例之一。他和他的朋友大衛．貝里（David Bailey）與珍．史林普頓（Jean Shrimpton）——英國當紅的年輕攝影師與模特兒——一起來到紐約，他在《時尚》雜誌的藝術部門找到工作之後便決定留下來。

海斯雷姆和安迪是在雜誌社裡認識的（安迪仍然偶爾替雜誌畫些插圖），他讓安迪第一次見識到時尚的變革，而這股變革的風潮很快就會隨著「披頭四」（Beatles）襲捲美國。安迪這下學到——**把窗簾的蕾絲塞進衣袖裡，就可以變出一件荷葉皺褶衫**。海斯雷姆也介紹了一位紐約社交名媛珍．霍爾瑟（Jane Holzer）給安迪。珍有一頭濃密的金髮（經常被形容有如「獅子的鬃毛」）、婀娜的身姿、和巨額的銀行存款，可說是公園大道（Park Avenue）上最與眾不同的「家庭主婦」。她和她的先生李奧納德（Leonard）都是富家出身，所以這位年方二十二的青春少婦多的是時間好尋歡作樂。

安迪套用了所有電影大亨常說的一句老話，問珍是否願意加入他新電影的演出。「當然好，」[247]這名後來被湯姆．沃爾夫形容為「幾乎是純粹因『普普』而爆

246 沃荷、哈克特，《普普主義》，第七十六頁。
247 沃爾夫，《糖果色橘子片流線寶貝》，xvi。

紅的活生生例子」和「當年度最紅女孩」的年輕女性同意了。**「做什麼都強過當一名公園大道上的家庭主婦，」**[248]**她告訴安迪。**珍・霍爾瑟不光是家境好、人面廣——她還相當有趣！她以熱情又優雅的姿態，在後來電影《吻》追加的片段當中和傑拉德相擁親吻。珍是魅力四射的黃金女孩，引領風潮的偶像，而以安迪話來說，她是一個「真正的超級巨星」。

安迪借用了導演傑克・史密斯的「超級巨星」（superstar）一詞，但他對這個詞有自己的詮釋。**他認為真正的超級巨星有辦法一站上攝影機前便讓自己投入表演；然而他也指出，他們下了鏡頭之後就不是那樣的人。**看過娜歐米在拍攝《泰山》時一上鏡頭便立刻入戲的模樣[249]，安迪便一直在他電影的女主角身上找尋這樣的特質——不需要腳本的輔助，就可以自然而然、不受拘束、甚至誇張奔放地演出。

十一月二十二日，安迪還在「消防站」裡進行他的工作時，他聽到令人震驚的大消息——約翰・甘迺迪在達拉斯遇刺。他在德州看見的那些寫著惡毒字眼「打倒甘迺迪家族」的告示牌與保險桿貼紙，早已對甘迺迪的死亡作出預言。攝影師亞伯拉罕・札普魯德（Abraham Zapruder）案發當時正在現場，最新一期的《生活》雜誌裡便刊登了他所拍攝到的那些令人恐懼的鏡頭（至於影片本身則

248 沃荷、哈克特，《普普主義》，第七十六頁。
249 戈德史密斯編，《我會做你的鏡子：安迪・沃荷訪談精選集》，第一百八十七頁。

直到十一年後才公開播放）。接下來那一個禮拜，安迪仔細地研究了這些畫面；**在別人眼裡看來是一場悲劇，安迪卻看到了藝術。他從中得到靈感，創作了賈桂琳．甘迺迪（Jacqueline Kennedy）絹版畫拼貼。**這件作品與他為艾賽兒．斯庫所做的快照肖像畫有異曲同工之妙，然而不同之處在於這張作品將幾乎難以察覺動作改變的連續鏡頭拼貼在一起，為的是要向攝影師札普魯德致意。

在甘迺迪遇刺之後，美國已經不同於以往；而在一九六三年的秋天之後，安迪也同樣脫胎換骨了。現在他最想做的是一次全面性的大改造。**「邋遢安迪」已經被徹底放逐了，取而代之的是一個穿著緊身牛仔褲、黑色皮夾克、戴著深色酷墨鏡的削瘦型男。**為了襯托他放肆大膽的新造型，安迪開始以一種挑釁的口吻說話。過去的安迪習慣把句子說完整；現在，他以氣音加單音節語詞低聲說話的風格直可與賈姬．甘迺迪性感／女學生式的口吻相匹敵。**他會帶著別有深意的微笑，把「噢，是」和「噢，不」掛在嘴邊。**

安迪的朋友兼鄰居大衛．達爾頓（David Dalton）是一名來自英國的青少年，他因為和安迪近身合作好幾件案子的關係而見證了安迪的改變。**「我注意到安迪會刻意把自己封閉起來，讓自己變得隱晦、難以捉摸，而且他有他的社交語言——就是那些令人聽了冒火的回話：『噢，我什麼都愛。』『嗯，不知。』」**[250]

250 大衛．麥凱布（David McCabe）和大衛．達爾頓，《安迪．沃荷的一年》（*A Year in the Life of Andy Warhol*, London: Phaidon, 2003），第五頁。

達爾頓說[251]，**「這是一個全新改造後的安迪，一個墨鏡後的雙眼永遠緊閉、手指擺在唇上做深思貌、總是耐人尋味地沉默、說話帶著安迪式——同時又自以為好笑——的口吻的安迪。」**

當安迪真的說些什麼的時候，他經常吐出前所未聞的金言雋語。**「我之所以這樣畫畫的原因，是因為我想要當一個機器。」**[252]**這段頗具挑釁意味的安迪式名言就是他接受記者吉尼・史文生（Gene Swenson）採訪時所說**，這段訪談後來刊登於當年《藝術新聞》雜誌十一月號當中。他只在意「表面」[253]——他在另一次的訪談中理直氣壯地說。本身便是自我創造大師的楚門・卡波堤認為安迪——這和他曾經以「窮途末路」形容的是同一個安迪——在這方面已經遠遠勝過他了，但他仍舊對這位媒體寵兒敬而遠之。卡波堤引用奧斯卡・王爾德的話，說安迪就像是**「一個沒有祕密的人面獅身像」**（a sphinx without a secret）。當然，安迪自己第一個跳出來承認他確實**「深深地膚淺」**。**「假使你想要知道關於安迪・沃荷的一切，你只要看我的畫、我的電影、和我的表面就好了，這些就是我。背後什麼東西也沒有。」**他在又一次其他訪談中依舊說得理所當然。

就像葛麗泰・嘉寶，安迪營造了一種神祕的氣氛：他愈是有所保留，看起來就愈有趣、愈令人心生嚮往。但安迪在一九六四年登上黑白電視接受訪問時，他

251 同250，第七頁。
252 G. R.史文生（G. R. Swenson），〈什麼是普普藝術？〉（What In Pop Art?），《藝術新聞》（*ARTNews*），一九六三年十一月二十六日。
253 依娃・梅爾－赫爾曼（Eva Meyer-Hermann）編，《兩小時五十六分鐘看完七百零六件作品的指南》（*A Guide to 706 Items in 2 Hours 56 Minutes*, Rotterdam: NAi Publishers, 2007），第五十七頁。

故意開了一個玩笑；那時候他正在建立自己的新形象。安迪（戴著深色墨鏡）和伊凡．卡普站在堆得老高的「布里羅鋼絲絨刷」（Brillo）的紙箱堆前方，一位自以為有學問的記者連珠砲似地問了他們許多關於普普藝術未來發展的問題。安迪面無表情，極簡短地回答問題，直到他被問及他是否覺得普普藝術已經變得太過重複而單調。他聽了之後，看看卡普，然後臉上冷淡的表情突然轉變為一個八歲小男孩淘氣的微笑。**安迪不是狂妄自負的人——他是個喜歡惡作劇、頑皮的傢伙。「他是在裝聾作啞，就跟他的畫一樣，」**[254]**亨利．戈爾達扎勒說，「但我們都被騙倒了。」**

一九六三年底，安迪創作了第一張正式的自畫像，他在這張畫中極力展現了他自己所謂的「深深地膚淺」的表面。知名的底特律收藏家芙羅倫斯．拜倫（Florence Barren）找上安迪，請他為她畫一張肖像畫。談話間，她改變了決定，她認為委託安迪畫一張自己的肖像畫應該要有趣多了。「沒人知道我是誰，」她說，**「他們想看的是你。」安迪覺得這個點子妙極了，而他心裡頭也有了一些盤算。**

254 戈爾達札勒，《使之為新》，第三十九頁。

40「工廠是你打造東西的地方。我就是在這裡製作或建造我的作品。在我的創作領域裡，手繪要花上太長的時間，這不是屬於我們這個時代的做法。今天機械方法才是王道，利用它們，我可以讓更多人接觸到更多藝術。藝術應該是屬於所有人的。」

為了向新歐洲電影（New European Cinema）裡的魅力男星們——亞蘭・德倫、尚——保羅・貝爾蒙多（Jean-Paul Belmondo）、馬切洛・馬斯楚安尼（Marcello Mastroianni）——致敬，他穿上時髦的風衣、打起鬆鬆的領帶、戴上深色墨鏡。接著就像他替艾賽兒・斯庫所做的一樣，他到時代廣場找了間照相亭，把銅板投進機器裡，然後開始在布簾後方擺起各種姿勢。沖洗出來的照片看起來既像電影劇照，又像是個人的大頭照。在幾張拍得最棒的照片裡，安迪看起來有名流的姿態，也有亡命之徒的味道，但毫無疑問他肯定是個超級巨星。

回到「消防站」之後，他挑選出四張不同的照片，再分別以深淺不一的藍色製作絹版畫。**安迪早期的自畫像《老娘給了我這張臉，但挖鼻孔是我的事》是一種獨立宣言，而這張作品則是要表達他由「外」而「內」的轉變過程。「我可以掌控我自己的影像，」它似乎在這麼說。**這張肖像畫的所有細節，從安迪的姿態、他時髦的風衣和太陽眼鏡、到冷色調的畫面，將他塑造成風尚潮流的典型。

安迪的新面貌需要一個新舞台。受到洛杉磯之旅的啟發，他也想要有一間他自己的好萊塢片場。傑拉德費了九牛二虎之力，終於在第二大道與第三大道之間的東四十七街231號找到了新的工作室地點，這處閣樓空間相當大，一家製鞋商剛剛遷出不久。這裡附近地區的氣氛和蘇活或東村不太一樣，就是個尋常社區——對街是一間基督教青年會（YMCA），還有幾間照相館和模特兒經紀公司開在附近。最近的紐約市地標是聯合國（United Nations）與中央車站（Grand Central Terminal）。

這棟建築本身並沒有什麼特殊之處：一棟工業風外觀的磚造房子，裡頭有銅灰色的大廳和一台貨運電梯。位在四樓的閣樓有一長排可以俯看四十七街的窗戶——有明亮的窗戶是很棒，但室內的牆壁在光線無情照射下更顯得斑駁不堪。如果撇開斑駁不談，這裡的空間倒是十分寬敞，要放進安迪的創作設備、巨型作品、電影攝影機、燈光、和應景的二手沙發完全不成問題。

還好，安迪知道該怎麼樣把這個破破爛爛的環境改造成一件藝術品。他的朋友比利．里尼區（Billy Linich）（他都叫自己比利．內姆〔Billy Name〕）是一名燈光設計師，非常擅長使用各種工具與素材。他很巧妙地運用鋁箔紙，讓他平凡單調的公寓搖身一變，成為一個充滿時尚感的銀色珠寶盒。安迪曾經去過他的住處，非常喜愛那種閃亮亮的感覺，於是他請比利以同樣的方式幫他改造這間閣樓工作室。**「現在正是考慮銀色的最佳時機，」**[255]安迪說。**「銀色象徵著未來，它具有太空感——太空人都穿著銀色太空衣……而銀色也代表過去——電影銀幕——好萊塢女星們也在銀色布景下拍照……或許最重要的是，銀色代表了自戀——鏡子背後都是塗成銀色的。」**

比利好不容易才把所有牆面包上鋁箔紙，並且替一些表面上了漆。在他完工之後，要以「工作室」一詞——不禁讓人聯想起畫架上的油畫布與成桶的顏料——來描述這個閃爍著光芒的創意空間似乎顯得有點過時。既然安迪已經宣告他想要成為一部機器，最適合他新工作地點的名字自然是「工廠」了，「銀色工廠」（the Silver Factory）。**「『工廠』是個還不錯的名字，」**[256]安迪解釋道。**「工廠是你打造東西的地方。我就是在這裡製作或建造我的作品。在我的創作領域裡，手繪要花上太長的時間，這不是屬於我們這個時代的做法。今天機械方法才是王道，利用它們，我可以讓更多人接觸到更多藝術。藝術應該是屬於所有人的。」**

安迪和傑拉德在一月份的時候搬進「銀色工廠」，也開始適應新的工作流程。由於他們的工作地點已經不在安迪公寓的附近，他也就不像過去那樣經常往

255 沃荷、哈克特，《普普主義》，第八十三頁。
256 安奈特・麥克森（Annette Michelson）編，《安迪・沃荷：十月檔案２》（*Andy Warhol: October Files 2*, Cambridge; MIT Press, 2001），第五頁。

返於工作地點與住家之間。漸漸地，他待在新地方的時間愈來愈長，留下茱莉亞自己獨守空屋。茱莉亞只能懷念他離家不遠、一時興起就回家用餐的那些日子，現在她大部分時間不是在教堂為她的寶貝禱告，就是在她的小廚房裡等著安迪回來。**茱莉亞的世界是愈來愈小了，但安迪的世界卻正在大爆發。**

MOVIEGOER

NO. 2 SUMMER/AUTUMN '64 $1

準備就緒

第十九章

一天你恍然清醒，你便重獲新生。——安迪．沃荷

One day you just wake up and you're a new person again.

41兩個「清點了熱狗、酒瓶的數量，甚至仔細到把紙杯從垃圾堆裡挑出來一個個細數——搞到最後兩個人都恨透對方了。」安迪就愛看好戲，他說這場活動是一個「非常棒的派對」。

當傑拉德提出新地點的建議時，乍聽之下「東四十七街」似乎有些偏僻。但一九六四年四月二十一日這裡舉辦了「初登場」派對之後，「工廠」很快便成為時髦地下文化的新指標。這場派對是為了慶祝安迪在「斯戴柏」藝廊的第二次個展而辦，展覽的主題是沃荷手製雜貨箱。這些紙箱子外面印有「布里羅」、「家樂士玉米片」（Kellogg's Corn Flakes）、和「莫特蘋果汁」（Mott's Apple Juice）的字樣，看起來就像是「真正」的工廠製造生產出來的。羅伯特・斯庫對於新藝術的眼光一向精準，他立刻預訂了安迪的作品，同時他也與艾賽兒、以及他們的朋友瑪格麗特・里特曼（Marguerite Littman）共同為展覽開幕當晚在「工廠」所舉辦的派對支付一切開銷。

兩位女主人寄出正式的邀請函給她們的社會名流朋友們，包括了參議員傑克布・賈維茲（Jacob Javits）夫婦、菲力普・強森、田納西・威廉斯、艾倫・金斯堡、和無所不在的亨利・戈爾德札勒。邀請這些她們認為「適當」的賓客之後，她們還請了「平克頓保全公司」（Pinkerton）派警衛站在門口把關，避免「不適當」的人員進入派對會場。安迪有許多比較前衛的朋友並不在受邀之列，但市中心的拼貼藝術家雷・強森（Ray Johnson）告訴警衛他是諾曼・梅勒（Norman Mailer）（那年春天這個名字幾乎出現在所有人的賓客名單上）而巧妙地化解這個問題，他獲准進入派對會場了。

在搭乘老舊破爛的電梯上樓之後，賓客們走進了一個銀色大爆發的空間。「『雷諾茲』鋁箔紙（Reynolds wrap）向你迎面而來。」[257]一位現場的記者這麼說。就連廁所的抽水馬桶裡都鋪了銀色襯底，這讓他驚訝萬分。《村聲》雜誌的攝影師弗烈德・麥克戴拉（Fred McDarrah）隨手替安迪——看起來開心、纖細、穿著一身黑色勁裝的安迪——和其他普普藝術家們，包括湯姆・魏瑟曼（Tom Wesselmann）、羅伊・李奇登斯坦、詹姆斯・羅森奎斯特、和克雷斯・歐登伯格等人，在安迪替世界博覽會創作的《十大通緝要犯》（*Ten Most Wanted*）大頭照拼貼前拍了一張合照。**然而當天晚上大部分的時間，安迪都和埃米爾・德・安東尼奧站在一旁，靜靜地看著派對進行。「我在角落參與這場派對，」[258]回想起當時的情景，安迪描述這場派對的口吻彷彿那是一場電影。**

艾賽兒和瑪格麗特準備了有趣的康尼島餐點——推車熱狗（就像霍伯家的派

257 巴克里斯，《沃荷：傳記》，第一百九十八頁。
258 沃荷、哈克特，《普普主義》，第八十七頁。

對一樣）、漢堡、還有玉米棒。按照往例，雞尾酒通常是最早被喝完的。當羅伯特・斯庫注意到他們需要更多酒類飲料的時候，他隨手將五十美元紙鈔塞給一個年輕小伙子，要他幫忙跑腿買酒回來。這個「跑腿的」其實是一名相當有份量的青年畫家——被嚴重羞辱的有為青年畫家——他憤怒地退回了那張紙鈔。

斯庫自己也不是太開心，因為攝影師們的焦點完全不在他太太身上。他們對於那些想盡辦法要說服守衛放行——或直接偷溜進場——的年輕新潮美眉比較有興趣。不久，艾賽兒和瑪格麗特就為了誰該支付哪些費用而吵了起來。根據安迪所說[259]**，她們兩個「清點了熱狗、酒瓶的數量，甚至仔細到把紙杯從垃圾堆裡挑出來一個個細數——搞到最後兩個人都恨透對方了。」安迪就愛看好戲，他說這場活動是一個「非常棒的派對」。**

第二天早上，安迪不斷被許多朋友的電話轟炸，他們都火冒三丈地質問安迪為什麼他們沒有受邀。一時間，「工廠」成了紐約市裡最熱門——也最潮——的地點。安迪自己位在這個社交圈的中心，大部分的時間和傑拉德一起工作，有時候拍電影，但他總是讓自己保持旁觀者的角度。**「很多人以為……我的魅力大到每個人都想來看我，」**[260]**他說。事實上，他堅稱，「是我在和大家廝混……人家並不是對於看到我特別感興趣，他們是想看到彼此。他們是來這裡看還有誰也來**

259 同258，第一百一十一頁。
260 同258，第九十三頁。

了。」

誰來了？每個人都來了。「工廠」變成了藝術家、演員、搖滾明星、舊富與新貴、各種名流、還有追隨名流的迷哥迷姊們的必到之處。甚至比利．內姆一些藥物成癮的朋友們（大多是安非他命的使用者，或者是「安迷」〔**A-Heads**〕——安迪都這樣叫他們）也都把「工廠」當成是他們深夜的棲身之所。

曾經被楚門．卡波提形容為「我這輩子所見過最孤單、最寂寞的人」[261]現在有了廣大、而且數量仍然在持續增加的追隨者，**安迪對於這樣的發展自有一套觀察：「一旦你停止對某件事物的渴望，你就會得到它。」**他不再是「沃荷拉家的紅鼻子安迪」、「邋遢安迪」、「和一個男孩子玩遍了整個世界，卻連個吻都沒得到」的安迪，也不再是那個被擺錯位子而寧可讓自己「完全錯誤」的安迪。**這是第一次，安迪．沃荷「怎麼做都對」**。

一九六四年，安迪做什麼都不會錯。以「銀色工廠」為發射台，安迪的聲勢不斷地往上、往上、再往上。不論是在專業或社交方面，「安迪．沃荷」的名字都象徵著「流行」與「正當道」。他登上了《藝術論壇》雜誌十二月號的封面，封面上的安迪看起來就和丹尼斯．霍伯那張有墨鏡與花的照片中的他一樣，散發宛如巨星般的風采。不論人們對於他為紐約世界博覽會創作的大頭照壁畫《十三

261 沃荷，《安迪．沃荷的普普人生》，第二十三頁。

大通緝要犯》（*Thirteen Most Wanted Men*）多所譴責（後來官方認為這件作品對於放置在公共建築上來說太具爭議性，便下令以銀漆將它覆蓋掉）[262]，對於他將鏡頭對準帝國大廈拍攝、長達八小時的電影《帝國》（*Empire*）議論紛紛，還是對於他在「卡斯特里」藝廊（他的新藝廊）作品銷售一空的個展《花》（*Flowers*）讚譽有加，安迪・沃荷都已經被視為是普普藝術的傳奇、此刻最具代表性的藝術家。

然而「此刻」似乎還看不到盡頭。一九六五年，安迪在「費城當代美術館」（Institute of Contemporary Art in Philadelphia）**舉辦首次博物館個展，吸引的人潮直可與搖滾演唱會的排隊人龍媲美。**觀眾們太過熱情以至於場面失控，博物館人員為了保護畫作必須將它們從牆上取下，而安迪和知名度不亞於他的同伴——伊迪・塞奇威克（Edie Sedgwick）——則被迫從屋頂的逃生通道倉皇離開。

跟隨在娜歐米與珍的腳步之後，伊迪剛加入安迪超級巨星的繆斯陣容不久；而且就如同她的前輩，伊迪自有她獨特的氣質與美貌。銀灰色的頭髮、濃重的眼妝、迷你裙、和永遠穿在身上的褲襪讓她很快便成為時尚偶像，或者說「青春偶像」（youthquaker），也就是過去大家所謂的「時尚女孩」。除此之外，伊迪是真正的名門貴族之後（她的祖先可以追溯至美國獨立戰爭時期），家境極為富裕。

262 馬克・羅森塔爾（Mark Rosenthal）編，《關於沃荷：六十位藝術家、五十年》（*Regarding Warhol: Sixty Artists, Fifty Years*, New York: Metropolitan Museum of Art, 2012），第二百五十三頁。

她有點瘋狂，也曾經因為飲食失調疾病而多次進出療養院。

安迪為她深深著迷。伊迪什麼都有——她有娜歐米的自由奔放與難以捉摸，也有珍的高貴與優雅氣質。她開始經常與安迪同進同出，也有人說，她就像是安迪的「第二個我」。**「安迪就希望自己是個來自波士頓、氣質迷人、出身名門的上流社會千金。」**[263]**楚門．卡波堤開玩笑說。**

現在讓安迪真正充滿熱情的是電影，而不是繪畫。**「我從繪畫上退休了，」**[264]**他在一場巴黎的展覽上如此宣告。**受到照相亭的啟發，安迪正在進行一項令人興奮的電影拍攝計畫。**他在「工廠」裡架起了攝影機，接著他廣邀朋友來賓坐在攝影機前，由他拍下各種即興姿態的個人畫面，他稱之為「試鏡」**（screen tests）。被拍攝者必須在明亮的燈光下坐上三分鐘，此時臉上要做出各種不同的表情（或完全不做表情）。他們拍出了一張張生動、如實存在、反映被拍攝者當下內心世界的人像特寫。

從一九六四年到一九六六年，安迪和傑拉德總共進行了四百七十二次「試鏡」，其中還包括了鮑伯．狄倫與薩爾瓦多．達利的鏡頭。有些人（不消說，像是丹尼斯．霍伯）在鏡頭面前自在得就像在家裡一樣，但有些人看起來便十分緊張或努力強作鎮定貌。**詩人安．布坎南（Ann Buchanan）的表現極為搶眼；她在**

263 斯坦、普林姆頓，《伊迪：一個美式傳記》，第一百八十三頁。
264 唐．巴奇加魯比（Don Bacigalupi）和史考特．阿特金森（Scott Atkinson），《聖地牙哥藝術博物館：館藏精選》（*San Diego Museum of Art: Selected Works*, 2003），第二百四十二頁。

試鏡的時候，一滴眼淚從她臉上優雅地流下，讓她成為知名的「流下一滴眼淚的女孩」。

受到好萊塢之旅的影響，安迪把他的「工廠」改造成一間反傳統的「米高梅片廠」。他有他的「簽約演員」（泰勒、社交名媛珍・霍爾瑟和伊迪・塞奇威克、扮裝皇后坎迪・達琳（Candy Darling）與荷莉・伍德隆（Holly Woodlawn），還有藥物成癮者、性工作者、以及形形色色的社會邊緣人），有「外景片場」（寬闊、不加裝飾的空間，和一張破爛的二手沙發），還有技術團隊（通常是指傑拉德和比利・內姆）。安迪花愈來愈多時間拍片——在一九六三年到一九六八年間，他拍了六十部電影——包括《我的小白臉》（*My Hustler*）、《乙烯》（*Vinyl*）（安迪重新詮釋了安東尼・伯吉斯〔Anthony Burgess〕的《發條橘子》〔*A Clockwork Orange*〕）、《可憐的小富家女》（*Poor Little Rich Girl*）、《寂寞牛仔》（*Lonesome Cowboys*）、和首部在商業電影院放映的地下電影《雀西女郎》（*Chelsea Girls*）。一九六八年，安迪以知名電影導演的身分回到好萊塢，拍攝了搞怪版的加州海灘派對電影《聖地牙哥衝浪》（*San Diego Surf*）。

安迪有一部電影是以他的母親為主角。《沃荷太太》（*Mrs. Warhol*）在他家中、萊辛頓大道上那間公寓的小廚房裡拍攝，七十四歲的茱莉亞在電影中飾演一位年華老去的電影明星——結過二十五次婚的前泳裝美女。茱莉亞所扮演的角色充滿活力，她在片中燙衣服、打蛋、清掃環境、操一口濃重口音的英語，完全就是茱莉亞在現實生活當中的模樣。雖然安迪的母親算不上是出色的女演員，但她確實是很棒的夥伴，而且能夠成為她兒子關注的對象讓她十分開心，尤其現在安迪大部分的時間都待在「工廠」。

42「真的很奇怪，」[265]**他觀察道，「你的生命已經走到這裡——你已經受邀參加一場所有派對裡最重要的派對……但這還是沒辦法保證你從此不再有自己一無是處的感覺。」安迪說。**

除了拍電影之外，安迪還為路．瑞德（Lou Reed）與約翰．凱爾（John Cale）所組成的搖滾樂團「地下絲絨」（Underground Velvet）擔任經紀人，同時也成為一個忙碌、名氣愈來愈響亮的都會型男。**「他希望自己是一顆巨大的新星，閃亮到讓所有一切都黯然失色……只有這件事可以讓安迪感到滿足。」**[266]他的朋友兼「工廠」夥伴比利．內姆說。不論社交活動屬於上流社會或底層邊緣、圈內或圈外、傳統或新潮，安迪總有辦法應付自如，而且他的名字會出現在每一場重

265 同264，第一百九十六頁。
266 鮑伯．柯拉切洛（Bob Colacello），〈我們為什麼還在談論著安迪．沃荷？〉（Why Are We Still Talking About Andy Warhol?），「每日怪獸」網站（The Daily Beast），http://thebea.st/ltY2Hmv，二〇一四年三月九日。

要社交活動的賓客名單裡，其中也包括了楚門．卡波堤為出版商凱瑟琳．葛蘭姆（**Katharine Graham**）所舉辦的經典宴會——**「黑白舞會」**（Black and White Ball）。

當晚陪伴安迪去參加宴會的是亨利．戈爾達札勒。雖然他們倆是一同去參加宴會的，但自從安迪在《紐約時報》的文章中發現亨利受邀為接下來的重量級國際藝術展——「威尼斯國際雙年展」（Venice Biennale）——挑選美國館的參展藝術家之後，這幾個月來他們之間的友誼已經冷到谷底。**「他沒告訴我這個消息，讓我很受傷，」**[267]**安迪說**。亨利挑選的藝術家有羅伊．李奇登斯頓、艾斯沃斯．凱利、海倫．法蘭肯賽勒（Helen Frankenthaler）、朱爾斯．歐利特斯基（Jules **Olitski**）……但沒有安迪．沃荷。亨利說他的選擇是出於一些藝術考量，但他私底下承認其實他不想讓安迪身邊那些傢伙——「地下絲絨」的團員和「工廠」裡奇奇怪怪的各路人馬——全都跟著跑到威尼斯胡鬧。

「黑白舞會」的賓客名單幾乎決定了接下來幾十年誰會在主流圈內、誰會在主流圈外。理論上，安迪受邀的事實應該已經確保他是被主流圈所選中的。然而，那個夜晚卻加深了他的不安全感。**「真的很奇怪，」**[268]**他觀察道，「你的生命已經走到這裡——你已經受邀參加一場所有派對裡最重要的派對……但這還是沒辦法保證你從此不再有自己一無是處的感覺。」**安迪說[269]，假使凡事可以如他所

267 沃荷、哈克特，《普普主義》，第一百九十五頁。
268 同上，第一百九十六頁。
269 彼德．傑寧斯（Peter Jennings），《安迪．沃荷的機智與智慧》（*The Wit and Wisdom of Andy Warhol*, Amazon Digital Services: 2014）。

願，他寧可「坐在家裡，從臥房的監視器裡看著每一場我受邀參加的派對」──這就是他能夠參與其中、同時又保持距離的方法。

一九六八年六月，安迪領會到了身為名流的黑暗面。憤怒的作家瓦雷莉・索拉娜斯（Valerie Solanas）來到了新的「工廠」所在地──聯合廣場西33號，她認為安迪偷竊了她的作品。她帶著滿腔的恨意與一把手槍，近距離對著安迪開槍射擊。安迪立刻被送往「哥倫布醫院」（Columbus Hospital）急救，當時醫生宣告他「只有百分之五十的機會生還」，**《紐約時報》因而放上了巨幅標題：「安迪・沃荷正與死神搏鬥」**。

安迪戰勝了死神，並且從槍傷中復原，現在他的名氣要比過去更加響亮了。接下來數十年，他讓自己複雜又看似矛盾的「沃荷式」形象更加完美。安迪是經常流連在「54俱樂部」（Studio 54）的輕浮派對狂，**他說：「我得了一種社交病，我每個晚上都得出去才行。」**[270]；他也是打造出藝術與出版帝國的傑出企業家，**他宣稱：「成功的事業是最迷人的藝術。」**[271]安迪是與母親同住、深愛母親的兒子，當他母親於一九七二年過世時他哀慟逾恆；但他也低調不發喪，大多數人並不知道茱莉亞・沃荷拉已經過世（他在一九七四年以一件簽名肖像畫紀念他的母親）。安迪時而有趣──他在跑道上漫步、為任何願意付費的產品代言、在電視

270　安迪・沃荷，《安迪・沃荷的曝光》（*Andy Warhol's Exposure*, New York: Grosset & Dunlap, 1980），第一頁。
271　沃荷，《安迪・沃荷的普普人生》，第九十二頁。

影集《愛之船》（*The Love Boat*）當中客串演出；他也時而正經——他拍電影、寫書（或至少啟發他人寫書），並且為名流、社會菁英、世界領袖等人創作精彩的肖像畫。

安迪在七〇與八〇年代創作的一系列華麗炫目的肖像畫為人像藝術帶來新面貌，他揉合繪畫與攝影的元素，創作出超現代的風格。通常他的作法是先以拍立得相機（Polaroid）拍下快照，接著以剪刀修整主角的臉部與頸部——巧妙地去除掉天生的瑕疵。他會將這些影像製作成絹版畫，以各種鮮豔的色彩強調出作品最棒的特色。**安迪總是有辦法讓模特兒變身為超級巨星，因為他自己就是這麼轉變而來的。**

43安迪的死訊反而讓世人對於他所留下的一切掀起長期論戰。這個曾經說過「別在意人家怎麼寫你；只管版面大小就好。」的男人恐怕又要樂不可支了。

一九八七年二月二十日，安迪住進「紐約醫院」（New York Hospital）準備進行膽囊手術。他心裡有些不安，因為他隱隱覺得自己可能會死在醫院裡。他告訴自己，沒什麼好擔心的：所有程序都是按照例行規矩來的。的確如此，而手術也順利完成。**然而二十四小時之後，安迪過世了，成為術後醫療疏失不幸的犧牲者**。

藝術評論家與文化觀察者無不抓緊機會大談安迪的生活與創作，通常兩者兼談。《紐約時報》說他「最出色的天份在於吸引公眾的關注、發表令人難忘的名言、以及創造出驚人又不朽的單一視覺圖像。」[272]這樣的讚美似乎沒有搔到癢處，而且僅僅著眼於安迪最表面的成就而已。一位在六〇年代曾經說普普藝術「是場超級大災難」的評論家希爾頓・克雷默爾（Hilton Kramer）則是回頭準備好好修理安迪，他譴責安迪的藝術手法「已經成為文化生活裡永遠存在、也永遠造成危害的要素。」[273]

安迪的死訊反而讓世人對於他所留下的一切掀起長期論戰。這個曾經說過「別在意人家怎麼寫你；只管版面大小就好。」（Don't pay any attention to what they write about you. Just measure it in inches.）的男人恐怕又要樂不可支了。

272 道格拉斯・C.・麥克基爾（Douglas C. McGill），〈安迪・沃荷，普普藝術家，過世〉（Andy Warhol, Pop Artist, Dies），《紐約時報》，一九八七年二月二十三日。
273 羅森塔爾編，《關於沃荷：六十位藝術家、五十年》，第兩百六十九頁。

MOVIEGOER

NO. 2 SUMMER/AUTUMN '64 $1

準備就緒

第二十章

重點不是在求永生，而是去創造出不朽的作品。——安迪．沃荷

The idea is not to live forever. It is to create something that will.

44 諷刺的是，美國人很少造訪六十六號公路。

說起一九六三年與安迪結伴同行的友人們，他們的命運或許不如安迪如此戲劇化，有時卻也相當出人意表。在結束橫越美國的冒險之旅後，**傑拉德**決定不再返回華格納學院就讀。他開始全職投入「工廠」的運作，協助安迪進行絹版畫、雕塑、電影、以及其它創作的計畫。傑拉德確實是個多才多藝的年輕人。他是安迪電影裡的明星；他和「地下絲絨」在前所未見的《無可避免的塑料爆炸》（Exploding Plastic Inevitable）聲光媒體展上同台演出；一九六九年，他還成為安迪的雜誌**《面談》**（*Interview*）的共同創辦人。**根據傑拉德自己所說，這本雜誌誕生的原因有二：「安迪希望找點事給我做，另外就是我們需要拿到『紐約電影節』（New York Film Festival）的入場證——媒體入場證，我們之前想拿卻被主辦單位回絕。」**[274]

除了才華洋溢之外，傑拉德也有溫厚的性情。一九六八年安迪遭到瓦雷莉・索拉娜斯槍擊之後，他立刻趕到茱莉亞・沃荷拉身邊，保護她不受媒體騷擾。他委婉地告訴茱莉亞她的兒子正面臨生死關頭的消息，並且護送她到醫院探望安迪，一路照顧著脆弱的茱莉亞。

274 史蒂芬・雷（Stephen Rea），〈詩人回顧與沃荷相處的時光〉（Poet Looks Back to Time with Warhol），philly.com，一九九五年九月二十八日。

在安迪身邊充滿狂熱的那幾年當中，傑拉德仍然持續從事詩歌的創作——他寫作、在朗讀會上發表、並且出版他的詩集。一九七〇年，傑拉德在攝影與導演方面也都各具專業之後，他決定離開「工廠」，好專注於自己的工作計畫。**他形容與安迪共事就像是「一份做了七年的暑期打工工作。」**四十四年後，傑拉德成為一位備受敬重的檔案管理專家、出版過十九本詩集的得獎詩人、同時也是享譽國際的攝影大師。這位前「工廠領班」絲毫不減迷人風采。他傳神又深情地將過去娓娓道來，言談中不曾對安迪有任何詆毀。這或許是因為他從來沒有被那段與安迪相處的日子限制住；那只是他人生許多精彩故事當中的一個篇章而已。傑拉德仍然散發著一種夢幻的氣息——「某種永恆的美夢」——安迪一開始便是這麼形容他的新助理的。

泰勒與韋恩兩個人有如「天生冤家」[275]般一路拌嘴爭吵到這趟公路旅行結束。他們看似對對方厭煩透頂，然而接下來有好幾年的時間他們卻因為個人事業發展而緊密連結在一起。一九六七年，韋恩拍攝了前衛劇作家查爾斯・拉德蘭（Charles Ludlam）的作品《征服宇宙》（*Conquest of the Universe*）（關於一群瘋狂太空女王的幽默故事），由泰勒與「工廠」主要班底擔綱演出。這部電影最忠實的粉絲正是馬塞爾・杜象，他幾乎每天晚上都會到戲院裡觀賞這部誇張的「荒謬

275　《天生冤家》（*The Odd Couple*）是一九六八年的美國喜劇電影。

劇」（Theater of the Ridiculous）。一九六九年，韋恩拍攝了《Brand X》，一部探討電視的庸俗的電影。泰勒在片中飾演了許多令人意想不到的角色，包括美國總統。

一九七〇年，韋恩對於在美國的生活感到厭煩，於是他帶著妻子與兩名年幼子女離開——先是到印度，後來到摩洛哥（Morocco）——並且將心力投注在著書上，其中包括了廣受好評的印度史詩小說《火之門》（*Gates of Fire*）。可想而知，他那輛飽受折磨的「獵鷹」旅行車老早就已經不知去向。福特也在同年停產這款曾經熱門一時的「拚命小引擎」。

隨著時間過去，在旅行中似乎最沉默、最疏離的韋恩卻變得愈來愈有意思；他的畫作、電影、和書總是充滿前衛與挑戰色彩。二〇一二年，他和泰勒曾經因為《Brand X》在紐約與倫敦為懂得欣賞此類電影的觀眾們放映特別場而有機會重聚。但直到二〇一四年十一月韋恩過世之前，大多數時間他都和他的太太莎莉在遙遠的地方過著離群索居的生活。

六〇年代末期，泰勒曾經在歐洲停留過一段時間，但最後他還是回到了紐約，並且成為曼哈頓下東區相當知名的人物。《聖地牙哥衝浪》是他為安迪拍的最後一部電影，但他仍然持續為其他導演拍片，如吉姆・賈慕許（Jim Jarmusch）

二〇〇三年的電影《咖啡與菸》（*Coffee and Cigarettes*）當中便有他的演出。「包威利詩社」（Bowery Poetry Club）裡也可以看見泰勒的身影，他每週固定在這裡有一場表演，為星期一晚上的「新潮賓果」（hipster bingo）活動暖場。他的表演內容包括了「在台上自說自話」，以及一邊以他的錄音帶放音機播放音樂、一邊朗讀自己的詩作。

泰勒對安迪一直都是又愛又恨。雖然他將自己的回憶錄取名為《安迪・沃荷之子》（*Son of Andy Warhol*），但一提到安迪，「金錢問題」總是泰勒心裡的痛：他抱怨安迪多的是錢，但卻從來不願與人分享。泰勒認為他為打造沃荷帝國出了不少力，理當分一塊餅——或至少一點現金——他有時會這麼想，然而安迪可不這麼認為。這讓他十分光火。

不論成功或失敗，泰勒總認為自己就是個超級巨星，也很樂意告訴所有人他是多麼地出名。當《聖地牙哥衝浪》在「紐約現代美術館」舉辦放映會時，他彷彿《日落大道》裡的諾瑪・戴斯蒙上身，一邊以雙手遮臉、一邊對著前來祝福的觀眾們說：「今天晚上不接受採訪！」

到了晚年，泰勒親眼看著自己住的社區在房地產業者的炒作之下，從藝術家與實驗電影工作者的棲身之地變身成為高級住宅區。泰勒為了留在他破爛老舊的出租公寓裡而極力抗爭，最後他贏了……算是啦；他接受了新的安置方案，並且搬到丹佛與他親愛的姪女同住。泰勒於二〇一三年過世，但他仍然是一則都會傳奇。

娜歐米・萊文與安迪兩人在洛杉磯大吵一架之後仍然保持著友誼關係，但她卻極少以「沃荷的超級巨星」姿態出現了。當身材纖細修長的金髮美女——珍，以及後來的伊迪——走進聚光燈下時，娜歐米土氣、黝黑的外型就顯得相當過時了。由於娜歐米的行為嚴重脫序，她必須依照醫生指示服用藥物來控制自己。然而這些藥物卻讓她體重增加並且陷入沮喪，以至於她變得比過去更加瘋狂。有一天，娜歐米在躁鬱症發作的情況下對著安迪拳打腳踢，並且猛喊著：「你這娘砲（fag）！」安迪氣得抓狂，立刻叫傑拉德把她丟出「工廠」外頭……不准她再進來。

娜歐米數度進出精神療養院。她和家人與朋友之間爭執不斷；她也試著想辦法繼續和安迪保持親近——她寫了許多長信給安迪，提及他們還可以一起做許多有趣的事，然而這些信愈寫愈語無倫次。儘管娜歐米青春不再，但她卻堅持要繼續扮演性感撩人的少女角色，最後她只能可悲地模仿著過去的自己。

大部分的人已經對娜歐米不復記憶了，但她卻仍然懷抱著錯覺，認為自己依舊是藝術圈裡的一份子。有一回，她出現在詹姆斯·羅森奎斯特的工作室裡，開口向羅森奎斯特索討三百美元。由於羅森奎斯特並不願意見她，他的助理便要求娜歐米離開。此時娜歐米出言要脅：「別碰我，你他媽的。我身上有槍。」羅森奎斯特終究還是拿了錢給她[276]，因為這是唯一可以擺脫她的方法。許多她過去的朋友也有同樣的感覺。一位六〇年代早期曾經與她相交至深的朋友說她已經瘋了，而且極具危險性。她的「才華洋溢，無庸置疑，」他如此解釋，但她也是個「自以為可以像孩子一樣任性為所欲為的幼稚傢伙。」

一九九〇年代，娜歐米曾經出現在佛蒙特州的有線電視節目當中。她自稱是「字典夫人」（The Dictionary Lady），為觀眾在攝影機前朗讀字詞與它們在字典當中的意思。觀眾們並沒有意識到他們眼前這位「字典夫人」曾經是安迪·沃荷的「超級巨星」。諷刺的是，這種表演節目正是安迪會喜愛觀賞的類型。最後娜歐米不再出現在攝影棚裡，她留下厚重巨大的老字典，遁隱在她自己的世界中。有些人猜測她搬去佛羅里達，也有些人說她過世了。從記錄上難以追蹤，因為「娜歐米·萊文」的名字出現頻率太高了，大概就和「李四」（John Doe）差不多。終究，娜歐米消失在人海裡，再也尋她不得。

斯庫夫婦，根據《時人》雜誌的說法，在一九六〇年代「因為普普而爆紅到

276 詹姆斯·羅森奎斯特，《在零度以下作畫：藝術生活筆記》（*Painting Below Zero: Notes on a Life in Art*, New York; Knopf, 209），第一百三十一頁。

不行」。但十年後，他們卻深陷在詹姆士一世時期（Jacobean）流行的復仇劇劇情當中。一九七三年，羅伯特與艾賽兒在拍賣會上賣掉他們五分之一的收藏，這些當初他們花了十五萬美元買進的藝術品，最後拍賣金額總計達兩百二十萬美元。然而，這看似極度好運的事件卻是斯庫夫妻日漸衰敗的開始。艾賽兒在一場離奇的意外當中傷了她的背，需要長期治療；而羅伯特受困於中年危機，他留長髮，和年輕女孩勾搭，並且開始將他所有藝術資產搬到一處隱密的倉庫藏匿起來。一九七四年，他訴請與妻子離婚。

當時夫妻共有財產的相關法令尚未施行，因此在清算財產時，法院否決了艾賽兒對於他們那些精彩藝術收藏的所有權——那是她一手幫忙建立，而且根據艾賽兒的說法，是以她父親計程車王國的財富所換得的收藏。於是他們耗盡餘生的精力展開一場充滿痛苦與仇恨的訴訟戰爭，直到一九八六年鮑伯過世，艾賽兒終於獲判可以取得這批收藏品相當一大部分的所有權，這場官司才算告終。更重要的是，經過擲銅板的方式，艾賽兒得到挑選第一件作品的權利——她選了這批收藏裡價值最不斐的作品，賈斯柏・強斯的《窗外》（*Out the Window*）。這件作品後來以三百六十三萬美元賣出。

至於安迪的《艾賽兒・斯庫的三十五照》，一如意見分歧的預期，鮑伯將它送給「大都會博物館」，而艾賽兒則屬意「惠特尼美術館」（Whitney）。這兩個單位相當聰明地同意共同擁有這件壯觀的作品，並且另外再多加進一張照片好讓這件作品可以被公平均分，於是這件作品最後成為《艾賽兒・斯庫的三十六照》。

丹尼斯・霍伯與他的朋友彼德・方達一樣，也渴望能夠拍出一部對他而言具有意義的電影。事實上，彼德有一個拍片計畫打算找他一起進行。這部電影所談的是兩個反傳統英雄人物與他們反傳統文化的橫越美國公路冒險之旅的故事——也可以說是摩托車版的《奧德賽》（*Odyssey*）。這部電影不但有別於好萊塢片場的片子，而且由於受到安迪在近來「工廠」出品的電影中表現出雜亂、即興的美學影響，他們所拍攝的新片裡將沒有明星、腳本、布景、燈光、或服裝設計。經過好些年的籌拍，他們終於在一九六八年完成了《逍遙騎士》（*Easy Rider*）。丹尼斯對這部電影可以說是全心投入，連他的婚姻都賠上了——他在拍片的期間與布魯克聚少離多，兩人最後終於在一九六九年離婚。

雖然《逍遙騎士》的預算很少，製作成本也低廉，但它將獨立演員傑克・尼克遜（**Jack Nicholson**）捧紅成為明星，開出一千五百萬美元的票房，獲得兩項奧斯卡金像獎提名，並且為電影產業帶來傑克・華納完全意想不到的大變革。好萊塢改變了安迪，但間接來說，安迪和他那些「算是」電影的電影也改變了好萊塢。

路易斯・馬文的「月火」仍然是托潘加一處充滿神祕氣氛的地標。根據家族的傳說，在安迪到訪的幾年後，當地發生了一起駭人的事件。當路易斯離開「月火」去拜訪他的父親時，這處偏僻的避世之所被查爾斯・曼森（Charles Manson）[277]與他的黨羽入侵破壞。對路易斯這位滿懷熱忱的動物保護人士來說，曼森家族最大的罪過是他們竟然在他的荒野聖殿宰殺動物們獻祭，而這裡原本應該是所有一切生物的庇護所。曼森獻祭儀式的炭火痕跡留下了令人毛骨悚然的印記，提醒著世人在這片美麗的土地上曾經有過這樣的罪惡——鼓吹「和平與愛」的六〇年代也有如此黑暗的一面。

安迪在旅行途中對於眼底所見的普普風地景所做的種種生動描述，最終卻都成了悼詞。在他結束橫越美國之旅後，《州際與國防公路法案》也加速進行著，一條條新建的高速公路將老舊公路紛紛淘汰掉，六十六號公路也難逃命運。「美國主街」在許多地方都遭到廢棄，這些鄉鎮原本建構出生氣勃勃的公路文化，現在卻淪為一個個荒無人煙的鬼城。**有些地方會驕傲地高掛起六十六號公路的路牌，但有些地方卻將這條「潮人公路」視為深藏的祕密**；旅人們在這條公路上經常迷路，走進死巷或不知通往哪裡的小徑。繁忙的州際公路通常就在不遠處，那

277 美國史上最惡名昭張的罪犯之一，曾經犯下多起殺人案。

是一個近在眼前、卻又遠在天邊的平行宇宙。

德州的格蘭里歐便是在高速公路興建後迅速沒落的小鎮之一。這裡有一小群頹圮的建築物——包括一間汽車旅館與一間商店——它們的大門敞開，彷彿屋主不久前才倉皇逃離。這座小鎮的建築仍然（勉強）站立在原地，也表示了這裡甚至連被拆除的價值也沒有。

諷刺的是，美國人很少造訪六十六號公路。在六十六號公路上來往旅行的巴士與汽車裡大多是歐洲與亞洲的遊客，他們來這裡體驗記憶在電視與電影裡的美國。現在有一些堅定的美國六十六號公路忠實支持者與熱衷重現歷史的人，其中有許多人是受到《汽車總動員》（*Cars*）所影響。這部轟動一時的動畫片以一處位在六十六號公路上的虛構小鎮為背景，但電影裡所讚揚的不是這條公路的現在，而是過去的榮光。

一九六三年讓安迪驚豔不已的告示板後來成了「瀕危物種」。告示板業者的說客們原本一向對於極力對抗景觀破壞與「地景痲瘋病」的「景觀姊妹」們不以為意，直到其中一位姊妹成為美國第一夫人。「小瓢蟲」詹森（Lady Bird Johnson）[278]希望能由內而外改造美國，她認為一切應該先從《公路美化法案》（*Highway Beautification Act*）開始。

278 詹森總統夫人克勞蒂亞·詹森（Claudia Alta Taylor Johnson）的暱稱。

詹森總統或許未必像他的太太那樣在意這個議題，但當「美國戶外廣告協會」（Outdoor Advertising Association of America）表示抗議時，他選擇站在他的妻子這一邊。「你知道我愛這個女人，而她想要這個《公路美化法案》……老天在上，我們要為她搞定這件事。」他堅持，並且在一九六五年十月二十二日簽署了這項法案。雖然告示板不會一夜之間全部消失，但很快地美國人就會看到愈來愈多金黃麥浪與巍巍紫山的雄偉景致，普普藝術風格的廣告板將逐漸讓位。

45　一九六三年九月，安迪真的「去了別處」，他展開了一趟連結古板、昏沉的五〇年代與搖擺的六〇年代——與其之後——的旅行，他是帶著整個美國一起上路的。

一九六三年被公認為是安迪生命中重大的一年。在他所有作品當中，這一年的創作遭遇最是精彩。二〇一〇年，過去在「費若斯」藝廊乏人問津的《八個艾維斯》（*Eight Elvises*）由一位私人收藏家以破天荒的一億美元買下。當年因為她的家人討厭她從爾文・布魯姆那裡買下的《銀色的莉茲》而要求退費的女士犯了大錯，因為在二〇一一年，光是其中一幅作品賣價就高達兩千四百萬美元。

同年安迪新潮的藍色自畫像以三千八百四十萬美元賣出。**在二〇一三年年底之前，安迪．沃荷是拍賣市場上作品賣得最好的藝術家，拍賣所得金額高達四億兩千七百一十萬美元**。「死亡與災難」（Death and Disaster）系列作品當中的《銀色車禍（雙重災難）》（*Silver Car Crash*〔*Double Disaster*〕）當初被認為完全背離商業主流，後來在拍賣場上的價格高達一億零五百萬美元，是沃荷的作品當中拍出最高價者——這是指到目前為止。

他被稱為**「藝術世界的巨人」、「當代藝術之神」、「美國畢卡索」、「藝術市場的一人道瓊指標（one-man Dow Jones）」**。今天，安迪也以慈善家的身分聞名於世。在他的遺囑中，他將大部分的藝術創作與財產都贈送給「安迪沃荷基金會」（Andy Warhol Foundation），這個基金會的主要宗旨在於推動視覺藝術的發展。基金會以他的名義提供獎項與獎金支持實驗藝術、藝術家、開發中的技術、以及其他相關活動，期望能夠創造出更多未來的安迪。

自從安迪一九八七年過世之後，基金會已經贈送超過五萬兩千件沃荷的作品予各地的博物館與大學，首批包含一千件作品的大型致贈成為匹茲堡「安迪沃荷博物館」於一九九四年開館時的館藏基礎。**根據《洛杉磯時報》，近兩年（二〇一三年至二〇一五年）共含一萬四千八百四十七件作品的「藝術瘋狂送」**（art giving spree）將掀起「有史以來單一藝術家紀念展的最大浪潮」，可見二〇一五年將會是極其精彩的安迪年。

彼德・施傑達爾（Peter Schjeldahl）在《藝術在美國》（*Art in America*）當中讚揚安迪，他掌握了安迪真正的意義：**「人們永遠只能抓住安迪的智慧聳聳肩、往別處轉去的那一瞬間。他怎麼有辦法總是對的？」**一九六三年九月，安迪真的**「去了別處」**，他展開了一趟連結古板、昏沉的五〇年代與搖擺的六〇年代——與其之後——的旅行，他是帶著整個美國一起上路的。這就是他，總是飛快地擁抱新的思想、精熟它、接著再往下一個新目標前進。而美國只能在他後方窮追不捨，使盡全力趕上他的腳步。

致謝

寫作《安迪・沃荷 the Trip》一書本身就是一趟旅行。我要向一路與我同行的許多人士獻上我最深的感謝。

謝謝沃荷博物館裡這批驚人收藏品的管理專家，艾瑞克・夏納（Eric Shiner）、麥特・爾比肯（Matt Wrbican）、和葛瑞格・伯查德（Greg Burchard）；沃荷基金會視覺藝術部門的克勞蒂亞・黛芬迪（Claudia Defendi）；蒙特克萊爾藝術博物館（Montclair Art Museum）的亞力珊卓・舒華茲（Alexandra Schwartz）和蓋里・斯塔維茲基（Gali Stavitsky）；惠特尼博物館的克萊兒・亨利（Claire Henry）；阿奎維拉藝廊（Acquavella Galleries）的艾斯佩朗薩・索布里諾（Esperanza Sobrino）。也非常感謝慷慨與我分享他們的回憶與專業知識的每一位朋友，包括已故的泰勒・米德、雪莉・尼爾森・布魯姆、托許・柏爾曼、芭芭拉・馬文（Barbara Marvin）、派蒂・穆查、派特・哈克特、湯瑪斯・克卓斯基（Thomas Kiedrowski）、湯尼・薛爾曼、詹姆斯・沃荷拉、艾咪・陶賓（Amy Taubin）、查理・普萊梅爾、吉姆・羅斯（Jim Ross）、以及已故的湯米・克蘭頓

（Tommy Clanton）。我在蒙特克萊爾州立大學圖書館（Montclair State University Library）與蒙特克萊爾公共圖書館（Montclair Public Library）裡做了許多研究，這兩個機構對於每一位學者來說真的是天賜的禮物。

每一本書都有它的繆斯，傑拉德・馬蘭嘉就是《安迪・沃荷 the Trip》這本書背後的指導精神。他的回憶、著作、和攝影作品在我寫作這本書的過程當中不斷啟發我，能在書中收錄這首了不起的詩作讓我激動萬分。

傑瑞・沙茲堡，謝謝你的慷慨，也謝謝你拍下這麼多美麗的照片，讓過去的時光如實重現。

一如以往，我想要讚美我的經紀人史考特・魏克斯曼（Scott Waxman）的優點，他就像能將夢想化為實際的魔術師——同時也要謝謝魏克斯曼——里維爾版權代理公司（Waxman-Leavell Literary Agency）可愛的茱莉安娜・沃奇克（Julianna Wojcik）。

我要感謝艾翠亞出版公司（Atria Books）的彼德・伯爾藍德（Peter Borland），他總是有獨到的眼光、智慧、與無窮的魅力；謝謝聰明的拉凱許・薩提爾（Rakesh Satyal）讓這本書得以「砰」（Pop）然上市！也謝謝蘿絲瑪莉・艾亨（Rosemary Ahern）特別的指導。

我個人要向瑪莉・麥克唐諾・黛娜（Mary MacDonald Dana）致上謝意，她體貼地為我們準備了我們在橫越公路之旅時所需要的一切裝備，包括了兩頂誇張的安迪沃荷式假髮；還有卡蘿和泰瑞・沃爾（Carol and Terry Wall），謝謝你們提供了這麼棒的閉關之處，讓我得以在這裡寫出最棒的作品。

在家裡，我也要深深感謝我的家人。我最棒的母親，琴・嘉托（Jean Gatto），她對於所有「黛博拉」的一切充滿了愛與熱情，她的女兒對此總是懷抱著深深的感激。

我一天的始與終都念著我了不起的孩子們，奧利佛（Oliver）與克利歐（Cleo），他們是我最偉大的創造物，也是經常讓我感到驕傲與欣喜的來源。也謝謝你們，布（Beau）、米妮（Minnie）、艾克（Ike）、和艾爾菲（Alfie）（還有史嘉蕾〔Scarlet〕與畢安卡〔Bianca〕），家裡的狗兒們教我許多關於愛這件事。

最後，我衷心地感謝我親愛的先生，馬克・爾曼（Mark Urman）——我的公路旅伴與生命伴侶。每一趟有他在身邊的旅行總是顯得更加美好。

國家圖書館出版品預行編目資料

安迪・沃荷 the Trip / 黛博拉・黛維斯（Deborah Davis）著；林育如譯. -- 初版. -- 臺北市：商周出版：家庭傳媒城邦分公司發行，2017.03　面；　公分
譯自：the Trip: Andy Warhol's Plastic Fantastic Cross-Country Adventure

ISBN 978-986-477-197-4（平裝）

1. 汽車旅行 2. 旅遊文學 3. 美國

752.9　　106002393

安迪・沃荷　the Trip

the Trip: Andy Warhol's Plastic Fantastic Cross-Country Adventure

作　　者／黛博拉・戴維斯 Deborah Davis
譯　　者／林育如
責任編輯／賴曉玲

版　　權／吳亭儀、翁靜如
行銷業務／莊晏青、王瑜
總 編 輯／徐藍萍
總 經 理／彭之琬
發 行 人／何飛鵬
法律顧問／台英國際商務法律事務所 羅明通律師
出　　版／商周出版
台北市104民生東路二段141號9樓
電話：(02) 25007008　傳眞：(02)25007759
E-mail：bwp.service@cite.com.tw
Blog：http://bwp25007008.pixnet.net/blog
發　　行／英屬蓋曼群島商家庭傳媒股份有限公司 城邦分公司
台北市中山區民生東路二段141號2樓
書虫客服服務專線：02-25007718；25007719
服務時間：週一至週五上午09:30-12:00；下午13:30-17:00
24小時傳眞專線：02-25001990；25001991
劃撥帳號：19863813；戶名：書虫股份有限公司
讀者服務信箱：service@readingclub.com.tw
城邦讀書花園：www.cite.com.tw
香港發行所／城邦（香港）出版集團有限公司
香港灣仔駱克道193號東超商業中心1樓；E-mail：hkcite@biznetvigator.com
電話：(852) 25086231　傳眞：(852) 25789337
馬新發行所／城邦（馬新）出版集團 Cite (M) Sdn. Bhd.
41, Jalan Radin Anum, Bandar Baru Sri Petaling, 57000 Kuala Lumpur, Malaysia.
Tel: (603) 90578822　Fax: (603) 90576622　Email: cite@cite.com.my

美術設計／張福海
排　　版／極翔企業有限公司
印　　刷／卡樂製版印刷事業有限公司
總 經 銷／聯合發行股份有限公司
電話：(02) 2917-8022　Fax: (02) 2911-0053
地址：新北市231新店區寶橋路235巷6弄6號2樓

■2017年03月30日初版　　Printed in Taiwan
定價／460元

城邦讀書花園
www.cite.com.tw

 ISBN 978-986-477-197-4